BUCHREIHE BALLSCHULE

HERAUSGEBER
PROF. DR. KLAUS ROTH

MiniBallschule

powered by
Ballschule Heidelberg

Bibliografische Information der Deutschen Nationalbibliothek
Die Deutsche Nationalbibliothek verzeichnet diese Publikation in der Deutschen Nationalbibliografie; detaillierte bibliografische Daten sind im Internet über http://dnb.d-nb.de abrufbar.

Bestellnummer 8030

www.hofmann-verlag.de

Fotos: Klaus Roth, Christina Roth, Ulrike Hegar

Druck: Druck- und Kalender-Marketing Sosset GmbH, Kißlegg

Printed in Germany
ISBN 978-3-7780-8030-6

INHALT

1 EINLEITUNG 5

Mini-Ballschule in Kitas 7
Mini-Ballschule in Sportvereinen 8
Gliederung des Buches 9

2 AUSGANGSSITUATION 11

Bewegungswelt der Kinder 12
Auswirkungen des Bewegungsmangels 13

3 EINORDNUNG 17

Grundphilosophie der Ballschulprogramme 17
Prinzipien 18
Systematik der Ballschulprogramme 22

4 ZIELE: SPORTSPIEL-ÜBERGREIFENDE BASISKOMPETENZEN 25

Das ABC des Spielenlernens 26
Elementare motorische Basiskompetenzen (A) 28
Perzeptiv-taktische Basiskompetenzen (B) 29
Koordinative Basiskompetenzen (C) 30

5 INHALTE UND METHODEN 31

Inhalte: Spiele 32
Methoden 33

6 PÄDAGOGISCHE BAUSTEINE 35

Empfehlungen 36
Problemsituationen 38

7 MINI-SPIELREIHEN 40

Einführung 41

8 MINI-SPIELREIHEN 3- BIS 4-JÄHRIGE KINDER 44

Register 45
Praktische Beispielsammlung 46

9 MINI-SPIELREIHEN 4- BIS 5-JÄHRIGE KINDER 73

Register 74
Praktische Beispielsammlung 75

10 MINI-SPIELREIHEN 5- BIS 6-JÄHRIGE KINDER 140

Register 141
Praktische Beispielsammlung 142

LITERATUR 172

HINWEIS

Aus Gründen der besseren Lesbarkeit wird in diesem Buch entweder nur die weibliche (z. B. Erzieherinnen) oder die männliche Form (z. B. Übungsleiter) verwendet. Gemeint sind stets Personen aller Geschlechter.

1

MINI-BALLSCHULE

EINLEITUNG

Mini-Ballschule in Kitas 7

Mini-Ballschule in Sportvereinen 8

Gliederung des Buches 9

Kinder sind durch und durch „Bewegungswesen" (Kretschmer, 2003, S. 45). „Bewegung gilt als unverzichtbar für ihre Entwicklung. Sie ist Ausdruck von Vitalität, kindlicher Neugier und Lebensfreude" (Club of Cologne, 2003, S. 7).

Politiker, Pädagogen und Entwicklungspsychologen sind sich einig: Eine umfassende und altersgerechte motorische Frühförderung gehört zu den zentralen gesellschaftlichen Zukunftsaufgaben. Es liegt in der Verantwortung von Sportwissenschaftlern, in einem Verbundsystem mit Eltern, Erzieherinnen, Sportlehrern, Übungsleitern und Kinderärzten zu einem Anwalt für eine aktive, bewegungsreiche Kindheit zu werden. Die Mini-Ballschule für Kitas und Sportvereine möchte hierzu einen Beitrag leisten. Bewegungsbezogenen Lehrkonzepten dieser Art kommt eine immer größer werdende Bedeutung für die Ausbildung der Allgemeinmotorik im Kleinkind- und Vorschulalter zu. Das liegt nicht zuletzt an zwei wesentlichen Veränderungen im Bewegungs- und Sportalltag unserer Kinder (vgl. auch Schmidt, 2015, S. 201-206):

1. **Dem weitgehenden „Verlust" der so genannten Straßenspielkultur.** Auch wenn es für die generelle Gültigkeit dieser Annahme keine eindeutigen empirischen Belege gibt (vgl. Hübner, Pfitzner & Wulf, 2004, S. 127–137), kann es doch als unstrittig gelten, dass das alltägliche Spielen auf Straßen, Schulhöfen und Bolzplätzen nicht mehr den gleichen Verbreitungs-/ Intensitätsgrad besitzt wie in den 1950er- bis 1980er-Jahren. Die Ursachen hierfür sind vielfältig. Sie reichen von den Einschränkungen natürlicher Bewegungsräume und der Zunahme des Autoverkehrs (≈ 500 % in den letzten drei Dekaden; vgl. Schmidt, 2015, S. 203) über die exponentiell angewachsenen wöchentlichen Zeiten der Mediennutzung (2003 = 19.5 Std.; 2016 = 42.5 Std.) bis hin zu den verringerten Zeitbudgets der Kinder durch die Wahrnehmung öffentlicher Termine (z. B. Musik-, Mal- und Ballettschulen).
2. **Den früheren Einbindungen der Heranwachsenden in Erziehungs- und sportliche Ausbildungsangebote.** Etwa 90 % der deutschen Kinder im Alter von 3 bis 6 Jahren besuchen eine Kindertageseinrichtung und mehr als 25 % sind – laut einer Bestandserhebung des Deutschen Olympischen Sportbundes aus dem Jahr 2019 – bereits Mitglied in einem Sportverein. Das war in den 1950er-Jahren noch anders. Hier begannen die Vereinskarrieren der Heranwachsenden – nach häufig mehrjährigen Straßenspielerfahrungen – in aller Regel erst im Alter von 11 bis 12 Jahren.

Parallel zu diesen Schwerpunktverschiebungen vom Lernort Straße hin zum institutionellen Sporttreiben ist der zunehmende **Bewegungsmangel** von Kindern und Jugendlichen zu beklagen, für den es mittlerweile offenkundig keinen Beweismangel mehr gibt. Die vorherrschenden politischen und theoretischen Einsichten sind also das eine. Die heutige Alltagswelt unserer Kinder das andere. In den Bildungs- und Erziehungsempfehlungen für Kindertagesstätten in Rheinland-Pfalz ist z. B. zu lesen, dass „Möglichkeiten zur Bewegung heute nicht mehr vorausgesetzt werden können. Bewegungsmangel ist bei Kindern keine Seltenheit mehr" (Ministerium für Bildung, Frauen und Jugend Rheinland-Pfalz, 2004, S. 24).

Damit ist das wichtigste Anliegen aller Ballschulprogramme angesprochen. Es lässt sich mit der Formel **Mehr Bewegung für mehr Kinder!** umschreiben. Dieser Leitsatz darf allerdings nicht im Sinne eines Anything-Goes-Mottos „Hauptsache Sport" missverstanden werden. Die Angebote der Ballschule Heidelberg fühlen sich vier zentralen Gütesiegeln für Kindersportangebote verpflichtet, die einen hohen Verwandtschaftsgrad zu den Merkmalen der früheren Straßenspielkultur aufweisen:

- Kinder sind Allrounder und keine Spezialisten!
- Kinder sind keine verkleinerten Erwachsenen!
- Spielen macht den Meister! und
- Probieren geht über Studieren!

Über den „Kampf" gegen den Bewegungsmangel hinaus kann die Durchführung der Mini-Ballschule in Kitas und Sportvereinen mit weiteren Zielstellungen verknüpft werden. Gemeint sind vor allem Aspekte der frühkindlichen Bildung und Persönlichkeitsentwicklung in Kitas und der Förderung motorischer Begabungen und Talente in Sportvereinen.

MINI-BALLSCHULE IN KITAS

„Bewegung ist das Tor zum Lernen und hat im Zusammenspiel mit der Wahrnehmung eine Schlüsselfunktion für die Entwicklung. Deshalb liegt bei der Förderung kindlicher Kompetenzen ein besonderer Akzent auf Bewegung" (Niedersächsisches Kultusministerium, 2005, S. 18).

„Bewegung hat eine sehr hohe Bedeutung für die Kinder auf unterschiedlichen Ebenen. Sie leistet einen wesentlichen Beitrag zur Herausbildung der kindlichen Vorstellung über sich selbst und die Welt" (Ministerium für Bildung, Frauen und Jugend Rheinland-Pfalz, 2004, S. 24).

In allen Bundesländern wurden in den letzten Jahren die Rahmen- und Orientierungspläne für Kindergärten grundlegend reformiert. Mit ihnen wird den Einrichtungen – klarer erkennbar als zuvor – neben ihrem allgemeinen Erziehungs- und Betreuungsauftrag ausdrücklich auch ein **Bildungsauftrag** zugewiesen. Er orientiert sich pädagogisch und organisatorisch an den Bedürfnissen der Kinder und deren Familien und hebt sich deutlich von dem der Schulen ab. „Das Kind soll der Schule entgegengeführt, entgegengebildet, aber eben noch nicht geschult werden" (Friedrich Fröbel, 1782–1852). Mit Blick auf die geforderte, möglichst ganzheitliche 360°-Förderung der Kinder enthalten die Orientierungspläne der 16 Bundesländer einen weiteren Meinungskonsens. Das kindliche Spiel und die damit verbundenen vielseitigen Bewegungsaktivitäten werden als eine Art von Motor für die gesamte Entwicklung und Bildung angesehen. Für den Einsatz der Mini-Ballschule in Kitas folgt daraus, dass die vorhandenen Chancen und Kombinationsoptionen des Programms für eine Mitschulung, z. B. von sprachlichen, kognitiven und sozial-emotionalen Kompetenzen (vgl. Kapitel 3) genutzt werden sollten. Hierzu liegen Lehrpläne bzw. -materialien vor, die z. T. veröffentlicht sind oder auf Anfrage von der Ballschule zur Verfügung gestellt werden können (www.ballschule.de; arbeitsgruppe@ballschule.de).

MINI-BALLSCHULE IN SPORTVEREINEN

In Sportvereinen führt der Verlust der Straßenspielkultur im Zusammenhang mit der Verfrühung institutioneller Sportzugänge zu der Gefahr einer „single sport participation" (Baker, Cobley & Fraser-Thomas, 2009; O'Sullivan, 2019). Die Nachteile von solchen **Frühspezialisierungen** liegen auf der Hand. Sie haben nicht selten motorische Entwicklungsdisharmonien, Verletzungsanfälligkeiten und Motivationsverluste zur Folge, die auch bei begabten Kindern als Risikofaktoren für einen vorzeitigen Sportausstieg anzusehen sind (Drop-Out). Tatsächlich enden die Vereinskarrieren häufig in der Pubertät oder im Jugendalter. Mit 16 Jahren gibt es mehr Jugendliche, die aus Vereinen wieder ausgetreten als dort noch Mitglied sind.

Die **sportspielübergreifende** Mini-Ballschule kann von Vereinen als attraktive Alternative oder Ergänzung zu den verbreiteten Kinderturnangeboten (z. B. Eltern-Kind-Turnen; Kindersportschulen) genutzt werden. Die Kinder werden zunächst zu spielerischen Allroundern ausgebildet. Sie lernen spielen, bevor sie sportspielspezifisch trainiert werden. Die Vereine profitieren davon gleich in zweifacher Hinsicht. Zum einen können sie mit der Einrichtung von Mini-Ballschulgruppen neue Mitglieder gewinnen, vor allem wenn ihre Sportspielabteilungen – z. B. im Volleyball oder Basketball – keine Kurse für Kindergartenkinder anbieten. Zweitens – und noch wichtiger – stellen breite, vielseitige Erfahrungssammlungen alles andere als eine „Sackgasse", sondern vielmehr so etwas wie ein „Wunderdünger" für die langfristige Talententwicklung dar. Die Frage „Is it Wise to Specialize?" wird in den Standardwerken zur Trainingswissenschaft heute einheitlich mit einem klaren „Nein!" beantwortet. Die weltweit einflussreichsten Talentmodelle unterstützen die Philosophie des **Long Term Athletic Development**-Modells (LTAD) (Balyi, Way & Higgs, 2013). Nach ihm beginnt die Nachwuchsschulung in den frühen Phasen **Active Start, FUNdamentals** und **Learn to Train** mit der spielerisch-freudvollen Entwicklung einer sportartübergreifenden Physical Lite-

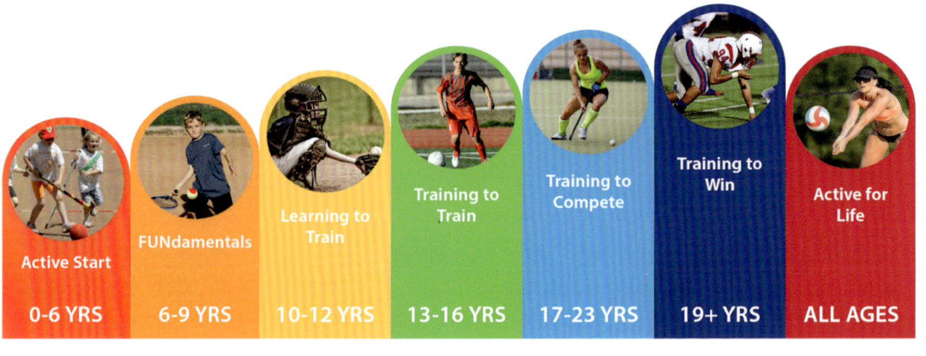

Abb. 1: Talentförderung nach dem LTAD (modifiziert nach Sean Cochran Sports Performance, 2020; https://seancochran.com/early-sports-specialization/; Zugriff am 15.09.2020)

racy – wir würden sagen: der Ausbildung einer kindgerechten, ausgewogenen Allgemeinmotorik (Overall Athleticism).

GLIEDERUNG DES BUCHES

Die Mini-Ballschule ist nicht am „Schreibtisch" oder „Reißbrett" entstanden, sondern wurde über viele Jahre in Kitas und Vereinen erprobt. Das Konzept hat sich bewährt, auch wenn – wie immer und überall – die Lehrpersonen, die Erzieherinnen oder Übungsleiter, mindestens genauso wichtig sind wie der Lehrplan.

Gelebte Praxisnähe hat nichts mit Theorieferne zu tun. Das Gegenteil ist der Fall. Wissenschaftliche Erkenntnisse sind mehr als nur „Vermutungen mit Hochschulabschluss". Die Kapitel 2 bis 6 bilden zusammengenommen den Theorieteil des Buches. Der rote Faden beginnt im Kapitel 2 mit einer Begründung des obersten Leitsatzes der Ballschule **Mehr Bewegung für mehr Kinder!** Es enthält einen Kurzüberblick über die Datenlage zum Bewegungsmangel in der Kindheit und Antworten zu der Frage, ob damit überhaupt irgendwelche weitergehenden negativen Konsequenzen verbunden sind. Das Resümee lautet: „Ja, leider! Hieraus ergibt sich – positiv gewendet – das enorme Potenzial der motorischen Frühförderung für die Gesamtentwicklung der Kinder.

Im Kapitel 3 folgt eine zweifache **Einordnung** der Mini-Ballschule. Zum einen in die Literatur zur Sportspielvermittlung. Herausgestellt wird ihre integrative, übergreifende Ausrichtung und – quasi als Alleinstellungsmerkmal – die enge Orientierung an den Prinzipien der Entwicklungsgemäßheit, der Vielseitigkeit, der Freudbetontheit sowie des freien, spielerisch-unangeleiteten Lernens. Zum anderen wird die Stellung und Gewichtung der Mini-Ballschule in der Gesamtsystematik der Ballschulprogramme erläutert.

Aus den vier Ballschul-Prinzipen ergeben sich die entscheidenden Argumente für die Festlegungen der **Ziele** (Kapitel 4), **Inhalte und Methoden** (Kapitel 5). Die ausgewählten Ziele werden drei zentralen Säulen mit **elementaren motorischen** (Säule A), **perzeptiv-taktischen** (Säule B) und **koordinativen Basiskompetenzen** (Säule C) zugeordnet. Dieses Mini-Ballschul-ABC soll den Kindern genauso vertraut werden wie das normale ABC. Ähnlich wie Buchstaben das Baumaterial für Wörter und Sätze bilden, setzt sich das ABC für Spielanfänger aus verschiedenen Kompetenzbausteinen zusammen, die in mehr oder weniger allen Sportspielen von Bedeutung sind.

Die Kapitel 7 bis 10 beinhaltet den ausführlichen Praxisteil des Buches. Nach kurzen allgemeinen **pädagogischen** Hinweisen (Kapitel 6) werden **62 Mini-Spielreihen** für die Ballschule in Kitas und Vereinen vorgestellt. Für diese ist charakteristisch, dass sie die drei zentralen Inhalte bzw. Spielformen der Mini-Ballschule miteinander vereinen. Zu Beginn der Einheiten wird eine Bewegungslandschaft oder eine Spielstation aufgebaut, an der die Kinder zunächst **frei**, dann **impulsgesteuert** und schließlich **aufgabenbezogen** spielen können. Als motivierende Anreize können – neben den vorgegebenen Parcours und/oder Spielmaterialien (Bällen) – Fragen des Kursleiters, Rahmenthemen, Phantasiegeschichten oder Ideen für Spiele mit Regeln und weiteren strukturellen Festlegungen (z. B. Zahl der Kinder,

Spiel-/Übungsfeld, Wurf-/Schussziele) einbezogen werden. Nicht weniger, aber auch nicht mehr. Wichtig ist, dass die Kinder keine oder nur sehr wenige Instruktionen zu ihren konkreten motorischen und „taktischen" Spielhandlungen erhalten. Also: Stimulationen der Spielfreude und Kreativität der Kinder „JA"!; Kommentierungen von Bewegungsausführungen „NEIN!"

Die **Zielgruppen** der in diesem Band präsentierten sportspielübergreifenden Mini-Ballschule sind engagierte Erzieherinnen in Kitas und die vielen Übungsleiter, die in Vereinen und bei weiteren Kindersportanbietern tätig sind. Der Ballschul-Blick über den Tellerrand der einzelnen Sportspiele hinaus liefert zahlreiche Anregungen und Hilfen dafür, die früheren informellen, alltäglichen Spielerfahrungen wieder in die motorische Frühförderung hinein zu holen. Die Praxisbeispiele in den Kapiteln 8 bis 10 dürfen dabei nicht als Inhalte eines Kochbuchs mit vorgefertigten Patentrezepten (miss-)verstanden werden. Die Mini-Spielreihen lassen sich vielmehr als Ideengeneratoren für die Erprobung eigener, selbst entwickelter Spielgelegenheiten und -formen nutzen. Schließlich sind nicht nur die Bälle, sondern auch unsere Köpfe rund, damit wir in alle Richtungen denken können.

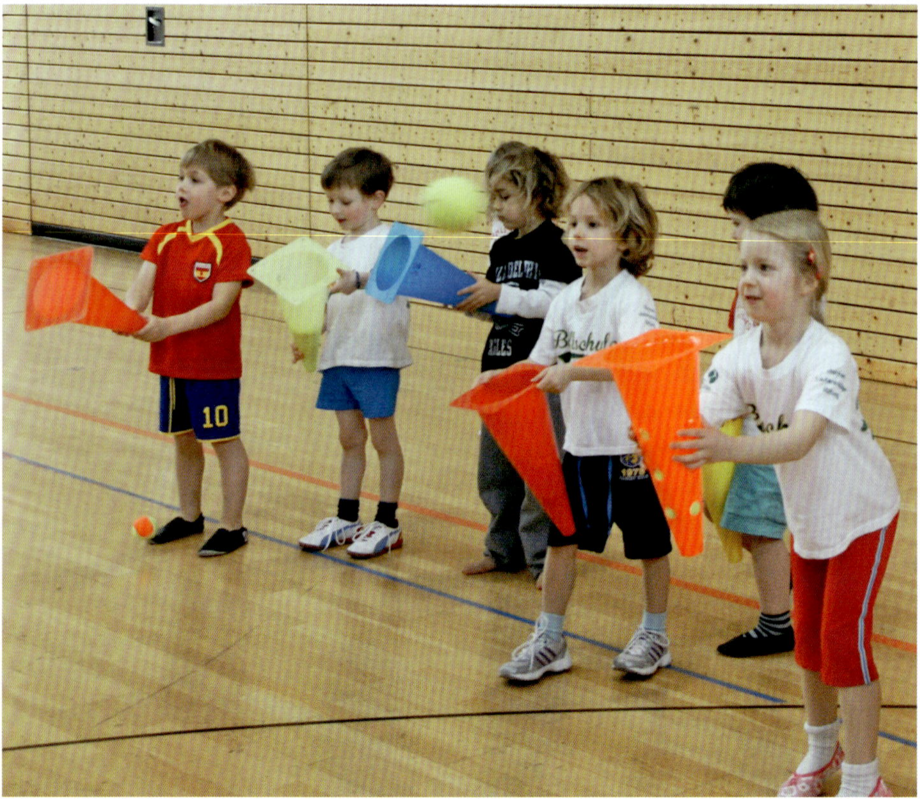

2 MINI-BALLSCHULE

AUSGANGS-SITUATION

Bewegungswelt der Kinder 12

Auswirkungen des Bewegungsmangels 13

BEWEGUNGSWELT DER KINDER

„Das Lamento über die Defizite der Kindergeneration ist nicht typisch für die heutige Zeit, sondern altbekannt. Bereits 1836 hat Lorinser den katastrophalen Gesundheitszustand der Jugend beklagt … Bei ihm wurden stellvertretend für die Errungenschaften der modernen Zivilisation die Eisenbahnen angeprangert. Heute sind es die Computer und die vielfältige Medienwelt" (Bös, 2003a, S. 10).

Die Beschäftigung mit dem Thema „Kindheit und Bewegung" hat Hochkonjunktur. Dabei war es schon immer gebräuchlich, die wissenschaftlichen Betrachtungen der Kindheit und Jugend mit einer Missratensheits- oder Mangeldiskussion zu verknüpfen. Nicht wenige Experten sprechen von verödeten Bewegungslandschaften, Sitzfallen oder einer sitzengebliebenen Gesellschaft. Auch wenn nicht alle Untersuchungen eine komplett einheitliche Sprache sprechen, mehren sich doch die Befunde, die Anlass zur Sorge geben. Und es ist schließlich „nicht zu verantworten, erst dann gegenzusteuern, wenn Mängel einer ganzen Generation von Kindern zweifelsfrei nachgewiesen sind" (Kurz, 2003, S. 4).

Belege dafür, dass die Bewegungsarmut im frühen Kindesalter beginnt, liefern u. a. die Daten der repräsentativen Motorik-Modul-Längsschnittuntersuchung (MoMo). Die Auswertungen der Befragungen des zweiten Erhebungszeitpunktes (Woll, Jekauc, Mees & Bös, 2008; 4 bis 12 Jahre) und der – erstmals mittels Akzelerometern erfassten – Bewegungszeiten aus der dritten Welle (Woll, Worth und Bös, 2019; 6 bis 17 Jahre) verdeutlichen, dass die Zahl der motorisch aktiven Heranwachsenden mit zunehmendem Alter stark rückläufig ist. Abbildung 2 zeigt einen Vergleich der von Woll, Worth und Bös (2019) gemessenen durchschnittlichen Aktivitätszeiten mit den Richtlinien der Weltgesundheitsorganisation (WHO). Diese legen für die Kindheit und Jugend ein Minimum von durchschnittlich einer Stunde moderater Bewegung pro Tag fest. Das ist

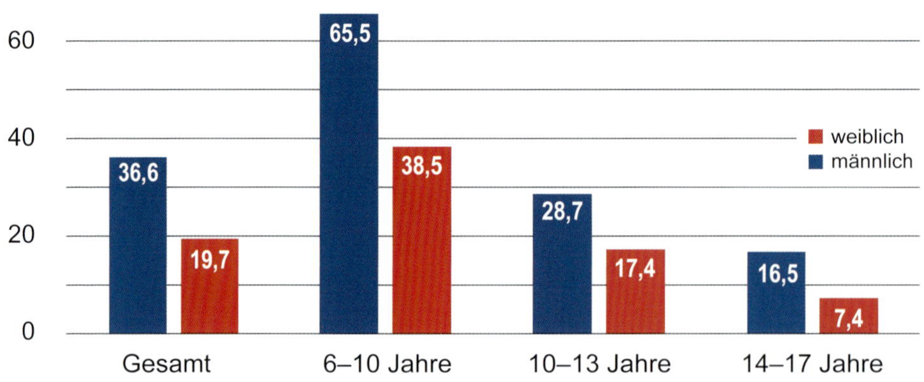

Abb. 2: Prozentualer Anteil der Kinder zwischen 6 und 17 Jahren, die die von der WHO vorgegebene Guideline erfüllen (Woll, Worth & Bös, 2019, S. 7; n = 2.278)

wohl nicht zu hoch angesetzt. Trotzdem wird schon im Grundschulalter diese Vorgabe nur von knapp Zweidrittel der Jungen und weniger als 40 % der Mädchen erreicht. Bis zum Jugendalter (14 bis 17 Jahre) sinkt die Quote auf 16,5 % bei den Jungen und 7,4 % bei den Mädchen. Die Tendenz ist klar ersichtlich: Ein bewegungsarmer Lebensstil in der frühen Kindheit „trackt“ – wie Völker (2008, S. 106) es im Zweiten Deutschen Kinder- und Jugendsportbericht ausgedrückt hat – über die Jugendzeit hinaus zumeist bis in das hohe Lebensalter hinein. Die Zweige – so sagt ein altes Sprichwort – geben Kunde von der Wurzel.

AUSWIRKUNGEN DES BEWEGUNGSMANGELS

Die Konsequenzen des sich früh ausprägenden, inaktiven Lebensstils sind erheblich und werden nach wie vor unterschätzt. Wir sind von der Natur nun einmal nicht mit Rädern oder einem Ökomotor ausgestattet worden, sondern mit Beinen, die unsere Vorfahren – laut Aussagen von Evolutionsmedizinern – für eine tägliche Laufstrecke von bis zu 30 km genutzt haben (Ganten, Spahl & Deichmann, 2011, S. 104).

Das erste Spiegelbild des Bewegungsmangels ist eine verminderte **motorische Leistungsfähigkeit**. Sie dokumentiert sich z. B. in den Ergebnissen einer Sekundäranalyse von Bös (2003b). Er konnte auf der Grundlage von 54 Untersuchungen mit mehr als 100 000 Kindern und Jugendlichen zeigen, dass die körperliche Fitness von 1975 bis zum Jahr 2000 um etwa 10 % abgenommen hat. An der Spitze liegt dabei die Ausdauer mit –15,8 % (Mädchen) bzw. –24,7 % (Jungen). Seit der Jahrtausendwende hat sich dieser Abwärtstrend abgeschwächt bzw.

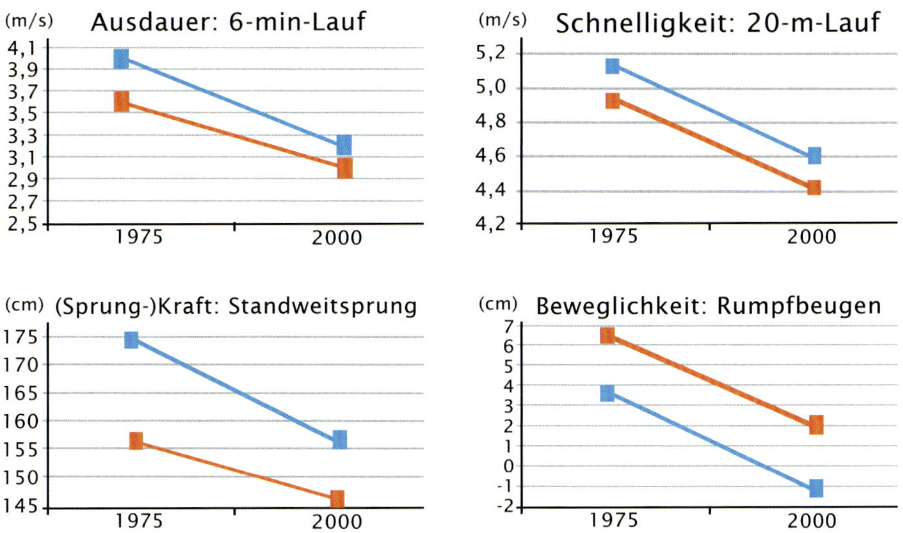

Abb. 3: Veränderung der motorischen Basisfähigkeiten zwischen 1975 und 2000 (Bös, 2003b, S. 103)

in eine Stagnationsphase verwandelt – allerdings auf einem niedrigen allgemeinmotorischen Niveau (Woll, Worth & Bös, 2019, S. 4).

Ein zweiter, mit der nachlassenden Fitness zusammenhängender Effekt bezieht sich auf **gesundheitsbezogene Merkmale**. An vorderster Stelle zu nennen ist die zunehmende Verbreitung von Übergewicht und Adipositas im Kindes- und Jugendalter. Damit verbunden sind bekanntlich Symptome wie Kurzatmigkeit, Schwitzen, Rücken-/Gelenkschmerzen und erhöhte Risiken für Begleit- und Folgekrankheiten wie Diabetes Typ 2, Bluthochdruck, koronare Herzkrankheiten, Nierenleiden, Osteoporose, Arthrose, Stresserkrankungen, Depressionen usw. So früh rund ist also definitiv nicht gesund!

In Deutschland sind aktuell 15,6 % der Jungen und 15,3 % der Mädchen zwischen 3 und 17 Jahren übergewichtig, davon 6,3 % der Jungen und 5,5 % der Mädchen adipös (Schienkiewitz et al., 2019). Im Kindergartenalter sind die Zahlen mit 7,3 % und 10,8 % zwar noch etwas niedriger, trotzdem deutlich zu hoch. Weltweit wiegen 41 Millionen kleine Kinder nicht nur zu viel, sondern bringen viel zu viel Kilos auf die Waage. Außerdem beunruhigt die Tendenz, dass der Anteil der zu dicken Kinder in den westlichen Ländern kontinuierlich ansteigt. Die Gleichung „Generation @ = Generation f@t" (Bünemann, 2008, S. 120) scheint längst nicht mehr nur eine Warnung zu sein, sondern ist vielfach Realität geworden.

Vielleicht nicht ganz so intuitiv einleuchtend ist, dass Bewegungsmangel einen negativen Einfluss auf die **Gehirnleistungsfähigkeit** haben kann. Analysiert wurde vorwiegend die umgekehrte Wirkungsrichtung, also positiv betrachtet, ob körperliche Aktivitäten in der Kindheit das kognitive Leistungsvermögen stärken. Dabei muss einer Fehlinterpretation vorgebeugt werden. Der verbreitete Slogan „Toben macht schlau" heißt nicht, dass Bewegung, Spiel und Sport direkt die Intelligenz fördern würden. Aber: „Toben" verbessert die so genannten **Exekutiven Funktionen (EF)**, die im präfrontalen Kortex (Stirnhirn) repräsentiert sind. Damit sind lernförderliche Rahmenkompetenzen gemeint, wie das Arbeitsgedächtnis (Fähigkeit, Informationen kurzzeitig zu speichern und mit ihnen zu arbeiten), die Inhibition (Fähigkeit, spontane Impulse zu unterdrücken) und die kognitive Flexibilität (Entscheidungsfähigkeit, Einstellen auf neue Situationen). Sie bilden zusammengenommen eine wesentliche Grundlage für die **Selbstkontrolle** und **Selbstregulationsfähigkeit**. Den positiven Einfluss von entwicklungsgerechten Bewegungsprogrammen auf die EF bestätigen inzwischen mehr als 200 internationale Untersuchungen (vgl. zusammenfassend z. B. Berwid & Halperin, 2012). Wie bedeutsam die Exekutiven Funktionen für unseren Erfolg im Leben sein können, zeigt die folgende „Gedankenkette": Toben verbessert die Exekutiven Funktionen, diese (speziell das Arbeitsgedächtnis) ermöglichen im Kindergartenalter eine bessere Vorhersage der schulischen Leistungen als der IQ (Blair & Razza 2007; Duckworth & Seligman, 2005; Diamond & Lee, 2016) und schulische Leistungen im Alter von acht Jahren lassen einen ziemlich zuverlässigen Schluss auf den Berufserfolg (Wohlstand) und den Gesundheitsstatus im Erwachsenenalter zu (Kantomaa u. a., 2013; n = 8.061).

Auch für weitere Bereiche der kindlichen Persönlichkeitsentwicklung gilt die Bedeutung von körperlichen Aktivitäten als unstrittig. In den drei Deutschen Kinder- und Jugendsportberichten (Teil 1: 2003: Teil 2: 2008; Teil 3: 2015) werden u. a. ihre positiven Auswirkungen auf **sprachliche, soziale** und **emotionale Kompetenzen** dargestellt.

Es gibt also viele gute Gründe etwas gegen den Bewegungsmangel in der Kindheit zu tun!

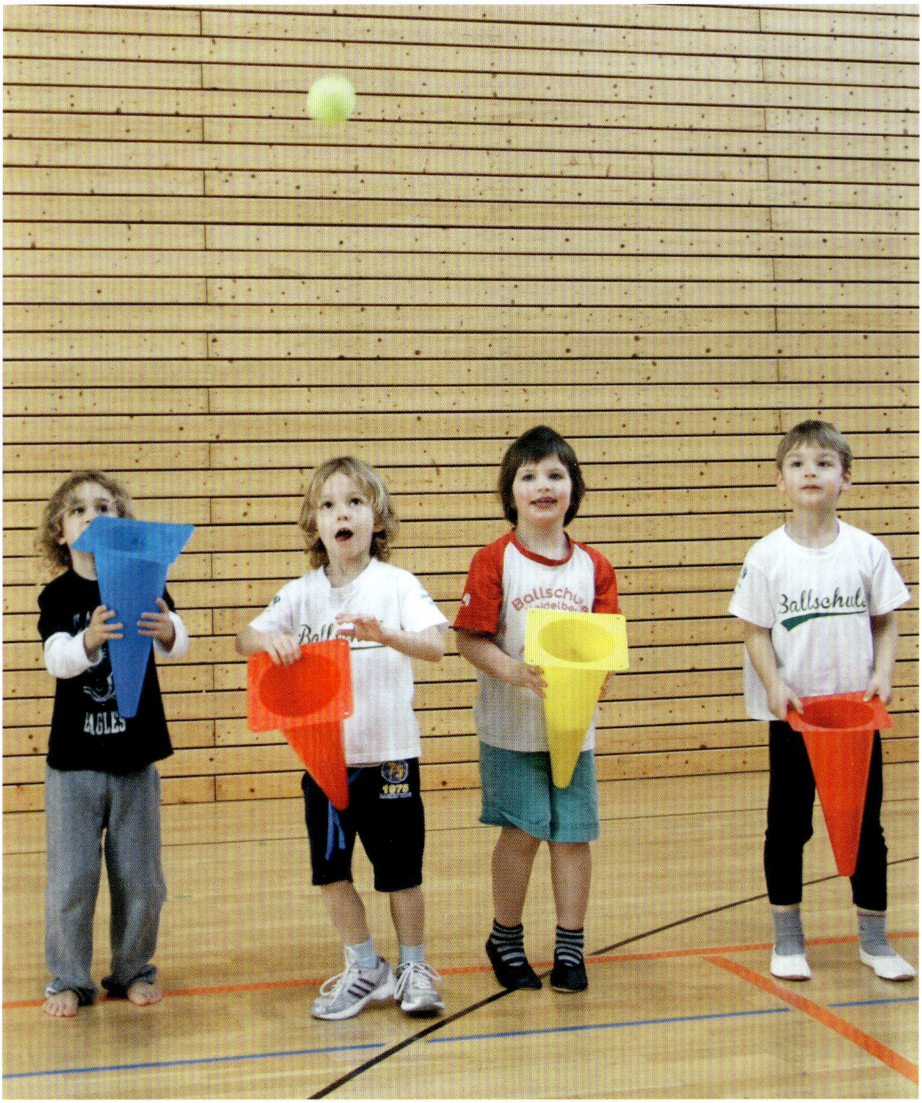

3 MINI-BALLSCHULE

EINORDNUNG

Grundphilosophie der Ballschulprogramme 17

Prinzipien 18

Systematik der Ballschulprogramme 22

In diesem Kapitel werden zunächst die beiden Gemeinsamkeiten **aller** Ballschulprogramme in den Blick genommen: ihre **integrative, sportspielübergreifende** Ausrichtung und die Orientierung an den vier zentralen Prinzipien/Gütesiegeln für Kindersportangebote. Danach wird die Mini-Ballschule – in einem zweiten Teilabschnitt – in die **Gesamtsystematik** der Ballschulprogramme eingeordnet.

GRUNDPHILOSOPHIE DER BALLSCHULPROGRAMME

Integrative Sportspielvermittlung

„Betrachte einmal die Vorgänge, die wir Spiele nennen. Was ist diesen gemeinsam? ... Wenn du sie anschaust, wirst du zwar nichts sehen, was allen gemeinsam ist, aber du wirst Ähnlichkeiten entdecken ... Schau z. B. die Brettspiele an, mit ihren Verwandtschaften ... Nun gehe zu den Ballspielen über. Dann bleibt manches Gemeinsame erhalten, aber viele identische Züge verschwinden, andere treten auf ... Und so können wir durch die vielen, vielen anderen Gruppen von Spielen gehen, Ähnlichkeiten auftauchen und verschwinden sehen. Ähnlichkeiten im Großen und im Kleinen. Ich kann diese nicht besser charakterisieren als durch das Wort ‚Familienähnlichkeit'. Denn die Gemeinsamkeiten der Spiele übergreifen und kreuzen sich wie die Ähnlichkeiten, die zwischen den Mitgliedern einer Familie bestehen: Wuchs, Gesichtszüge, Augenfarbe, Gang, Temperament usw. – Und ich werde sagen: die Spiele bilden eine Familie!" (Wittgenstein, 1960, Philosophische Untersuchungen § 66, 67.)

Treffender und anschaulicher kann man die Grundgedanken der Integrativen Vermittlungsmodelle – und damit auch der Ballschule Heidelberg – kaum beschreiben. Ganz im Sinne des Sprachphilosophen Wittgenstein werden die Sportspiele als Mitglieder einer Familie angesehen, die einander ähnlich sind. Ihre allgemeinen und sich kreuzenden Verwandtschaftsmerkmale werden gezielt herausgegriffen und in der „Kinderstube" der Spielanfänger geschult. Angestrebt wird ein stabiles Fundament an **sportspielübergreifenden** Basiskompetenzen. Darauf aufbauend folgen in der Regel – nach dem Motto „vom Allgemeinen zum Spezifischen" – sportspielgerichtete Teilspezialisierungen, die so etwas wie Zwischenstufen hin zu den Einführungen in die einzelnen Sportspiele darstellen. Greift man das Bild von Wittgenstein wieder auf, dann geht es auf diesen Stufen nicht mehr um die Gesamtheit aller Sportspiele mit ihren zuweilen eher weitläufigen Verwandtschaftsgraden, sondern um Gruppierungen von Spielen mit engeren Familienähnlichkeiten (z. B. Rückschlagspiele).
Den integrativen Lehrwegen stehen in der Sportspiel-Literatur Ansätze gegenüber, bei denen das „Ballspiel-Leben" ohne Umwege mit dem Einstieg in ein konkretes Zielspiel – z. B. in das Fußball- oder Volleyballspiel – beginnt. Die Kinder werden von Anfang an mit der Spielidee und dem Anforderungsprofil eines bestimmten Mitglieds der Sportspiel-Familie vertraut gemacht. Auch mit diesen **sportspielspezifischen** Lehrmodellen wird die Hoffnung verbunden, positive Transferwirkungen auf das Erlernen weiterer Sportspiele zu erzielen. Die methodisch-didaktische Argumentationsrichtung

dreht sich dabei geradezu um. An die Stelle des integrativen Leitsatzes „vom Allgemeinen zum Spezifischen" tritt die Devise „vom Spezifischen zum Allgemeinen". Besonders die Vertreter des genetischen Lernens (vgl. z. B. Wagenschein,1991; Loibl, 2001; Schmidt, 2004) verweisen in diesem Kontext auf die Bedeutung des „Exemplarischen Prinzips". Durch einsichtiges Lernen und das Verstehen von Zusammenhängen sollen die Kinder in die Lage versetzt werden, ihre Erfahrungen zu verallgemeinern, d. h. auf andere Sportspiele zu übertragen (Loibl, 2001, S. 23).

Warum in der Ballschule Heidelberg der integrative Vermittlungsweg für Spielanfänger eindeutig bevorzugt wird, lässt sich mit ihren Prinzipien erklären bzw. begründen, die im nächsten Abschnitt dargestellt werden. Mit dieser Präferenz soll der generelle Wert spezifisch-exemplarischer Modelle – vor allem für den Schulsport ab der Sekundarstufe 1 – in keiner Weise in Abrede gestellt werden. Beide Lehrkonzepte haben sich seit Jahrzehnten in den verschiedensten schulischen Inhaltsfeldern bewährt. Niemand würde z. B. bezweifeln, dass grammatikalische Kenntnisse oder mathematische Formeln sowohl nach dem Prinzip „von der allgemeinen Regel zu den spezifischen Anwendungen" als auch nach dem Motto „von den spezifischen Anwendungen zur allgemeinen Regel" erworben werden können.

PRINZIPIEN

Das wohl bedeutendste (Alleinstellungs-) Merkmal der Ballschulprogramme betrifft ihre Ausrichtung an der Metapher der früheren **Straßenspielkultur** (vgl. Kapitel 1). Das Spielen an der „frischen Luft" wurde von den Kindern selbst an ihren Könnens-/Entwicklungsstand angepasst, war in mehrfacher Hinsicht vielseitig (Spielmaterialien, Spielform, Spielerzahl, Regeln, usw.), sollte vor allem Spaß machen und es gab niemanden, der ständig instruiert oder korrigiert hätte. Die hieraus abgeleiteten **Ballschul-Prinzipien** (vgl. Abb. 4) bilden in Verbindung mit langjährigen Praxiserfahrungen und trainingswissenschaftlichen Überlegungen die Grundlage für die Beantwortung der klassischen Vermittlungsfragen – den Fragen nach dem:

- **Wozu?** (Ziele) – Prinzipien der Entwicklungsgemäßheit und der Vielseitigkeit
- **Was?** (Inhalte) – Prinzip der Freudbetontheit und
- **Wie?** (Methoden) – Prinzip des spielerisch-unangeleiteten Lernens

Prinzip der Entwicklungsgemäßheit

Dass die Zielstellungen von Fördermaßnahmen entwicklungsgerecht auszuwählen sind, ist eigentlich eine Selbstverständlichkeit. Wie sagt man so schön: Die Kinder müssen dort abgeholt werden, wo sie sind! Für die Mini-Ballschule bedeutet das zweierlei. Erstens ist zu berücksichtigen, welche spielbezogenen Kompetenzen die Kinder im Kleinkind- und Vorschulalter (3 Jahre bis zum Schuleintritt) gewöhnlich mitbringen. Und zweitens – mindestens genauso wichtig – muss beachtet werden, welche Talente diese Kinder haben. Wir wissen schon lange, dass Menschen lebenslang lernfähig und trainierbar sind, aber manche Kompetenzen lassen sich besonders gut in der frühen Kindheit, andere in der Jugend und wiederum andere im Erwachsenenalter ausbilden. Entwicklungsforscher haben hierfür einen komplizierten Ausdruck. Sie sprechen von unterschiedlichen altersbezogenen Plastizitäten. Dieser Begriff steht in enger Verbindung mit dem Konzept der „Zone der nächsten Entwicklung". Damit ist der Raum der Verbesserungsmöglichkeiten eines Kindes zwischen seinem aktuellen und möglichen Leistungsstand gemeint, also zwischen dem, was ein Kind leistet, und dem, was es abrufen könnte, wenn es in optimaler Weise gefördert wird.

Prinzip der Vielseitigkeit

In allen Ballschulprogrammen gilt: Vielseitigkeit ist Trumpf! Das betrifft die motorischen Ausführungsformen (Hand, Fuß, Schläger) in gleicher Weise wie die einbezogenen Lernmaterialien und die Gestaltungsregeln bzw. Rahmenbedingungen des Spielens und Übens. Der Leitsatz korrespondiert eng mit der integrativen Grundidee der Vermittlung breiter Spielerfahrungen und der damit assoziierten Lernzielkette „vom Allgemeinen zum Spezifischen".

Für die motorische Frühförderung in Kitas ergibt sich die Bedeutung der sportspielbezogenen Vielseitigkeit direkt aus den – in dieser Hinsicht bundesweit einheitlichen – Vorgaben in den Rahmen-/Bildungsplänen der Bundesländer. Und auch im **Vereinssport** ist ein derartiger multipler Sportspiel-

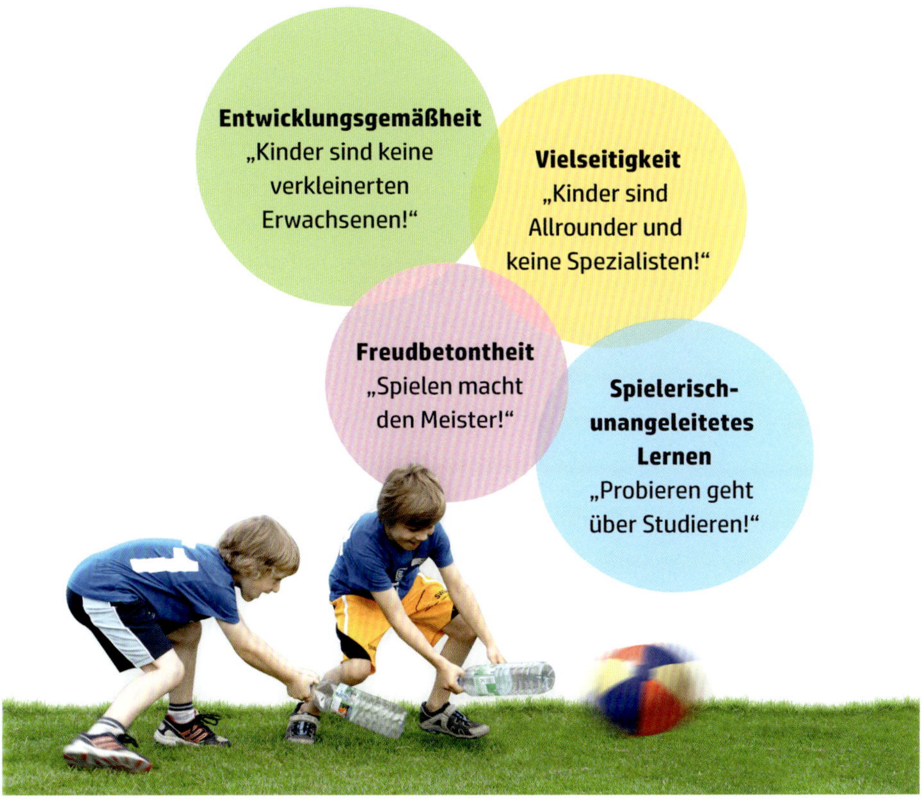

Abb. 4: Die vier Prinzipien der Ballschulprogramme

zugang – zur Kompensation der häufig reduzierten, informellen Erfahrungssammlungen der Kinder – nahezu unverzichtbar geworden (vgl. Kapitel 1).

Prinzip der Freudbetontheit

Mit dem Prinzip der Freudbetontheit wird eine seit Beginn des vergangenen Jahrhunderts bekannte, empirisch vielfach bestätigte Erkenntnis aus der Motivationspsychologie in die Ballschulprogramme eingebracht. Sie besagt, dass Erfolgserlebnissen eine Schlüsselrolle beim Lernen zukommt. Diese Annahme wird durch aktuelle Befunde aus der Gehirnforschung zusätzlich untermauert. Die neurowissenschaftlichen Argumentationen gründen auf den Eigenschaften und Funktionen eines Botenstoffes in unserem Gehirn. Er heißt Dopamin. Welcher Zusammenhang zwischen ihm und dem Prinzip der Freudbetontheit besteht, bedarf einer Erklärung, die hier nur sehr vereinfacht wiedergegeben werden kann (vgl. Beck & Beckmann, 2010; Beck, 2013).

Dopaminausschüttungen verursachen Glücksgefühle **und** fördern (motorische) Aneignungsprozesse. Wie aber kommt es zu solchen segensreichen Ausschüttungen des Neurotransmitters? Die Bewegungsneurowissenschaftler geben auf diese Frage eine interessante Antwort. Der Dopaminspiegel wird erhöht, wenn nach einer Handlung das Ergebnis besser ausfällt als das Kind gedacht hat. Unerwartet gute Ausführungen bringen also Spaß und werden gelernt. Misslungene Aktionen, die zu keinem Anstieg führen, sinnvoller Weise nicht. So schnappt sich unser Gehirn über Dopamin nur die richtigen Bewegungsmuster – getreu nach dem Motto: „die Guten ins Töpfchen ...!" (Beck, 2013, S. 12-13).

Die Spiele und Übungen der Ballschule müssen demzufolge vor allem eins mit sich bringen: **unerwartete Erfolgserlebnisse**. Das Belohnungssystem Dopamin schafft dann Motivation und macht den Kindern Lust auf mehr. Die Zauberformel lautet:

Spielen/Üben mit erlebten Lernerfolgen → Dopamin → Freude → Motivation zum Weiterlernen!

Das klappt besonders gut bei Kindern, weil sie mehr Dopaminrezeptoren haben als Erwachsene. Spielen mit Erfolgserlebnissen kann für Kinder zu einem wahren „Baden im Dopamin" werden (Beck, 2013). An dieser Stelle kommt übrigens wieder das Prinzip der Vielseitigkeit ins Spiel. Wenn Ballschulstunden möglichst viele unerwartete Erfolgserlebnisse mit sich bringen sollen, dann funktioniert das nahe liegender Weise nicht mit häufigen oder gar ständigen Wiederholungen der gleichen Inhalte. Je mehr verschiedene Aufgaben und Situationen zu bewältigen sind, umso größer ist das Potenzial für neue, noch nie gezeigte Lösungshandlungen mit freudvollen, positiven Einschätzungen der eigenen Leistungen.

Prinzip des spielerisch-unangeleiteten Lernens

Die Art des Spielens und Übens in der Ballschule folgt dem Motto **„Probieren geht über Studieren"**. Es ist wichtig, dass die Kinder ihre Lernprozesse von Anfang an mitgestalten und nicht dauernd instruiert oder korrigiert werden: Reden ist „Silber"; Sicherheit, Vertrauen und herausfordernde Impulse geben, ist in der Ballschule „Gold"!

Was spricht für diese methodische Sichtweise? Die Antwort gliedert sich in zwei Schritte: Wir Menschen können sehr gut „implizit lernen“ und Instruktionen/Korrekturen führen zu „Inattentional Blindness“.

Zunächst zum Thema **„implizites Lernen“** und damit zu der Frage: Warum kann man überhaupt lernen, wenn man unangeleitet spielt oder übt? Dass so etwas funktioniert, wird nicht jedem einsichtig sein. Nun: Lernen kann man, indem man übt, etwa Vokabeln oder Bruchrechnen. Das kennen wir alle aus der Schule. Psychologen bezeichnen das als intentionales oder explizites Lernen. Wir können uns aber auch erfahrungsbedingt – quasi nebenbei – Wissen oder Können aneignen, ohne uns anzustrengen. Dann spricht man von implizitem Lernen. Z. B. erwerben wir die Grammatiken von Sprachen vorwiegend implizit. Durch ständiges Sprechen beherrschen wir irgendwann die wesentlichen Regeln, ohne dass uns das klar sein muss und ohne dass es uns möglich wäre, diese vollständig zu benennen. Heute gilt es als unstrittig, dass das Meiste von dem, was sich Menschen über die Lebensspanne hinweg aneignen, implizit erworben worden ist. Einen theoretischen Erklärungsansatz hierfür liefert z. B. das Modell der Antizipativen Verhaltenskontrolle von Hoffmann (1993), das von Roth (2015) genauer beschrieben worden ist.

Die Frage, warum implizites Lernen sogar besser sein kann als ein Spielen/Üben mit bewusster Reflexion bzw. mit Instruktionen und Korrekturen, beantworten Mack und Rock (1998) mit dem Verweis auf ein Phänomen, das sie als **Inattentional Blindness** bezeichnen. Dieser Begriff lässt sich nur schwer übersetzen, aber ganz gut erklären. Wenn ein Kind gesagt bekommt, worauf es zu achten hat, dann wird seine Aufmerksamkeit eingeengt. Es schaut dann – je nach Anweisung – nur noch auf einen kleineren Situationsausschnitt und wird blind für das restliche Geschehen. Diesen Effekt machen sich auch Zauberer zu Nutze. Viele ihrer Tricks beruhen darauf, dass der Magier durch Hinweise oder Gesten die Aufmerksamkeit seines Publikums auf einen anderen Gegenstand oder eine andere Handlung lenkt. So merkt man nicht, wie der Hase in den Hut gelangt oder eine Kugel unter einem Becher verschwindet! Wie gut das funktioniert haben Simons und Chabris (2011) mit ihrem berühmten Gorilla-Film veranschaulicht. Sie zeigen ein 23 Sekunden dauerndes Video, in dem sechs Personen zu sehen sind: drei in dunkler und drei in heller Kleidung. Die Spieler der beiden Dreiergruppen haben jeweils einen Basketball, den sie prellen und/oder sich untereinander zuspielen. In den Studien von Simon und Chabris haben die Probanden dann z. B. die Aufgabe erhalten, die Anzahl der Bodenberührungen des Balles und die Pässe der weißen Spieler zu zählen. Es hat sich gezeigt, dass sie mit hoher Wahrscheinlichkeit eine Person in einem schwarzen Gorilla-Kostüm übersehen, die in der Mitte des Films das Bild durchquert. Ohne diese Anweisung ist der Gorilla dagegen nicht zu übersehen. Das ist das, was Forscher mit Inattentional Blindness umschreiben.

In der Mini-Ballschule erhalten die Kinder dementsprechend keine bzw. nur sehr wenige Instruktionen und Korrekturen. Sie handeln bei den Spielen und Übungen zunehmend kompetenter und kreativer/ideenreicher, weil sie – mit uneingeschränkter

Aufmerksamkeitsbreite – umfangreiche, sinnvoll strukturierte spielerische Erfahrungen sammeln können.

SYSTEMATIK DER BALLSCHULPROGRAMME

Die sportspielübergreifende Mini-Ballschule ist – zusammen mit der Ballschule für Grundschulkinder (Band 1 der Buchreihe) – als Ausgangspunkt und „Keimzelle" für alle weiteren Programme der Ballschule Heidelberg anzusehen. Sie wird seit 2014 mit großem Erfolg national und international in Kindertageseinrichtungen und Sportvereinen praktisch umgesetzt.

In der fünfstufigen Gesamtsystematik (vgl. Abb. 5) ordnet sich die Mini-Ballschule auf der zweiten Ebene ein. Unterhalb bzw. altersmäßig davor ermöglicht die U3-Ballschule (Stufe 1) einen zeitlich noch früheren, entwicklungsgerechten Einstieg in die Ballschulangebote. Nach oben schließen sich das ABC des Spielenlernens für Grundschulkinder (Stufe 3) und die ersten Teilspezialisierungen oder – anders ausgedrückt – **sportspielgerichteten** Ausbildungen an (Stufe 4). In der Ballschule wird hier – einer einheitlichen Auffassung in der Sportspielliteratur folgend – von zwei großen „Spiel-Familien" ausgegangen, die als Zielschussspiele und Rückschlagspiele bezeichnet werden. Die fünfte und letzte Stufe beinhaltet schließlich den Übergang von der Ballschule hin zum Anfängertraining in den einzelnen Sportspielen.

Diese ballschulinterne Systematik bzw. Reihungslogik bedarf einer (relativierenden) Kommentierung. Die idealtypische Abfolge mit zunächst sportspielübergreifenden, dann sportspielgerichteten und schließlich sportspielspezifischen Erfahrungssammlungen ist zwar logisch und sinnvoll, lässt sich in der Praxis aber nur selten in dieser Form umsetzen. Daher wurden alle Ballschulprogramme so entworfen und inhaltlich aus-

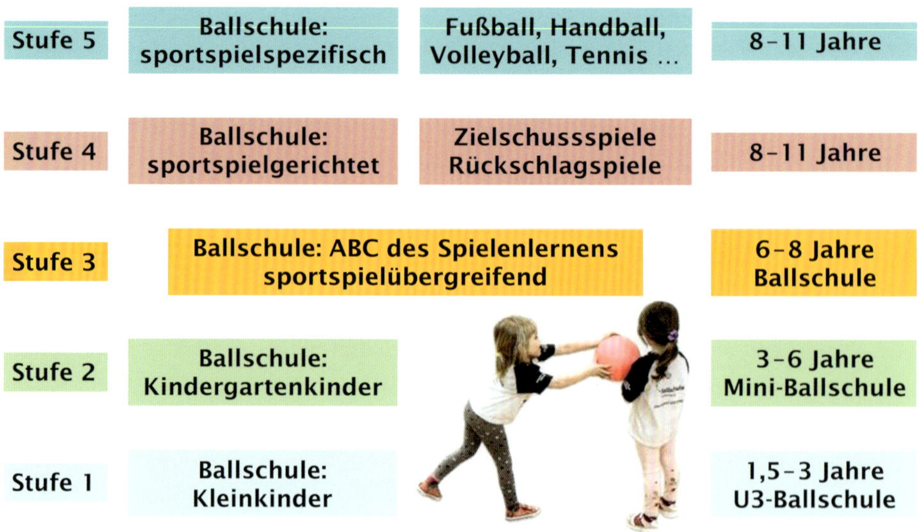

Abb. 5: Programme der Ballschule Heidelberg

gestaltet, dass sie eigenständig, je für sich durchführbar sind. Mit anderen Worten: ein Kind kann problemlos die Mini-Ballschule besuchen, ohne an der U3-Ballschule teilgenommen zu haben und in der Ballschule Zielschuss- oder Rückschlagspiele müssen nicht zwingend vorherige Erfahrungen aus den Stufen 1 bis 3 vorhanden sein.

Die Kernprogramme der Ballschule aus Abbildung 5 sind grundsätzlich für natürliche, unausgelesene Gruppen (z. B. Kindergartengruppen), also für „alle Kinder" der jeweils angegebenen Altersbereiche gedacht. Auf der dritten Stufe werden sie durch Angebote für spezifische Zielgruppen (Kinder mit ADHS, übergewichtige Kinder, körperbehinderte Kinder, Kinder mit chronischen Erkrankungen) und auf der zweiten um Konzepte zur gezielten (Mit-)Förderung zusätzlicher Kompetenz-/Persönlichkeitsbereiche ergänzt (vgl. Kapitel 2). Zur Mini-Ballschule existieren aktuell drei inhaltlich erweiterte Parallelprogramme dieser Art: das Motorik ABC, MoBil sowie Gesundes Aufwachsen. Sie befinden sich hinsichtlich ihrer wissenschaftlichen Begleitung und praktischen Anwendung in unterschiedlichen Entwicklungsstadien.

Motorik-ABC: Bewegung und Sprache

Unter dem „Dach" des **Motorik-ABC** werden zwei Programme zur Bewegungs- und Sprachförderung im Vorschulalter vereint: die Mini-Ballschule und das Modul „Bewegte Sprache". Die beiden Module ergänzen sich perfekt. In der (modifizierten) Mini-Ballschule werden Bewegungsanlässe zu Sprachanlässen – bei der Bewegten Sprache wird umgekehrt der Erwerb sprachlicher Kompetenzen mit Hilfe von Bewegungsspielen unterstützt. Die Motorik-ABC-Stunden werden von (ausgebildeten) Erzieherinnen/Übungsleitern geleitet. Dabei wird der Eigenaktivität und Beteiligung der Kinder eine große Bedeutung beigemessen.

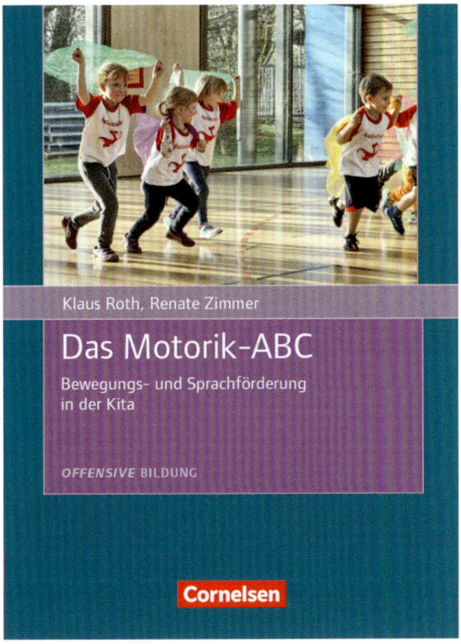

Das Programm wurde im Rahmen einer dreijährigen Längsschnittstudie mit insgesamt 370 Kindern evaluiert. Die Befunde sind eindeutig. Die Motorik ABC-Kinder erreichen durchgängig größere Leistungsfortschritte als die Kinder der Kontrollgruppe. Besonders erfreulich ist, dass vor allem leistungsschwache Heranwachsende von dem Angebot profitieren.

Der Lehrplan ist – mit einer ausführlichen Spiel- und Übungssammlung – in Buchform veröffentlicht worden (Roth, 2014a; Roth & Zimmer, 2017).

MoBil: Motorik und Bildung

Mit dem Projekt **MoBil** wird das Wissen um die Potenziale von körperlichen Aktivitäten zur Stärkung der **Exekutiven Funktionen** genutzt und konzeptionell umgesetzt. Gerade im Vorschulalter beeinflussen gut ausgeprägte Selbstregulationskompetenzen – quasi als akademische Vorläuferfähigkeiten – die Lernbereitschaft und bilden eine wichtige Grundlage für das soziale Zusammenleben in Familie, Kindergarten, Schule und Freundeskreis. Angestrebt wird – ähnlich wie beim Motorik-ABC – vor allem eine Angleichung des Niveaus möglichst vieler Vorschulkinder bis zur Einschulung. Ziel ist die Herstellung von Chancengleichheit und damit eine Homogenisierung der Voraussetzungen für eine erfolgreiche Schulkarriere (vgl. Kapitel 2).

Die bewegungsreichen MoBil-Spielstunden basieren auf Erkenntnissen aus der Sportwissenschaft, der kognitiven Neurowissenschaft und der Entwicklungspsychologie. Sie werden in den Kindergartenalltag integriert und von theoretisch und praktisch ausgebildeten Erzieherinnen durchgeführt. Die motorische Förderung orientiert sich dabei an den Inhalten der Mini-Ballschule, die mit kindgerechten Anforderungen an das Arbeitsgedächtnis, die Inhibition und die kognitive Flexibilität kombiniert werden.

Das Programm wird derzeit in mehreren Kitas durchgeführt und evaluiert. Materialien zu den wissenschaftlichen Grundlagen (Eckert, Kubesch, Posawatz & Roth, 2021) und ein Übungsmanual sind auf Anfrage verfügbar: mobil@visionbewegungskinder.de

Gesundes Aufwachsen: Bewegung und Ernährung

Im Rahmen des Projekts **Gesundes Aufwachsen** wird die Mini-Ballschule mit dem bewährten Ernährungsprogramm **Abenteuer Essen** verknüpft. Beide Teilmodule folgen der Erkenntnis, dass in der Phase vor dem Schuleintritt die entscheidenden Voraussetzungen für einen langfristig stabilen, gesunden Lebensstil geschaffen werden. Kinder sind von Natur aus nicht nur Bewegungswesen, sie bringen auch die Anlagen für ein ausgewogenes Essverhalten mit. Die Teilnahme am Programm „Gesundes Aufwachsen" soll ihnen in entwicklungsgemäßer und spielerischer Form dabei helfen, diese Intuition im Dschungel des Nahrungsangebotes und der veränderten Lebensverhältnisse nicht zu verlieren.

Erste Lehrmaterialien mit einer Reihe von praktischen Beispielen und Stundenbildern sind im Rahmen von Fortbildungen für Erzieherinnen erstellt worden (vgl. Brühmann, 2018).

4 MINI-BALLSCHULE

ZIELE

SPORTSPIEL-ÜBERGREIFENDE BASIS-KOMPETENZEN

Das ABC des Spielenlernens 26

Elementare motorische Basiskompetenzen (A) 28

Perzeptiv-taktische Basiskompetenzen (B) 29

Koordinative Basiskompetenzen (C) 30

DAS ABC DES SPIELENLERNENS

Der Lehrplan der Mini-Ballschule konzentriert sich auf die Vermittlung sportspielübergreifender Basiskompetenzen. Was hat man sich darunter vorzustellen? Die Bedeutung des Adjektivs **sportspielübergreifend** dürfte mittlerweile klar sein. Der Begriff wurde in den vorangegangenen Kapiteln im Zusammenhang mit der integrativen Ausrichtung, der Metapher der Familienähnlichkeit und dem **Prinzip der Vielseitigkeit** bereits mehrfach verwendet und eingeordnet. Mit dem Terminus **Basiskompetenzen** wird in der Mini-Ballschule der direkte **Aufgabenbezug** der Lernziele zum Ausdruck gebracht. Kompetenzen werden in diesem Sinne als **funktionale** Leistungsvoraussetzungen zur Lösung von typischen, altersgemäßen Sportspielsituationen verstanden **(Prinzip der Entwicklungsgemäßheit)**. In den Veröffentlichungen zur Ballschule Heidelberg werden sie auch als **(Spiel-)Bausteine** bezeichnet.

Welche grundsätzlichen Handlungsanforderungen (Aufgaben) stellt also das Spielen mit Bällen an Klein- und Vorschulkinder? Was bringen die Kinder mit? Und: Welche spielbezogenen Kompetenzen liegen in der „Zone ihrer nächsten Entwicklung"?

Die Ergebnisse der Entwicklungsforschung lenken hier den Fokus auf drei Zielbereiche, die in der Mini-Ballschule mit den Buchstaben A, B und C gekennzeichnet werden. Der Buchstabe A steht für **elementare motorische**, B für **perzeptiv-taktische** und C für **koordinative Basiskompetenzen**. Zusammengenommen ergibt sich aus A und B und C das ABC des Spielenlernens in Kitas und Sportvereinen.

Tab. 1: Ziele der Mini-Ballschule: 7 x 6 x 5-Basiskompetenzen

Elementare Motorikbausteine (A)	Perzentiv-taktische Bausteine (B)	Koordination-bausteine (C)
Fangen	**Flugbahn des Balles erkennen**	**Zeitdruck**
Stoppen	**Laufweg zum Ball bestimmen**	**Präzisionsdruck**
Prellen	**Spielpunkt des Balles bestimmen**	**Komplexitätsdruck Zeit/Präzision**
Dribbeln	**Anbieten & Orientieren**	**Organisationsdruck Zeit/Präzision**
Werfen	**Ballbesitz kooperativ sichern**	**Variabilitätsdruck Zeit/Präzision**
Kicken	**Lücke erkennen**	
Schlagen		

Mit der alleinigen Festlegung, dass die Ziele der Mini-Ballschule drei Bereichen zugeordnet werden, ist allerdings noch nicht sehr viel gewonnen. Für die Säulen A, B und C müssen die einzelnen, konkret zu schulenden sportspielübergreifenden Basiskompetenzen systematisch ermittelt und benannt werden. Das ist keine einfache Aufgabe. Es gibt kaum eine Möglichkeit, auf einem irgendwie gearteten wissenschaftlichen Weg die allgemeinen Anforderungen der Sportspiele objektiv und verbindlich herauszufiltern. Deshalb wurde im Rahmen der Mini-Ballschule – ohne dass dies weniger wertvoll wäre – auf eigene praktische Erfahrungen und das reiche Alltagswissen von Experten gesetzt. Das Gesamtergebnis der Analysen und Befragungen ist in der Tabelle 1 im Überblick dargestellt. Aus ursprünglich nahezu 50 „Ideen" bzw. Vorschlägen wurden – über Selektionen, Mitteilungen und Zusammenfassungen – 18 zentrale Basiskompetenzen für das ABC der Mini-Ballschule abgeleitet.

Anzumerken ist, dass mit der Auflistung der Bausteine in Tabelle 1 in keiner Weise ein Anspruch auf Vollständigkeit oder gar Endgültigkeit erhoben wird. Der Baustein-Pool kann auf der Grundlage neuer theoretischer oder praktischer Einsichten jederzeit verändert, ergänzt oder verkürzt werden.

EXKURS

Die Teilnahme an der Mini-Ballschule fordert Klein- und Vorschulkinder noch in weiteren Kompetenzfeldern heraus. Dies kann mit den in Kapitel 3 beschriebenen Kombinationsprogrammen aktiv-verstärkend genutzt werden, passiert aber auch in „normalen" Mini-Ballschulstunden fast zwanglos, sozusagen von selbst. So beinhalten die Einheiten hervorragende Sprachanlässe (vgl. Motorik-ABC). Durch Spiele zum genauen Hinhören wird den Kindern z. B. beiläufig die Fähigkeit vermittelt, ähnlich klingende Laute zu unterscheiden. Über Beschreibungen erwerben sie Bezeichnungen für Körperteile („Reise durch den Körper"), in offenen Aufgaben, wie „Gangarten imitieren", lernen sie Tiernamen oder Namen für Fortbewegungsarten kennen usw. Insgesamt besteht die Chance, dass bei vielen Kindern im spielerischen Tun weniger Sprechhemmungen auftreten als in anderen Alltagskontexten.
Im mathematisch-naturwissenschaftlichen Bereich bietet die Mini-Ballschule ebenfalls zahlreiche Lerngelegenheiten. Das mathematische Denken in Zahlen, Mengen und geometrischen Figuren (Zahlworte, Ziffern, Würfelbilder usw.) wird z. B. durch Vorgaben zu Spiel- und Übungsformen (Bildet einen Kreis!; Jede Gruppe nimmt sich vier Bälle! usw.) oder durch die Beschreibung von „Ergebnissen" (Wie viele Punkte hast du erreicht?, Wer hat die meisten Treffer erzielt? usw.) ausgebildet. Die Kinder können zudem grundlegende naturwissenschaftliche Phänomene ausprobieren (z. B. Wie rollen Bälle? Wie prellen Bälle?) und erste „Experimente" durchführen (z. B. Wann muss ich loslaufen, um einen rollenden Ball zu erreichen? Wie wirkt sich die Länge von Ausholbewegungen auf die Sprunghöhe, die Wurfweite oder die Schlagweite aus?).
Schließlich beeinflusst die Teilnahme an Bewegung, Spiel und Sport die sozial-emotionale Entwicklung. Die Mini-Ballschule verlangt den Kindern Kompetenzen ab, die sich in diesem Alter erst entwickeln. Die soziale Integration in die Gruppe setzt bei Einzel- und besonders bei Partnerspielen das Vermögen zur Kooperation mit Anderen und zur Beachtung ihrer Perspektiven voraus. Das stellt gerade für Kleinkinder eine große Herausforderung dar, denn sie befinden sich in diesem Alter noch in einem Stadium, in dem das Parallelspiel erst nach und nach in gemeinsames Spielen übergeht.

ELEMENTARE MOTORISCHE BASISKOMPETENZEN (A)

Zu Beginn des Kleinkindalters kann davon ausgegangen werden, dass die Heranwachsenden die sogenannten **Fundamental Movement Skills** wie Gehen, Hüpfen, Laufen, Rollen, Schieben, Schwingen, Springen, Stützen, Ziehen usw. zumindest in der Grobform beherrschen. Diese gehören überall auf der Welt im Kindergartenalter zum motorischen Repertoire von normal entwickelten Heranwachsenden und stellen – über den Bereich der Spiele hinaus – eine Mindestvoraussetzung für die erfolgreiche Teilnahme an einer Vielzahl von körperlich-sportlichen Aktivitäten dar. Das ist das, was die meisten Kinder mitbringen.

Auf dieser Grundlage können die ballbezogenen Motorikbausteine der Säule A der Mini-Ballschule erworben werden. Die motorische Lernfähigkeit (Plastizität) ist jetzt gut ausgeprägt. Ursachen hierfür sind die Reduktion der kontralateralen Mitbewegungen der Körperextremitäten, das Nachlassen der Hypertonie der Skelettmuskulatur (vgl. Winter & Hartmann, 2007, S. 25–252) und die Verschiebung des Körperschwerpunktes nach oben (erster Gestaltwandel).

Die Auswahl der **sieben** elementaren motorischen Basiskompetenzen zur Bewältigung von Spielaufgaben begründet sich nach den Prinzipien der Mini-Ballschule quasi wie von selbst. Sie folgt dem, was Kinder lernen können (Entwicklungsgemäßheit) und der zentralen Orientierung am vielseitigen Spielen mit Bällen. Zwei der Bausteine dienen der Ballaufnahme **(Fangen, Stoppen)**, zwei der Ballführung **(Prellen, Dribbeln)** und drei der Ballabgabe **(Werfen, Kicken, Schlagen).**

Tab. 2: Definition der elementaren Motorikbausteine

Definition
Fangen: bezieht sich auf die motorische Basiskompetenz, einen heranfliegenden Ball mit den Händen aufzunehmen und unter Kontrolle zu bringen
Stoppen: bezieht sich auf die motorische Basiskompetenz, einen heranfliegenden oder rollenden Ball mit dem Fuß oder einem Schläger anzuhalten und unter Kontrolle zu bringen
Prellen: bezieht sich auf die motorische Basiskompetenz, einen Ball im Stand oder im Laufen mit einer Hand fortlaufend auf den Boden zu tippen
Dribbeln: bezieht sich auf die motorische Basiskompetenz, einen Ball mit dem Fuß oder einem Schläger am Boden zu „führen“
Werfen: bezieht sich auf die motorische Basiskompetenz, einen Ball mit den Händen zu einem Partner zu passen oder mit einem Ball ein Ziel zu treffen
Kicken: bezieht sich auf die motorische Basiskompetenz, mit den Füßen einen Ball zu einem Partner zu passen oder mit einem Ball ein Ziel (Tor, Korb usw.) zu treffen
Schlagen: bezieht sich auf die motorische Basiskompetenz, mit einem Schläger einen Ball/Luftballon zu einem Partner zu passen oder mit einem Ball ein Ziel (Tor, Korb usw.) zu treffen

PERZEPTIV-TAKTISCHE BASISKOMPETENZEN (B)

Die Kinder sind ab dem Vorschulalter auch bereit, erste perzeptiv-taktische Basiskompetenzen aus dem Bereich der Sportspiele zu erlernen. Der Zeitraum von 4 bis 11 Jahren kann als trainingsgünstige Phase für die Entfaltung und Ausdifferenzierung der Aufmerksamkeits- und Informationsverarbeitungsfähigkeiten angesehen werden, die als eine wesentliche Voraussetzung für situationsgemäßes taktisches Handeln anzusehen sind (vgl. zusammenfassend Memmert, 2007).

Die Säule B der Mini-Ballschule umfasst drei vorrangig perzeptive Bausteine, die in der Tabelle 3 nach ihrer Reihung im Ablauf von Spielhandlungen geordnet sind. Der Ausgangspunkt vieler Spielaktionen ist im Erkennen der Flugbahn des Balles zu sehen. Es folgen die Festlegungen des Laufwegs und der Stellung zum Ball sowie seines Spielpunktes. Die Dreierliste der akzentuiert taktischen Kompetenzen beginnt mit dem **Anbieten & Orientieren** als Voraussetzung für den Ballerhalt. Die nachfolgenden Bausteine sind auf die Ballsicherung bzw. die Zielannäherung im Zusammenspiel mit anderen Kindern und auf das Erkennen von freien Handlungsräumen gerichtet. Alle drei taktischen Kompetenzen sind aus offensiver Sicht formuliert. Mini-Ballschul-Spiele, in denen sie vorkommen, enthalten zumeist – wenn auch nicht zwangsläufig – im Umkehrschluss die jeweils zugehörigen Defensivbausteine. In diesem Sinne werden Basiskompetenzen wie **Zusammenspiel stören** oder **Lücke schließen** automatisch mitgeschult.

Tab. 3: Definition der perzeptiv-taktischen Bausteine

Flugbahn des Balles erkennen: bezieht sich auf die perzeptive Basiskompetenz, die Richtung, Länge und die Geschwindigkeit eines heranfliegenden Balles zu antizipieren und wahrzunehmen
Laufweg zum Ball bestimmen: bezieht sich auf die perzeptive Basiskompetenz, die erforderliche Richtung, Länge und Geschwindigkeit des Laufwegs zum Ball zu antizipieren und festzulegen
Spielpunkt des Balles bestimmen: bezieht sich auf die perzeptive Basiskompetenz, die Stellung/den Abstand zum Ball sowie den optimalen Zeitraum/Ort des Spielpunktes des Balles zu antizipieren und festzulegen
Anbieten & Orientieren: bezieht sich auf die taktische Basiskompetenz, zum richtigen Zeitpunkt eine optimale Position auf einem Spielfeld einzunehmen (Freilaufen/Raumaufteilung)
Ballbesitz kooperativ sichern: bezieht sich auf die taktische Basiskompetenz, im Zusammenspiel mit Partnern den Ballbesitz zu behaupten oder sich einem Ziel (Tor, Korb usw.) anzunähern
Lücke erkennen: bezieht sich auf die taktische Basiskompetenz, sich ergebende Freiräume für die Chance eines „Durchbruchs“, eines Abspiels oder eines direkten Tor-/Punktgewinns zu erkennen

KOORDINATIVE BASISKOMPETENZEN (C)

Für die Förderung der koordinativen Basiskompetenzen gibt es kein „zu früh". Begründet wird dies mit der Reifung des zentralen Nervensystems, die dem körperlichen Wachstum und der Entfaltung der motorisch-konditionellen Funktionsprozesse zeitlich vorausläuft. Hirtz und der Forschungszirkel N. A. Bernstein (2007) konnten in zahlreichen Studien nachweisen, dass in der Kindheit die größten entwicklungsbedingten Steigerungsraten erreicht werden. Am Ende der Grundschulzeit verfügen die Kinder durchschnittlich bereits über ca. 80 % ihres Endleistungsniveaus.

Hinzu kommt, dass die koordinativen Basiskompetenzen im Vorschul- und Grundschulalter außerordentlich gut geschult werden können (hohe Plastizitäten; vgl. Roth & Roth, 2009a). Entsprechende Förderprogramme bewirken bei Kindern fast eine Verdoppelung des Leistungszuwachses. In diesem Sinne soll auch in der Mini-Ballschule ein „Vorsprung fürs Leben" erarbeitet werden, denn es ist immer besser, auf heranreifende als auf ausgereifte Funktionen Einfluss zu nehmen.

Die fünf Zielstellungen der Säule C orientieren sich an der aktuellen bewegungswissenschaftlichen Literatur (vgl. Neumaier & Mechling, 1995; modifiziert nach Roth, 2014b). Ihre Kennzeichnungen und Definitionen in Tabelle 4 gründen auf Vorarbeiten von Roth, der 1982 erstmals den Begriff **Druckbedingungen** zur Kennzeichnung allgemeiner Anforderungen an Steuerungs- und Regelungsprozesse im Sport verwendet hat. Seine theoretischen Überlegungen und empirischen Untersuchungen führten auf der obersten Ebene zu einer Einteilung der koordinativen Kompetenzen in zwei Kategorien: in die Fähigkeiten Aufgaben unter **Zeitdruck** und Aufgaben unter **Präzisionsdruck** zu lösen. Weitere sportartübergreifende Druckbedingungen sind dieser Unterscheidung unterzuordnen. Sie beziehen sich auf die klassischen Kriterien für Koordinationsleistungen: **Komplexität, Organisation und Variabilität.**

Tab. 4: Definition der Koordinationsbausteine

Zeitdruck: bezieht sich auf die koordinative Basiskompetenz, motorische Handlungen in kürzester Zeit (Zeitminimierung) bzw. mit hoher Geschwindigkeit (Geschwindigkeitsmaximierung) auszuführen
Präzisionsdruck: bezieht sich auf die koordinative Basiskompetenz, motorische Handlungen mit hoher Ablauf- und/oder Ergebnisgenauigkeit auszuführen
Komplexitätsdruck – Zeit/Präzision: bezieht sich auf die koordinative Basiskompetenz, verschiedene nacheinander ablaufende motorische (Teil-)Handlungen schnell und mit hoher Genauigkeit miteinander zu verkoppeln
Organisationsdruck – Zeit/Präzision: bezieht sich auf die koordinative Basiskompetenz, verschiedene gleichzeitig ablaufende motorische (Teil-)Handlungen schnell und mit hoher Genauigkeit miteinander zu verkoppeln
Variabilitätsdruck – Zeit/Präzision: bezieht sich auf die informationell-koordinative Basiskompetenz, motorische Handlungen schnell zu variieren und mit hoher Genauigkeit an wechselnde Umgebungs- bzw. Situationsbedingungen anzupassen

5 MINI-BALLSCHULE

INHALTE UND METHODEN

Inhalte: Spiele 32

Methoden 33

INHALTE: SPIELE

„Ein Kind lernt beim Spielen. Es spielt jedoch nie, um zu lernen, sondern weil es Freude an seiner Tätigkeit empfindet“ (Zimmer, 2004, S. 89).

Kinder fassen die Natur spielerisch an! Jedes Kind „muss“ spielen. Spielen – so sagt man – ist Kinderrecht (vgl. UN-Kinderrechtskonvention Artikel 31: Recht auf Ruhe, Freizeit & Spiel). Aus diesen Feststellungen ergibt sich eine klare Konsequenz für die Gestaltung von Mini-Ballschulstunden. Ihre Inhalte bestehen ausschließlich aus kindgemäßen Spielformen: dem freien, dem impulsgesteuerten und dem aufgabenbezogenen Spielen.

Freies Spielen (Bewegungslandschaften)

Das freie Spielen findet in **Bewegungslandschaften** oder an **Stationen** mit Bällen statt. Die verfügbaren Spiel- und Sportgeräte werden so aufgebaut, dass sie die Kinder vor allem zum Einsatz der so genannten Fundamental Movement Skills (Laufen, Springen, Hüpfen, Klettern, Rollen, Schaukeln usw.) und der Motorikbausteine aus der Säule A der Mini-Ballschule inspirieren. Feste Vorgaben, die manche Kinder überfordern, andere eher langweilen würden, gibt es ausdrücklich nicht. Die Kinder werden vielmehr dazu angeregt, selbsttätig angemessene Bewegungsmöglichkeiten zu entdecken und zu erproben. Zudem können sie aktiv in die (Mit-)Gestaltung der Landschaften eingebunden werden (vgl. Ministerium für Schule, Jugend und Kinder Nordrhein-Westfalen, 2003, S. 14). Vorschulkinder sind bereits selbst in der Lage, die Schwierigkeitsgrade der Parcours – z. B. durch Veränderungen der Höhen, Schrägen und Formen der Aufbauten – ihrem Kompetenzniveau anzupassen.

Impulsgesteuertes Spielen (Bewegungsgeschichten)

Beim impulsgesteuerten Spielen agieren die Kinder vorwiegend an einzelnen Spielstationen oder einfach nur mit Bällen. Ihre Phantasie wird durch **Fragen** der Erzieherinnen bzw. der Übungsleiter (z. B. Kannst du auch ...?; Willst du mal ... probieren?) oder durch die Herstellung von Sinnzusammenhängen bzw. Rahmenthemen angeregt. So werden Bälle zu Löschkugeln, Kästen zu Bergen, Taue zu Lianen usw. Jedem Spielgerät wird eine Bedeutung zugewiesen.

„Statt zum Beispiel einfach über eine Bank zu balancieren, flüchten die Kinder vor dem ansteigenden Hochwasser über eine schmale Brücke ans andere Ufer des tosenden Flusses. Bei einem anderen Rahmenthema dagegen könnten sie dieselben Bewegungen ausführen, um als Auto im Parkhaus über eine Rampe zu brausen“ (Büngers, 2017).

Den meisten Kindern macht es Spaß, sich in solche Phantasiewelten hinein zu versetzen. Sie sind dann zu ausdauerndem Spielen bereit und bringen außergewöhnliche Leistungen zustande. „An einem Seil hochzuklettern, auch wenn das sehr anstrengend ist, wird zu einer Frage des Ehrgeizes, wenn es darum geht, sich vor Haifischen oder einer Flutwelle in Sicherheit zu bringen“ (Büngers, 2017).

Aufgabenorientiertes Spielen (Baustein-Spiele)

Aufgabenorientierte Spiele verfügen über zwei Besonderheiten.

Die **erste** resultiert direkt aus ihrer Namensgebung. Die Kinder erhalten konkrete Aufgaben, also präzise Hinweise zu den jeweiligen Spielideen, den zu beachtenden Regeln, den Spielmaterialien und den Funktionen von Mit- und Gegenspielern. Diese Aufgaben lassen sich auch in längere, zusammenhängende **Bewegungsgeschichten** einbetten, in denen die Kinder bestimmte Rollen übernehmen. Sie sind dann Piraten, Zauberer oder Feen, Prinzen oder Königinnen, Katzen oder Hunde usw. Zunächst wird der Anfang der Geschichten vorgelesen. Die Kinder spielen die Abenteuer nach und entwickeln eigene Ideen. Wenn die Konzentration und Kreativität der Heranwachsenden nachlässt, wird die Erzählung fortgesetzt. Es erfolgt ein ständiger Wechsel zwischen vorgegebenen Episoden und Aktivitäten der Kinder. Hier ist auch der Einfallsreichtum der Kinder selbst gefragt. Gute Ideen der spielenden Piraten, Prinzen oder Tiere können aufgegriffen und für Veränderungen des „Drehbuchs" genutzt werden.

Die **zweite** Eigenheit bezieht sich darauf, dass die Spiele für die Mini-Ballschule so entwickelt wurden, dass einzelne oder mehrere der 7 x 6 x 5-Basiskompetenzen aus Tabelle 1 immer wieder, in hoher zeitlicher Dichte gefordert und verbessert werden. Daher bezeichnen wir die aufgabenorientierten Spiele in den Ballschulprogrammen auch als **Baustein-Spiele**. Sie heißen z. B. „Vorsicht heiß!", „Königsball", „Raus und Rein" oder „Haltet euren Garten sauber!" (vgl. Kapitel 8 bis 10). Dem **Prinzip der Vielseitigkeit** folgend, wurden viele dieser Spiele so konstruiert, dass sie mit der Hand, dem Fuß und mit Schlägern ausgeführt werden können.

METHODEN

„Wesentlich ist, dass das Kind möglichst viele Dinge selbst entdeckt. Wenn wir ihm bei der Lösung aller Aufgaben behilflich sind, berauben wir es gerade dessen, was für seine Entwicklung das Wichtigste ist. Ein Kind, das durch selbstständige Experimente etwas erreicht, erwirbt ein ganz andersartiges Wissen und Können als eines, dem die Lösung fertig geboten wird" (Emmi Pikler, 190–1984).

Die methodische Ausrichtung ist eng mit dem **Prinzip des spielerisch-unangeleiteten Lernens** verbunden (vgl. Kapitel 3). In der Mini-Ballschule wird weitgehend ohne handlungsbezogene Instruktionen und Korrekturen gespielt. Das gilt nicht nur für das freie Spielen. Auch bei den impulsgesteuerten und aufgabenorientierten Spielen konzentrieren sich die Anweisungen der Erzieherinnen/Übungsleiter auf die Rahmenbedingungen bzw. Bezugsgrundlagen des Spielens. Was die Kinder (taktisch) zu tun und wie sie es (motorisch) umzusetzen haben, sollte bei allen drei Spielformen der Mini-Ballschule nicht im Vordergrund stehen.

Bei der Planung von Mini-Ballschulstunden empfiehlt sich der Einsatz von sogenannten **Mini-Spielreihen**. Der Grundgedanke ist einfach. Es werden Spielstationen mit einem geringen Bedarf an Spielmaterialien angeboten, die sich besonders gut dafür eignen, dass die Kinder an diesen Stationen zunächst frei, dann impulsgesteuert und schließlich aufgabenorientiert spielen können. Diese Reihung der Spielformen hat sich in der Praxis vor allem in zweifacher Hinsicht bewährt. Organisatorisch ist von Vorteil, dass nur eine Spielstation pro Einheit benötigt wird, sodass keine zeitaufwändigen Umbauten erforderlich sind. Inhaltlich ergibt sich für die Erzieherinnen/Übungsleiter die Möglichkeit, im Verlauf der Reihe auf vorher gezeigte Handlungs- bzw. Spielideen der Kinder einzugehen. Es kommt nicht selten vor, dass Kinder/Kindergruppen beim freien und/oder impulsgesteuerten Spiel bereits wesentliche Merkmale des aufgabenorientierten Spiels (oder eines ähnlichen Spiels) entwickeln und ausprobieren.

Alle in den Kapiteln 8 bis 10 dargestellten Mini-Spielreihen tragen durch und durch **eigenständigen** Charakter. Sie bauen nicht aufeinander auf, sind also „keine methodischen Teilschritte, die alsbald vom nächsten Teilschritt abgelöst werden" (Groth & Kuhlmann, 1989, S. 392). Zusammengenommen werden mit den 62 Spielreihen – über die Lehreinheiten eines Mini-Ballschulkurses hinweg – die 18 in Tabelle 1 aufgelisteten Basiskompetenzen in ausgewogener Form bzw. ähnlicher Gewichtung berücksichtigt. Generell gilt für das Spielen in der Mini-Ballschule, dass es langfristig und dauerhaft angelegt sein muss. Die Verbesserung der Bausteine der Säulen A, B, C setzt kontinuierliche „Spielviren" voraus, die erst nach längeren Inkubationszeiten zum „Kompetenzausbruch" führen. Lasst also den Kindern Zeit!

„Das Gras wächst nicht schneller, wenn man daran zieht"
(Afrikanisches Sprichwort).

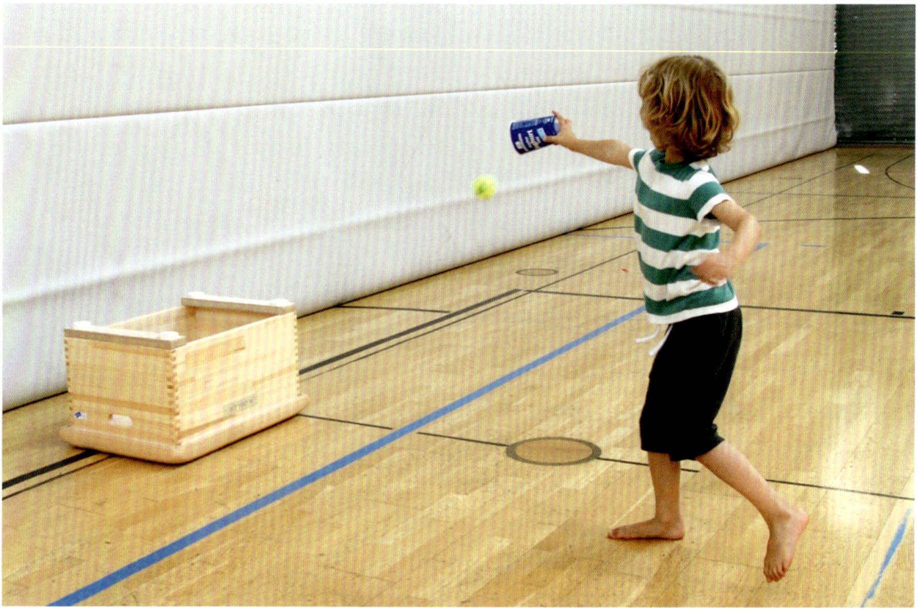

MINI-BALLSCHULE

PÄDAGOGISCHE BAUSTEINE

Empfehlungen 36

Problemsituationen 38

In den Kapiteln 1 bis 5 wurde das theoretische bzw. **sportfachliche** Hintergrundwissen für (zukünftige) Leiter von Mini-Ballschulgruppen dargestellt. Das dürfte vor allem für Erzieherinnen hilfreich sein. In ihrer Ausbildung wird das Thema motorische Frühförderung – vorsichtig formuliert – zuweilen etwas stiefmütterlich behandelt. Das ist das eine. Auf der anderen Seite verfügen Erzieherinnen über einen fundierten, reichhaltigen **pädagogischen** Erfahrungsschatz zum Umgang mit typischen Situationen/Problemen, die bei der Durchführung von Lernprogrammen für Klein- und Vorschulkindern auftreten können. An dieser Stelle betreten eher Vereinsübungsleiter „Neuland".

Mit den beiden folgenden Abschnitten wird der Versuch unternommen, vor allem Übungsleitern Hinweise und Tipps für ihr Verhalten in Mini-Ballschulstunden zu geben. Dies geschieht zunächst in Form von **pädagogischen Empfehlungen**, die sich auf wiederkehrende Aspekte der Programmumsetzung beziehen. Danach werden verschiedene Problemsituationen beschrieben, die genauso oder in ähnlicher Weise in praktischen Mini-Ballschulstunden immer wieder auftreten. Jede Erzieherin/jeder Übungsleiter wird bereits nach kurzer Zeit solche Situationen erleben.

EMPFEHLUNGEN

Bei den sieben pädagogischen Empfehlungen werden durchgängig die Begriffe Übungsleiter (ÜL) und (Sport-)Halle verwendet. Mit ihnen sind gleichermaßen – mit Blick auf die Mini-Ballschule in Kitas – Erzieherinnen und Bewegungsräume gemeint.

1 Namentliche Begrüßung

Die Kinder verabschieden sich von ihrer Mutter/ihrem Vater vor der Halle oder spätestens in der Eingangstür. Manche Kinder brauchen die Begrüßung durch den ÜL, bevor sie sich von ihren Eltern lösen können. Sie müssen erst den Kontakt zu der neuen Bezugsperson hergestellt haben, bevor sich die eigentliche Bezugsperson zurückziehen sollte. Jedes Kind wird deshalb persönlich und namentlich begrüßt, wenn es die Halle betritt. Der ÜL wendet sich dem Kind zu und geht gegebenenfalls in die Hocke, um auf Blickhöhe zu sein. Nach der Kontaktaufnahme läuft das Kind in die Halle und kann mit dem Spielen beginnen, sofern freies Spiel angeboten wird.

2 Aufnahme neuer Kinder

Kleinere Kinder, die neu in die Gruppe aufgenommen werden, dürfen – wenn sie das brauchen und sich selbst wünschen – in den ersten Stunden bei dem ÜL an der Hand bleiben. Wichtig ist, dass der ÜL das Kind den anderen Kindern vorstellt. Bei kleineren Kindern dürfen die Eltern in den ersten Stunden mit in die Halle kommen. Wie lange dies so sein muss, ist individuell verschieden. Die Eltern sollten aber spätestens nach zwei Monaten die Halle verlassen. Möchte das Kind dann doch noch einmal zu seinen Eltern, darf es nach Absprache hinausgehen und ohne Eltern wieder in die Halle zurückkehren.

3 Anfangs- und Abschlussritual

Anfangs- und Abschlussrituale sind für die Kinder bedeutsam. Das Anfangsritual signalisiert, dass die Stunde beginnt. Außerdem gibt es der Ballschuleinheit einen vertrauten Rahmen, der den Kindern hilft, sich zurechtzufinden. Der Sitzkreis bietet sich als Anfangsritual an: gemeinsame Begrüßung, Besprechung spezieller Themen (z. B. Regeln, Stundenmotto) und motivierende, kurze Ansprache des ÜL. Das Abschlussritual kann genutzt werden, um die Stunde mit den Kindern kurz zu besprechen und setzt ein deutliches Signal, dass die Einheit zu Ende ist.

4 Regeln

Regeln bilden eine Voraussetzung für das Gelingen der Stunde. Sie sind als Hilfe und Unterstützung zu sehen und ermöglichen es den Kindern, sich zu orientieren. Kinder, die nicht wissen, was sie dürfen und was nicht, sind verunsichert. Deshalb darf der ÜL kein „schlechtes Gewissen" haben, wenn er von Beginn an klare Regeln aufstellt und durchsetzt. Die Formulierung von Regeln sollte nicht nur negativ, sondern auch positiv erfolgen:

Positiv

- Wir helfen uns gegenseitig!
- Wir kommen auf ein vereinbartes Signal des ÜL zusammen!
- Wir hören gut zu, wenn der ÜL etwas erklärt!

Negativ/verboten

- schlagen, treten, beißen
- stören, wenn zuhören verlangt wird
- Hütchen absichtlich umwerfen, Bälle wegwerfen usw.

Bei Verstößen gegen die Regeln sollten Konsequenzen durchgesetzt werden. Diese müssen vorher mit den Kindern besprochen werden:

- Bei erstmaligem Regelverstoß: Ermahnung (beim Kind rückversichern, ob es die Ermahnung wahrgenommen und verstanden hat). Das Kind daran erinnern, dass es bei erneutem Regelverstoß eine Auszeit bekommt.
- Bei wiederholtem Regelverstoß: Das betroffene Kind verbringt fünf Minuten auf der Bank (Auszeit). Dort liegen vorbereitete Rätselaufgaben, die das Kind bearbeiten kann, aber nicht muss. Wenn das Kind wütend ist oder sich sehr ärgert, kann während der Auszeit auch eine andere Aufgabe gestellt werden (z. B. das Kind darf auf einer vorgegebenen Bahn hin und her rennen). Ankündigung, dass bei erneutem Regelverstoß eine längere Auszeit eintreten wird.
- Bei erneutem Regelverstoß: Auszeit von 15 Minuten.

5 Individuelle Rückmeldungen

Die Gruppe kann insgesamt gelobt werden, gerade wenn Spiele gut geklappt haben oder eine besondere Rücksichtnahme beobachtet wurde. Die Kinder wünschen sich aber auch individuelle Rückmeldungen. Sie zeigen dem einzelnen Kind, dass der ÜL es in seiner Bewegungsaktivität wahrnimmt. Die Zuwendung muss direkt und zeitnah zur motorischen Handlung erfolgen. Der ÜL sollte dabei möglichst allen gerecht werden, d. h. bei vergleichbarem Verhalten alle Kinder ungefähr gleich häufig ansprechen. Wenn ein Kind eine Aufgabe gut oder kreativ gelöst hat, kann man das positiv herausstellen, indem man das Kind die Bewegung demonstrieren lässt.

6 Klärung von Konflikten

Konflikte und Streit zwischen Kindern müssen wahr- und ernstgenommen werden.

Auseinandersetzungen gehören zur normalen Entwicklung und treten zwangsläufig auf. Dass Konflikte normal sind, darf keinesfalls zu ihrem Ignorieren oder Herunterspielen führen. Sie sind innerhalb der Mini-Ballschulstunden „aktiv" zu klären:

- Jedes Kind darf zunächst seine Sichtweise schildern; wenn möglich, Verständnis bei dem jeweils anderen Kind erzeugen; als Regel definieren, dass jedes Kind aussprechen darf, ohne von dem anderen unterbrochen zu werden; der ÜL wiederholt die Sichtweisen der Kinder, um sie den Kindern zu spiegeln und um sicherzugehen, dass er die Kinder richtig verstanden hat.
- Lösungen gemeinsam mit den Kindern finden; bevor der ÜL eine Lösung vorschlägt oder die Situation beurteilt, sollte er die Kinder fragen, ob sie selbst einen Lösungsvorschlag für das Problem haben. Selbst gefundene Lösungen werden meist schneller akzeptiert und umgesetzt.
- Wenn ein klarer Regelverstoß vorliegt (z. B. Treten, Beißen), sollte der ÜL fehlerhaftes/unerwünschtes Verhalten klar definieren und Konsequenzen einsetzen.

7 Erklärungen, Körpersprache und Zeichen des Übungsleiters

Der ÜL muss darauf achten, dass er die Spiele in einfacher Sprache, kurz, klar und deutlich erklärt. Bei Klein- und Vorschulkindern ist es gut, wenn die Begriffe „rechts" und „links" mit Punkten im Raum verbunden werden. Die Kinder achten mehr als Erwachsene auf Körpersignale und den Gesichtsausdruck. Ein „Nein!" sollte z. B. mit einem entschlossenen Auftreten einhergehen.

Die Räumlichkeiten einer Sporthalle stellen für die Stimme des ÜL eine Herausforderung dar. Er kann zusätzlich optische und/oder akustische Zeichen einsetzen. Beispiele sind:

- Arm heben bedeutet: alle Kinder kommen zusammen
- Triangel schlagen signalisiert: alle Kinder kommen zum Sitzkreis
- Gelbe Karte zeigt eine Verwarnung an, rote Karte eine Auszeit
- Arme überkreuzen bedeutet: Bälle in den Korb legen und zuhören

PROBLEMSITUATIONEN

Auch wenn alle pädagogischen Empfehlungen stetig und konsequent berücksichtigt werden, können Problemsituationen nicht gänzlich vermieden werden. Ihr komplettes Vorausdenken ist ebenso wenig möglich, wie eine Präsentation von standardisierten Vermeidungs- bzw. Lösungsvorschlägen. Die elf nachstehend skizzierten Beispielsituationen enden dementsprechend nicht mit konkreten Handlungsempfehlungen, sondern mit Fragen, die nur „fallbezogen" und in Abhängigkeit von den jeweiligen Rahmenbedingungen sinnvoll beantwortet werden können. Hier ist das Einfühlungsvermögen und die Spontanität der ÜL gefragt. In den Ausbildungen zur Mini-Ballschule werden regelmäßig Situationen dieser Art von den Teilnehmern und Referenten gemeinsam bearbeitet und diskutiert.

- Ein Kind kommt seit sechs Wochen zur Ballschule. Die Mutter ist seit Beginn in der Sporthalle dabei. Das Kind betritt mit der Mutter die Halle, „ignoriert" den ÜL und flitzt zu den anderen Kindern, um sich am freien Spiel zu beteiligen. Wie verhalten Sie sich?

- Sie haben einen Aufbau mit vielen Hütchen und Kegeln vorbereitet. Ein Kind läuft schnell darauf zu und wirft alles um. Wie reagieren Sie?
- Sie möchten alle Kinder zusammenrufen, um ein neues Spiel zu erklären. Dazu verwenden Sie ein vereinbartes akustisches oder optisches Zeichen. Zwei Kinder kommen nicht und spielen einfach mit ihren Bällen weiter. Was tun Sie?
- Ein Kind testet seine Grenzen, indem es immer wieder die Nähe des ÜL sucht, ihn dann aber zwickt oder haut. Sie haben dem Kind bereits gesagt, dass Sie das nicht möchten. Das Kind beginnt aber nach zehn Minuten wieder damit. Wie verhalten Sie sich?
- Ein Kind hat ein besonders schlimmes Schimpfwort mitgebracht und sagt es während der Stunde zu anderen Kindern. Wie reagieren Sie?
- Sie erklären ein neues Spiel. Ein Kind sagt: „Das finde ich blöd, da mache ich nicht mit." Was machen Sie?
- Sie holen gerade verschiedene kleine Bälle. Zwei Kinder klauen sich einige davon und laufen weg. Wie reagieren Sie darauf?
- Ein Kind ärgert ein anderes Kind immer wieder. Nach einiger Zeit schlägt das Kind, das geärgert wurde, das andere Kind. Dieses beginnt zu weinen und ist empört. Es möchte sofort zu seiner Mutter. Wie verhalten Sie sich?
- Während des Sitzkreises setzt sich ein Kind auf Ihren Schoß. Das beobachtet ein zweites Kind und drängt sich ebenfalls auf Ihren Schoß, gleichzeitig springt ein drittes auf und versucht, sich dazwischen zu quetschen. Alle drei quengeln untereinander: „Hey, weg da!". Was tun Sie?
- Ein Kind schafft es nicht, eine vorgegebene Aufgabe zu lösen und ist darüber sehr verärgert. Es hat keine Lust mehr und möchte nach Hause gehen. Wie verhalten Sie sich?
- Sie haben als Zeichen vereinbart, dass alle Kinder zusammenkommen, wenn Sie die Hand heben. Anfangs klappt das gut, dann lässt die Wirkung nach. Sie heben die Hand, einige Kinder schauen, andere beachten das gar nicht. Daraufhin ignorieren auch die Kinder, die zunächst geschaut haben, das Zeichen. Was tun Sie?

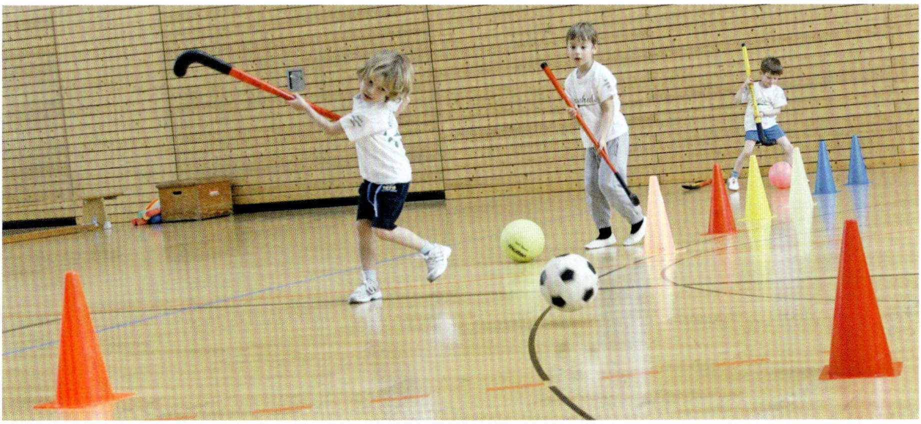

7 MINI-BALLSCHULE

MINI-SPIELREIHEN

EINFÜHRUNG

Für den Praxisteil des Lehrplans der Mini-Ballschule ist eine Auswahlentscheidung getroffen worden. Die präsentierten Beispielsammlungen konzentrieren sich auf das – im Kapitel 5 angesprochene – Konzept der **Mini-Spielreihen**. Hierfür waren vor allem vier Gründe ausschlaggebend:

- Mini-Spielreihen schließen alle drei Inhalte der Mini-Ballschule mit ein: das freie, das impulsgesteuerte und das aufgabenorientierte Spielen
- Mini-Spielreihen ermöglichen die Durchführung kompletter Einheiten von bis zu 60 Minuten Dauer, ohne dass Umbauten erforderlich werden
- Mini-Spielreihen sind flexibel einsetzbar (I): in (größeren) Bewegungslandschaften, an (einzelnen) Spielstationen oder einfach nur mit (verschiedenen) Bällen
- Mini-Spielreihen sind flexibel einsetzbar (II): nur zum freien oder nur zum impulsgesteuerten oder nur zum aufgabenorientierten Spielen

Aufgrund dieser vielfältigen Anwendungsoptionen lässt sich – bei begrenztem Seitenumfang – die Vorstellung von Mini-Spielreihen mit einer hohen Zahl an praktischen Anregungen und Beispielen für Erzieherinnen/Übungsleiter verbinden. Zusätzliche Praxisideen finden sich im (Nachfolge-) Band 4 dieser Reihe, der u. a. Vorlagen für komplette Mini-Ballschulstunden – von den Anfangs- bis hin zu den Abschlussritualen – enthält.

Die Umsetzung des Mini-Ballschul-Konzepts setzt voraus, dass auf ein reichhaltiges Ballrepertoire zurückgegriffen werden kann. Die Tabelle 5 veranschaulicht, welche **Bälle** und welche weiteren **Spielmaterialien** und **Sportgeräte** als Grundausstattung für eine Gruppe von 10 bis 15 Klein- und Vorschulkindern vorhanden sein sollten.

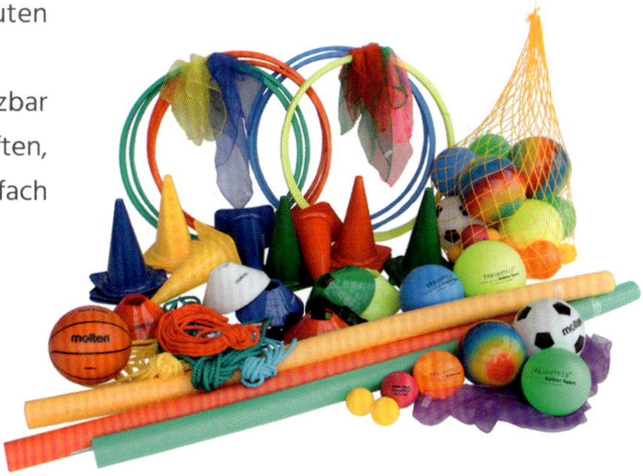

Die aufgelisteten Spiel- und Sportgeräte können zum Teil durch gewöhnliche **Alltagsgegenstände** ersetzt werden, die zu außergewöhnlichen Sportgeräten werden. Als Bälle lassen sich beispielsweise Papierkugeln oder Tennisringe, als Hockeyschläger Papierrollen, Schuhe, große PET-Flaschen oder Gymnastikstäbe verwenden. Außerdem haben sich Pappdeckel, Zeitungen, Joghurtbecher, Wäscheklammern und Kartons für den Einsatz in Mini-Ballschulstunden bewährt. Beachtet werden sollte, dass sich durch die Einbeziehung solcher Materialien der Schwierigkeitsgrad der Spielformen verändern kann.

Tab. 5: Spielmaterialien und Sportgeräte

Bälle			
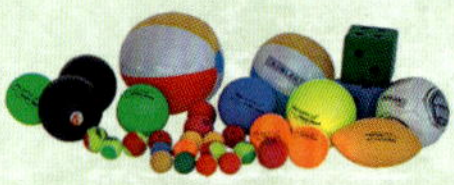 Verschiedene Bälle	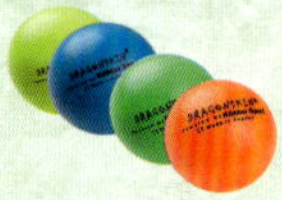 Elefantenhautbälle	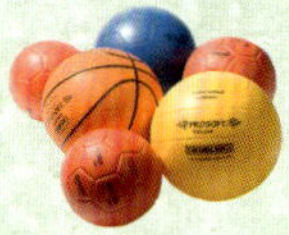 Softbälle	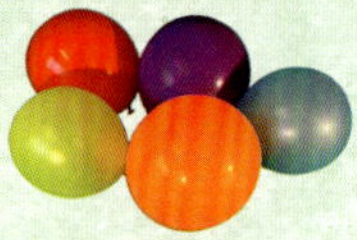 Luftballons
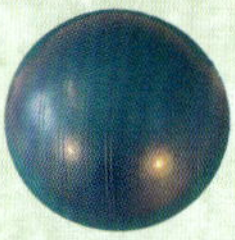 Pezzibälle	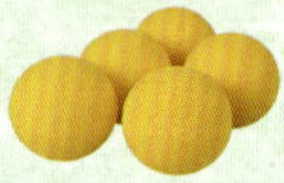 Softtennisbälle	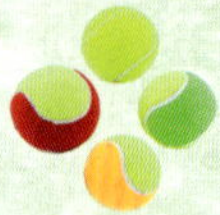 Tennisbälle	
Spielmaterialien			
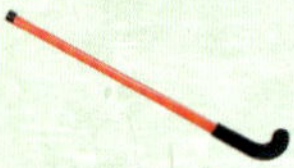 (Hockey-)Schläger	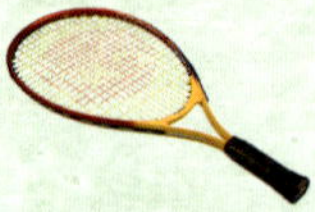 Kinder-Tennisschläger	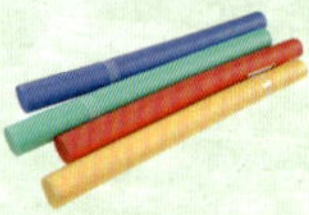 Aquasticks	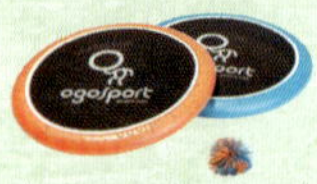 Ogo-Schläger
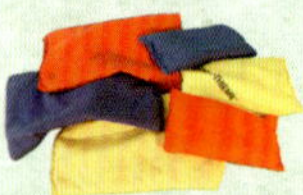 Sandsäckchen	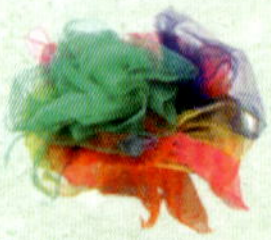 Tücher	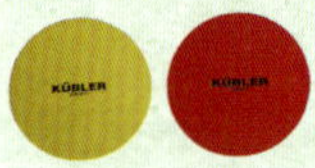 Bierdeckel	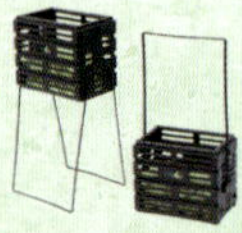 Balleimer/-korb
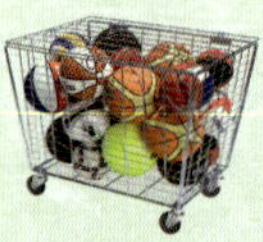 Ballwagen	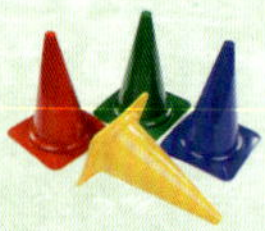 Hütchen	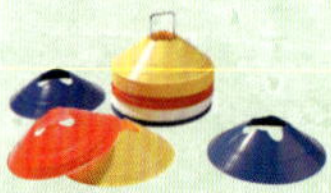 Kleine Hütchen	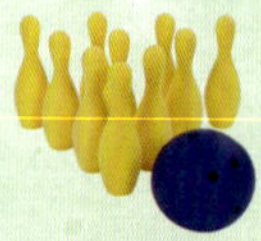 Kegel
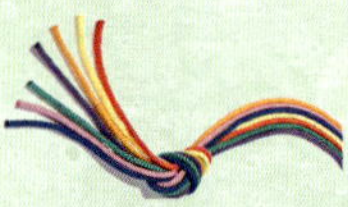 Seile	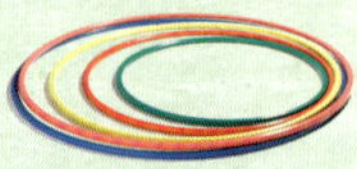 Gymnastikreifen	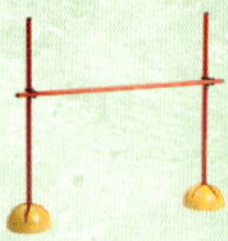 Torstangen	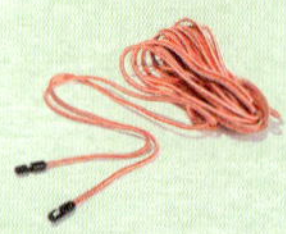 Zauberschnur
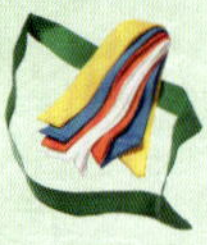 Unterscheidungs-/ Mannschaftsbänder	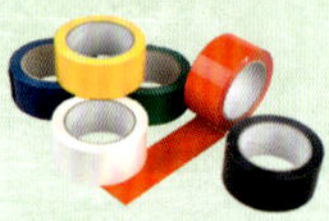 Markierungsbänder		

Sportgeräte			
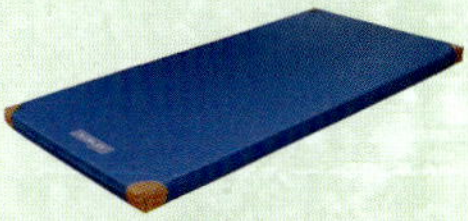	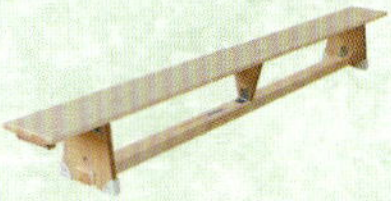	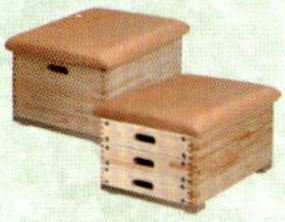	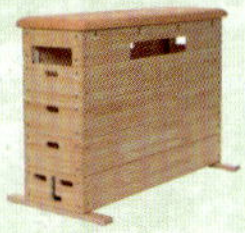
Turnmatte	Bank	Kleiner Kasten	Großer Kasten Kastenteile

Die **Darstellungen** der Mini-Spielreihen in den Kapiteln 8 bis 10 sind weitgehend einheitlich gestaltet und nehmen jeweils zwei Buchseiten ein. Ganz oben auf der ersten Seite steht der **Name/Titel**. Darunter befinden sich zwei Kopfzeilen. In der ersten werden die benötigten **Lehrmaterialien** aus Tabelle 5 abgebildet. Die zweite startet mit der Angabe derjenigen **Basiskompetenz** aus Tabelle 1, die in der Spielreihe mit höchster Priorität verbessert werden soll. Daran schließen sich maximal zwei weitere Bausteine an, die parallel mitgeschult werden können. Je dunkler der Grundton der farblichen Unterlegungen ist, umso bedeutsamer sind die markierten Basiskompetenzen für die Bewältigung der Spielaufgaben. Am Ende der zweiten Kopfzeile wird der **Schwierigkeits-/Komplexitätsgrad** eingeschätzt: Stufe I = gering, II = mittel, III = hoch. Aufgaben der Stufe I sind für Kinder im Alter von 3 bis 4 Jahren bzw. für ältere Kinder mit wenig motorischen Vorerfahrungen geeignet (Kapitel 8). Die Stufen II und III richten sich an Heranwachsende im Alter von 4 bis 5 (Kapitel 9) bzw. 5 bis 6 Jahren (Kapitel 10). Unter den Kopfzeilen folgen Fotos (nicht immer) und die Rubriken **Freies Spiel – Erfahrungswerte, Impulsgeleitetes Spiel** (fast immer) sowie **Aufgabenorientiertes Spiel.** Hinzu kommen in z. T. variierender Reihung Bildserien, organisatorische Hinweise und mögliche Variationen mit Fotos (nicht immer).

Achtung: Die Alterszuordnungen in den Überschriften der Kapitel 8 bis 10 sollten nur als grobe Orientierungs-/Navigationshilfen für den Praxisteil des Mini-Ballschul-Lehrplans verstanden werden. Unbedingt zu beachten sind:

1. **Die interindividuellen Entwicklungsunterschiede der Kinder.** Es wird immer Heranwachsende im Kleinkindalter geben, die bereits Aufgaben der Komplexitätsstufen II oder III bewältigen können, und umgekehrt Vorschulkinder, die (motorisch) eher retardiert sind.
2. **Die Schwierigkeitsunterschiede zwischen den Spielaufgaben und den vorgeschlagenen Variationen.** In diesem Sinne finden sich z. B. im Kapitel 8 viele Aufgabenvariationen mit höheren Schwierigkeitsgraden und im Kapitel 10 Variationsformen, die auch mit jüngeren Kindern durchführbar sind. Die modifizierten Komplexitätsstufen der Variationen werden jeweils in Klammern angegeben.

Bei der konkreten Planung von Mini-Ballschulstunden lohnt sich also auf jeden Fall ein Blick in alle drei nachfolgenden Beispielsammlungen.

8

MINI-BALLSCHULE

MINI-SPIELREIHEN

3- BIS 4-JÄHRIGE KINDER

Register 45

Praktische Beispielsammlung 46

REGISTER

Name des Spiels	Komplexität	Seite
Bierdeckel-Transport	I	46
Luftballons fangen	I	48
Spiel mit Seifenblasen	I	50
Straßenverkehr	I	52
Raus und Rein	I	54
Haltet euren Garten sauber	I	56
Vogelfutter	I	58
Fliegendes Tuch	I	60
Hin und Her	I	62
Wanderball	I	64
Fang den Luftballon	I	66
Bälle legen	I	68
Eisenbahn	I	70
Giftige Bälle	I	71

BIERDECKEL-TRANSPORT

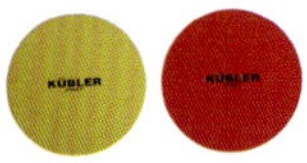
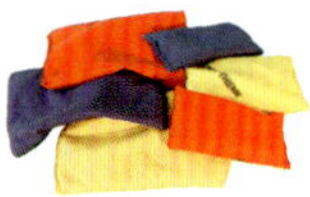
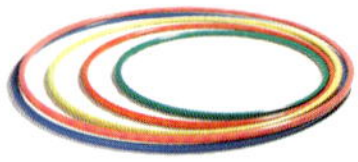
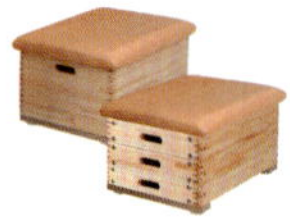

Organisationsdruck
Präzision

I

FREIES SPIEL – ERFAHRUNGSWERTE

- Kinder werfen Bierdeckel hoch
- Kinder werfen Bierdeckel wie (Frisbee-) Scheiben
- Kinder rollen Bierdeckel auf der Kante
- Kinder verwenden Bierdeckel zum Bauen
- Kinder sammeln Bierdeckel im Reifen
- Kinder schieben Bierdeckel auf der Bank oder verwenden sie als „Putzlappen"
- Kinder tragen Bierdeckel von Station zu Station

IMPULSGELEITETES SPIEL

- Könnt ihr die Bierdeckel auch mit einem anderen Körperteil transportieren (nicht mit der Hand)?
- Wer schafft es, ein Hindernis zu überqueren, ohne den Bierdeckel zu verlieren?
- Krabbelt auf allen Vieren. Wo ist ein guter Platz für den Bierdeckel?

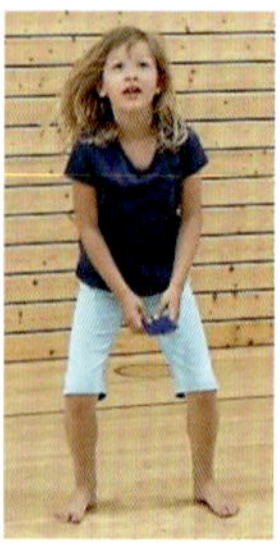
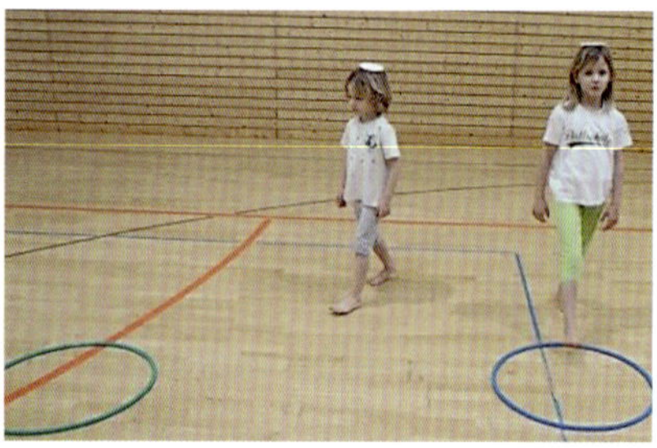
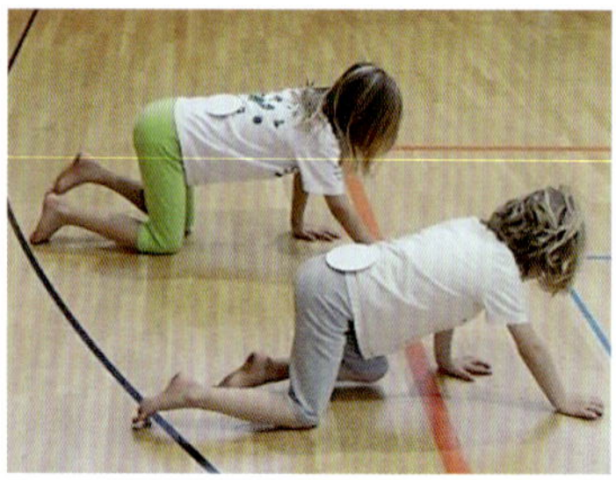

AUFGABENORIENTIERTES SPIEL

Jedes Kind nimmt sich einen Bierdeckel und befördert den Bierdeckel durch den Raum zum Bestimmungsort (Reifen oder Kasten).

Mögliche Bewegungsgeschichte
Viele kleine Schiffe (Kinder) transportieren Waren (Bierdeckel, Sandsäckchen) auf den Schultern oder auf dem Kopf vom Hafen auf ein Containerschiff (Kästen aufeinanderstapeln), weil dieses auf Grund seiner Größe nicht in den Hafen einfahren kann.

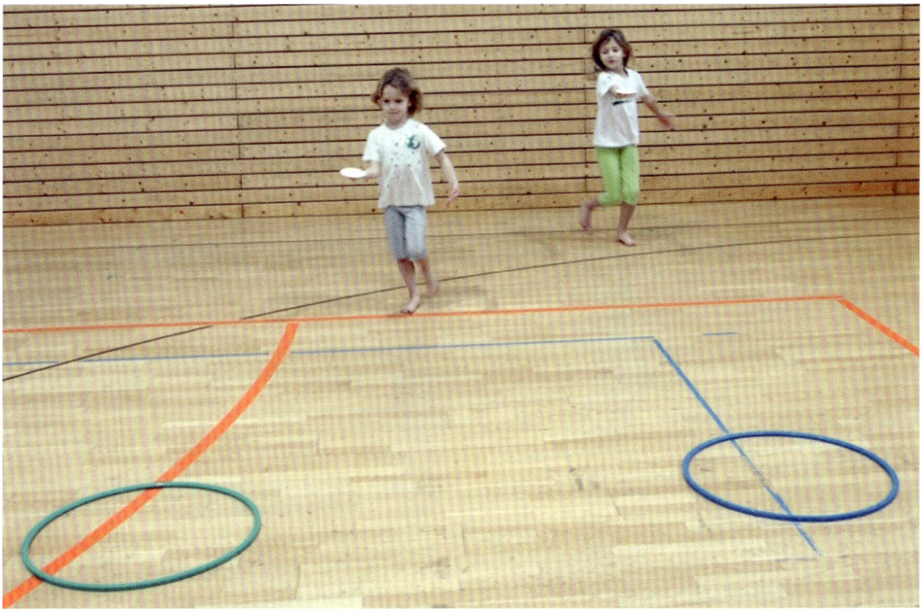

VARIATIONEN

- Hindernisse (Dosen, Schachteln, Turnbank usw.) müssen überwunden werden **(II)**
- Zwei Deckel gleichzeitig mit einem Gabelstapler transportieren (auf den Händen, Unterarmen) **(II)**
- Die Kinder sollen mit drei bis vier Bierdeckeln einen Fluss überqueren (Ufer können Matten oder Bänke sein) **(II)**
- Alternativen für den Transport: Sandsäckchen, Tücher **(I)**

HINWEISE

- Transport auf dem Kopf, Schulter, Bauch, Rücken, Fingerspitzen usw.
- Auch als Staffelform geeignet

LUFTBALLONS FANGEN

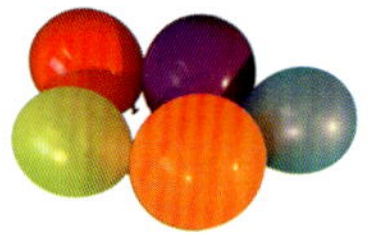

Zeitdruck			I

FREIES SPIEL – ERFAHRUNGSWERTE

- Kinder laufen los und probieren aus, wie die Luftballons mit Band fliegen
- Kinder werfen die Luftballons hoch und fangen entweder den Ballon oder das Band
- Kinder halten den Luftballon schlagend oder „pritschend" in der Luft
- Kinder laufen zu zweit mit Ballons

IMPULSGELEITETES SPIEL

- Wer kann so laufen, dass der Luftballon nicht den Boden berührt?
- Klappt das auch, wenn ihr im Kreis, auf Linien usw. lauft?
- Stellt euch vor, jemand will euch den Luftballon wegschnappen. Lauft schnell los und schützt euren Luftballon

AUFGABENORIENTIERTES SPIEL (vgl. Zimmer, 2013)

Einen Luftballon an einem längeren Band befestigen und ein Kind damit durch den Raum laufen lassen. Die anderen Kinder versuchen, den Luftballon zu fangen. Ist dies einem Kind gelungen, wird der Luftballon weitergegeben.

Mögliche Bewegungsgeschichte

Der Luftballon ist ein kleiner frecher Drache, der sehr gerne wegfliegt. Die anderen Kinder versuchen, den Drachen einzufangen. Aber bei jedem neuen Kind haut er wieder ab. Sind mehrere Luftballons im Spiel hat der kleine Drache seine Freunde mitgebracht. Am Ende werden die Drachen nach Hause gebracht (z. B. in den Ballsack).

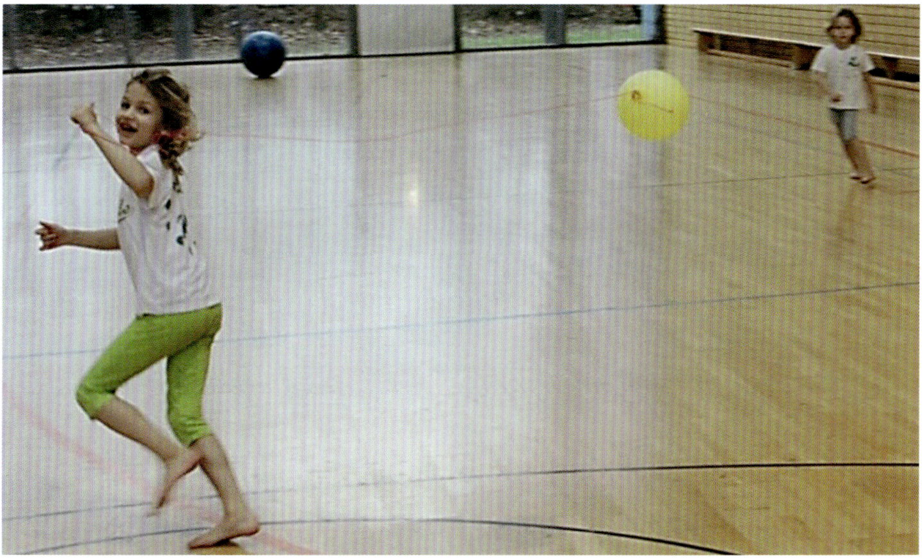

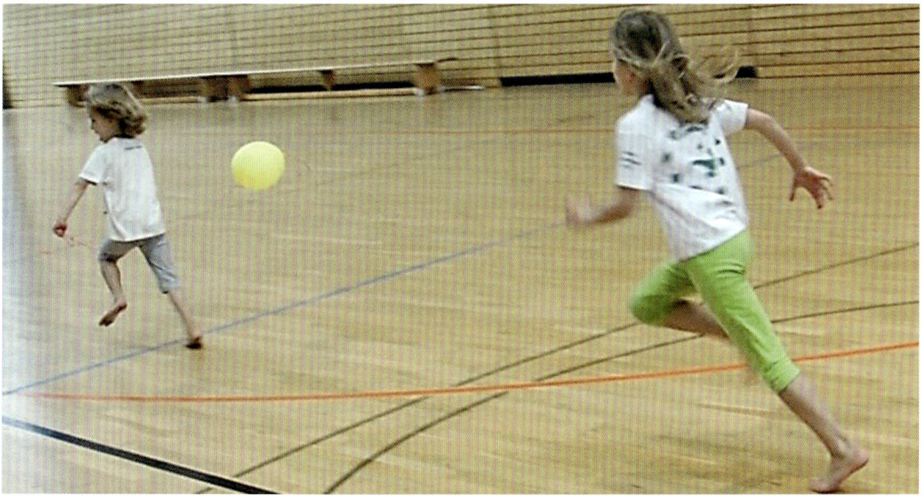

VARIATIONEN

- Die Kinder mit dem Luftballon laufen verschiedene Figuren (z. B. im Kreis, im Viereck, im Dreieck) **(I/II)**
- Die Kinder mit dem Luftballon führen viele Richtungsänderungen durch **(I/II)**
- Die Kinder ohne Luftballon versuchen, den Ballon mit dem Kopf zu treffen **(II)**
- Die Kinder ohne Luftballon fangen den Luftballon und halten ihn fest. Beide Kinder laufen weiter. Das hintere Kind läuft dem vorderen genau hinterher (Tempo- und Richtungswechsel) **(II)**

HINWEISE

- Bei größeren Gruppen können auch mehrere Kinder mit einem Luftballon durch den Raum laufen

SPIEL MIT SEIFENBLASEN

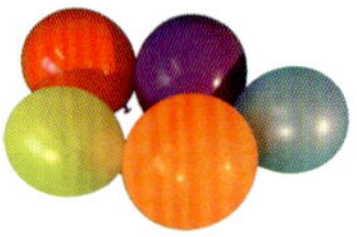

Werfen	Fangen	Organisationsdruck Zeit	I

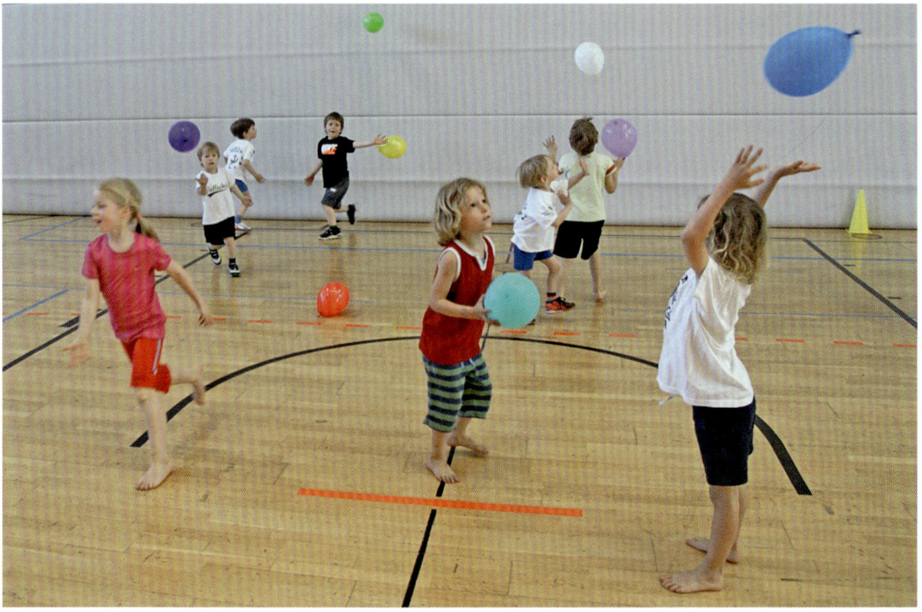

FREIES SPIEL – ERFAHRUNGSWERTE

- Kinder werfen den Luftballon hoch und fangen ihn wieder auf
- Kinder kicken den Luftballon (mit dem Fuß)
- Kinder „köpfen“ den Luftballon

HINWEISE

- Abhängig von der Gruppengröße können auch mehrere Kinder mit einem Luftballon durch den Raum laufen

IMPULSGELEITETES SPIEL

- Denkt euch doch mal ein Kunststückchen mit dem Luftballon aus, übt es und dann machen wir alle eine Vorführung
- Mit wie vielen Körperteilen könnt ihr den Luftballon berühren, bevor er auf den Boden fällt?
- Könnt ihr den Ball mit zweimal hintereinander nach oben köpfen? Wer schafft noch mehr?

AUFGABENORIENTIERTES SPIEL

Einen Luftballon hochwerfen und fangen bzw. wieder nach oben schlagen. Wenn das gelingt, sich dabei drehen oder in die Hände klatschen.

Mögliche Bewegungsgeschichte
Der Luftballon ist eine heiße Kartoffel. Damit man sich nicht die Finger verbrennt, schlägt man die Kartoffel immer wieder in die Luft, wo sie abkühlen kann.

VARIATIONEN

- Luftballon hochwerfen, in die Hände klatschen, wieder auffangen **(I)**
- Die Kinder bilden Paare und schlagen ihren Luftballon hoch **(I)**
- Wer kann den Luftballon des Partners fangen? **(II)**
- Zusatzaufgabe vor dem Fangen: in die Hände des Partners klatschen **(III)**
- Verschiedene Ausgangspositionen einnehmen (Kniestand, Fersensitz, Rückenlage usw.) **(II)**
- Manche Luftballons sind mit Reiskörnern, kleinen Wassersäckchen oder kleinen runden Gegenständen gefüllt. Die „Flugeigenschaften“ dieser Ballons ausprobieren und besprechen lassen **(II)**
- Den Ballon immer wieder hochschlagen und dabei die Anzahl der Kontakte zählen **(II)**
- Ballons vor der Brust hertreiben **(II)**
- Den Luftballon hochwerfen, eine Zusatzaufgabe lösen (z. B. in die Hocke gehen oder klatschen) und dann fangen **(II)**
- Ballon mit verschiedenen Körperteilen hochschlagen **(II/III)**

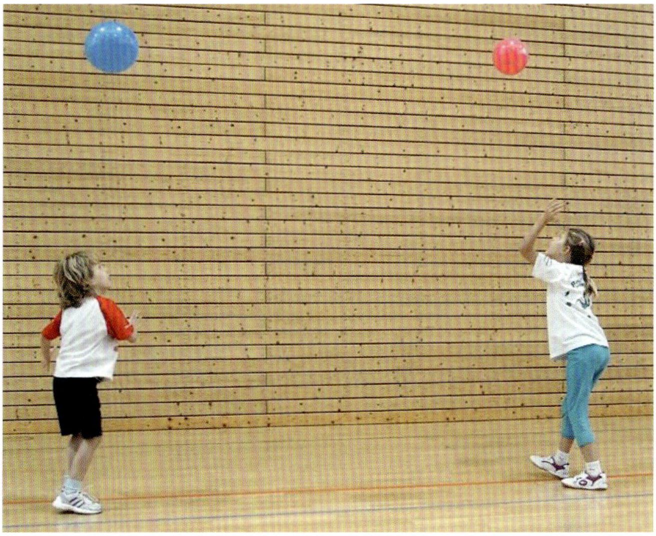

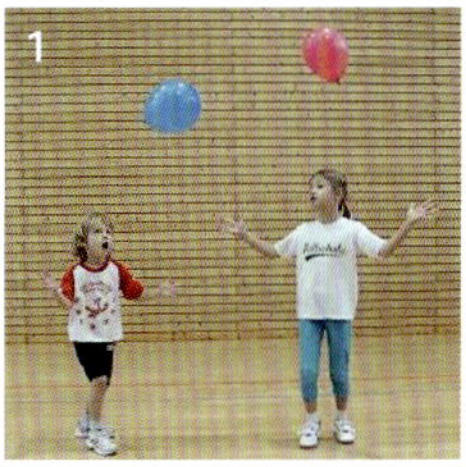

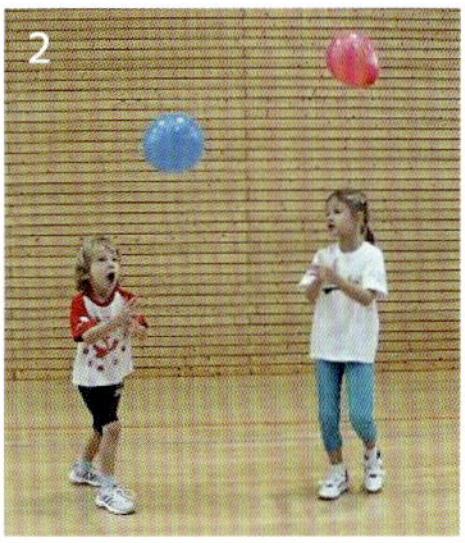

STRASSENVERKEHR

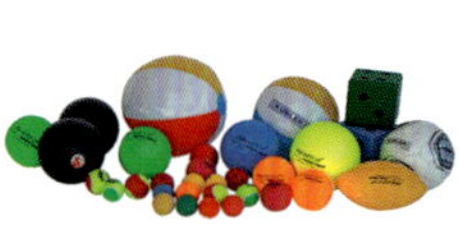

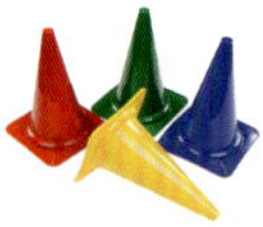

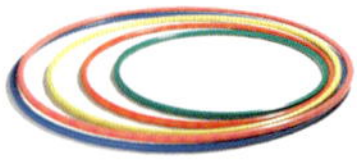

Komplexitätsdruck Zeit & Präzision	Organisationsdruck Präzision	Variabilitätsdruck Zeit & Präzision	I

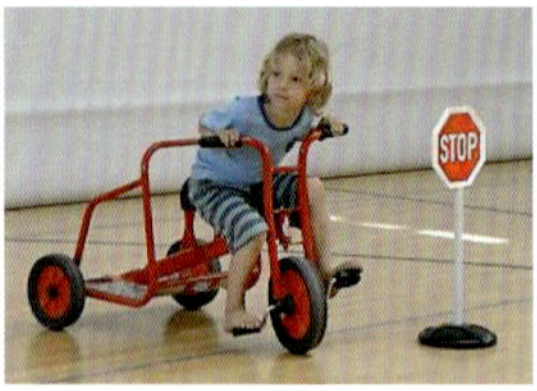

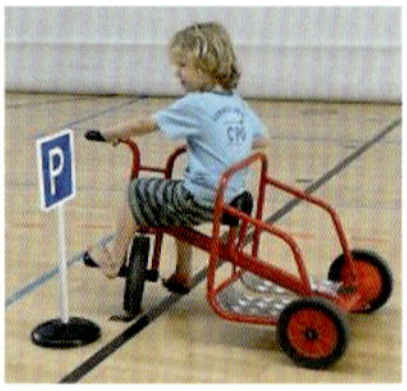

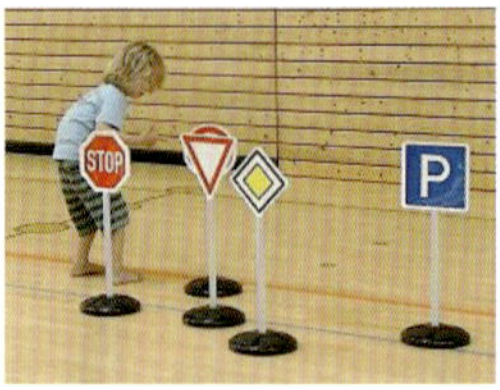

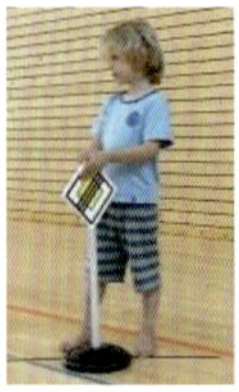

FREIES SPIEL – ERFAHRUNGSWERTE

Kurze Erläuterung: Wir sind heute auf der Straße unterwegs. Ihr dürft einfach mal losfahren und ausprobieren.

- Kinder laufen/fahren (falls Fahrzeuge vorhanden sind) durch die Halle
- Kinder machen „Fahrgeräusche“
- Kinder verteilen Rollen (Polizeiauto, Feuerwehr usw.)

IMPULSGELEITETES SPIEL

- Kann euer Auto auch rückwärts fahren?
- In der Mitte der Halle (Innenzone) ist die Stadt. Da müsst ihr langsam fahren und könnt auch mal parken. Außen (Randzone) ist die Autobahn. Da dürft ihr schnell fahren, allerdings nur in eine (vorgegebene) Richtung

AUFGABENORIENTIERTES SPIEL

Die Kinder steigen in die Reifen, halten diese auf Hüfthöhe und laufen damit durch die Halle. Auf Zeichen des Übungsleiters laden sie den nächstgelegenen Ball ein. Der Ball wird mit den Füßen mittransportiert.

Mögliche Bewegungsgeschichte

Die Kinder sind Autos und fahren damit durch die Halle:

- Freies Autospielen, hupen, blinken, rückwärts fahren, einparken usw.
- Bei Gegenverkehr aneinander vorbeilaufen

Autostau! Die Kinder fahren hintereinander her. Auf Signal des Verkehrspolizisten muss das erste Auto in der Schlange stehenbleiben. Die anderen Autos schließen wieder auf. Nach kurzer Pause geht es weiter.

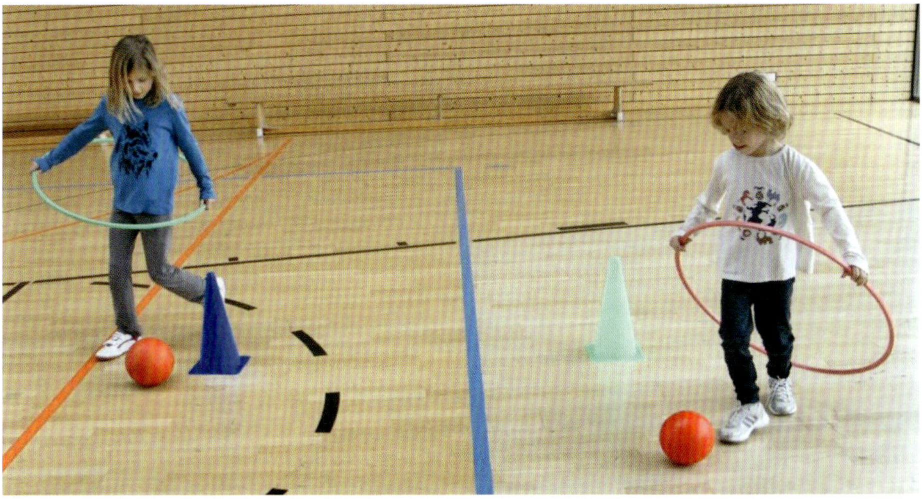

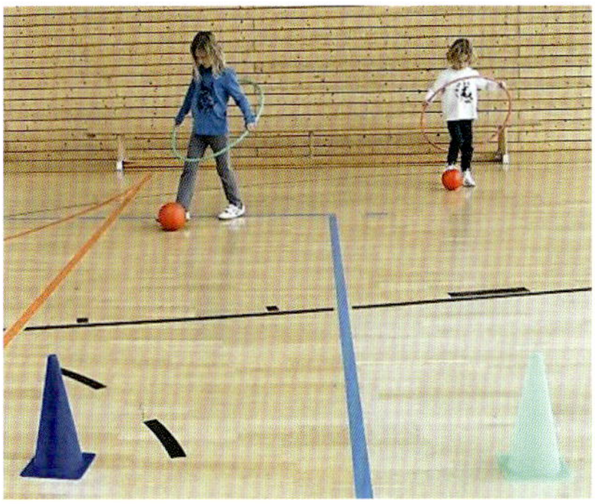

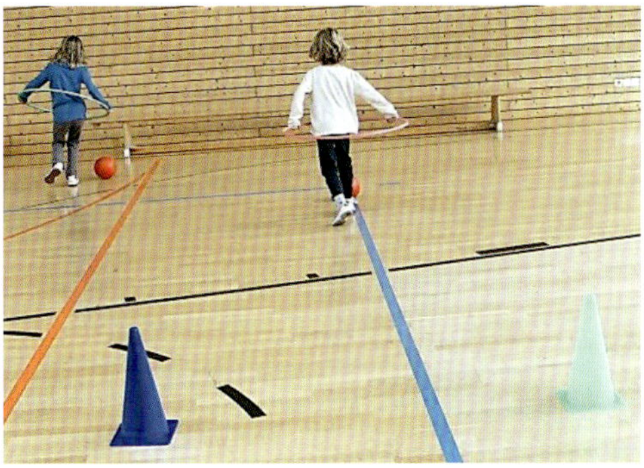

VARIATIONEN

- Die Kinder stoppen an Straßenschildern (geht auch als Papierausdruck) und laufen nach einer kurzen Unterbrechung weiter **(I/II)**
- Die Kinder umlaufen mit dem Ball die Bodenmarkierungen (Hütchen) **(II)**
- Die Kinder kicken die Bälle weg und laufen hinterher **(I/II)**

HINWEISE

- Die Kinder können auch andere Rollen als Autofahrer wählen: Tankstelle, Zebrastreifen usw.

RAUS UND REIN

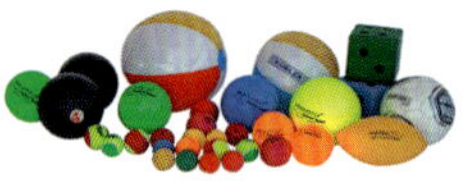

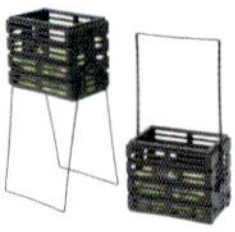

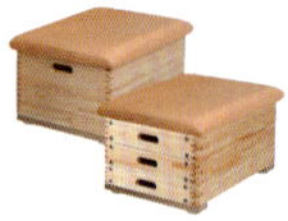

Werfen	Fangen	Zeitdruck	I

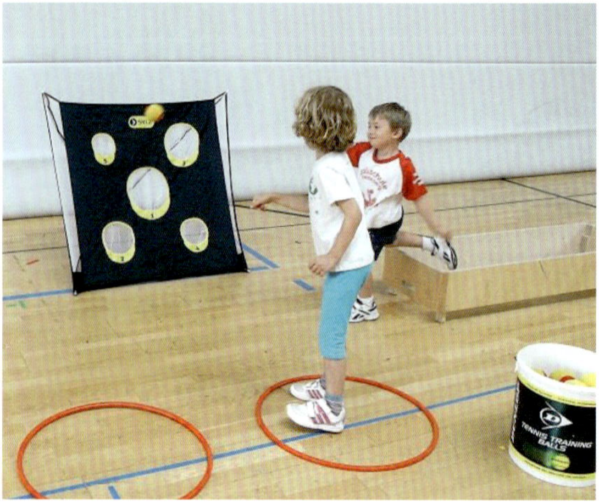

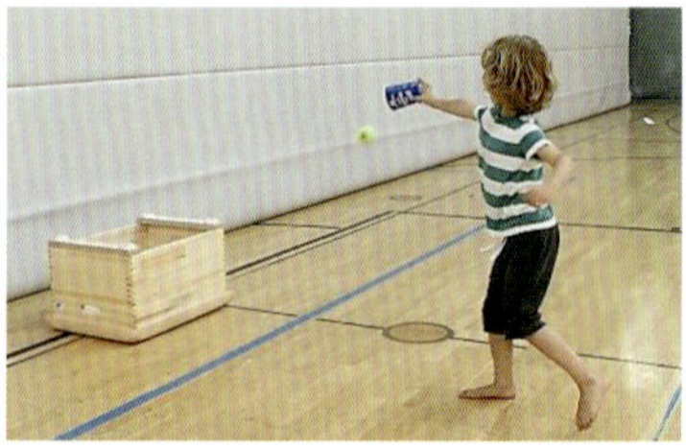

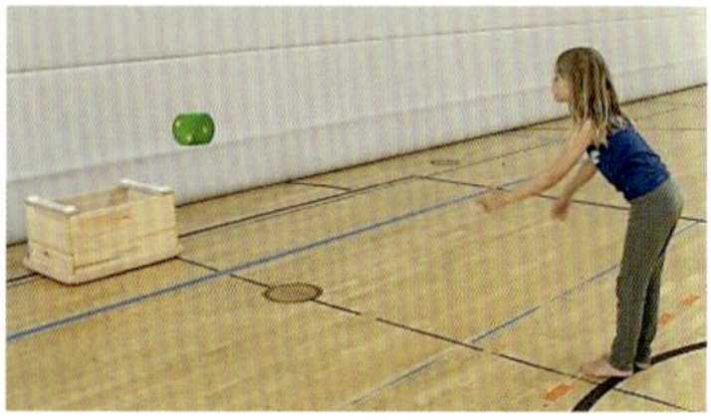

FREIES SPIEL – ERFAHRUNGSWERTE

Unterschiedliche Bälle in verschiedenen Behältern in der Halle aufstellen. Der ÜL sagt den Kindern, dass sie mit den Bällen ausprobieren dürfen, was sie möchten. Dabei sollen sie andere Kinder allerdings nicht stören. Die Kinder dürfen sich einen anderen Ball nehmen, sobald sie den Ball, den sie nicht mehr benötigen, wieder in den Behälter zurückgebracht haben.

- Kinder werfen die Bälle hoch (meist zu hoch) und versuchen, sie zu fangen (gelingt häufig noch nicht)
- Kinder rollen die Bälle oder kicken mit dem Fuß
- Kinder setzen sich auf die Bälle

IMPULSGELEITETES SPIEL

- Auf welche verschiedenen Arten könnt ihr die Bälle in den Raum werfen oder rollen?
- Könnt ihr besser mit einer Hand werfen oder mit beiden?
- Aus welcher Entfernung könnt ihr den Ball wieder zurück in den Kasten/Eimer werfen?

AUFGABENORIENTIERTES SPIEL (vgl. Zimmer, 2013)

Ein Kind steht oder kniet an einem kleinen Behälter (kleiner Kasten oder Plastikbox), der mit Bällen gefüllt ist. Es wirft möglichst schnell alle Bälle aus dem Behälter in den Raum. Die anderen Kinder sammeln die Bälle so schnell es geht wieder ein und werfen sie zurück in den Behälter. Das Spiel ist entschieden, wenn entweder: kein Ball mehr im Behälter ist, wenn alle Bälle wieder im Behälter sind oder wenn die vereinbarte Zeit vorbei ist. Die Gruppe hat gewonnen, wenn mehr Bälle im Behälter sind als draußen und das Kind am Behälter, wenn mehr Bälle draußen sind als im Behälter.

Mögliche Bewegungsgeschichte
Das Kind am Mülleimer (Ballkiste) ist ein Affe, der die Kinder ärgern möchte und den ganzen Müll (Bälle) aus dem Mülleimer wirft. Die Kinder versuchen, wieder aufzuräumen und den Müll zurückzubringen.

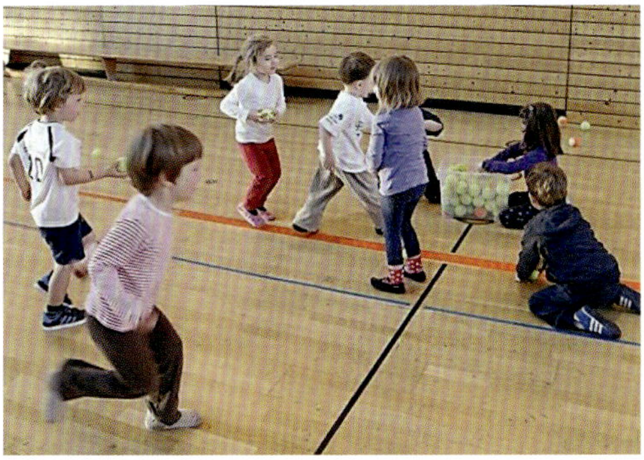

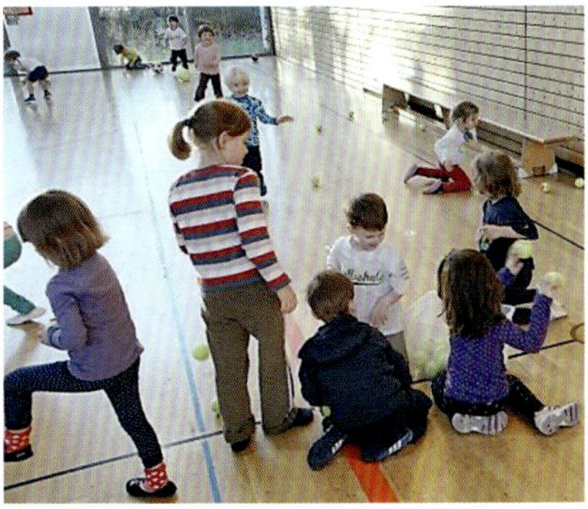

VARIATIONEN

- Es können auch zwei oder drei Kinder die Bälle aus dem Behälter werfen **(I)**
- Die Bälle müssen je nach Vorgabe unterschiedlich zurück geworfen werden, z. B. beidhändig, Überkopf, mit der „verkehrten" Hand **(II)**
- Ein zweites Kind am Behälter versucht, die zurück geworfenen Bälle abzufangen **(II/III)**
- Die Bälle müssen so zurück geworfen werden, dass sie erst auf dem Boden aufprellen **(III)**
- Der Behälter wird an eine Wand gestellt. Die zurück geworfenen Bälle müssen so an die Wand geworfen werden, dass sie von dort in den Behälter fallen **(III)**

HALTET EUREN GARTEN SAUBER

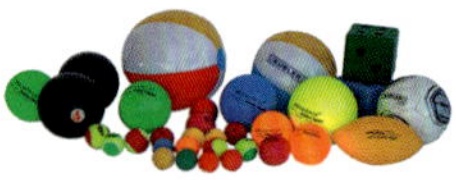 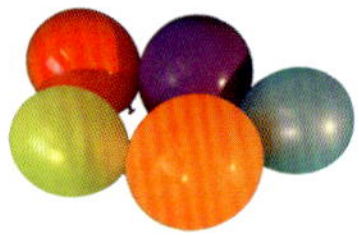 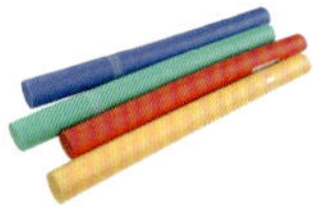 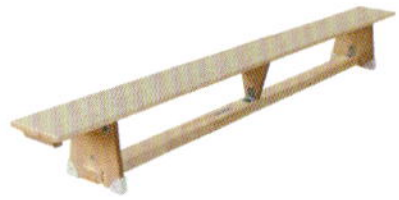

Werfen	Zeitdruck		I

FREIES SPIEL – ERFAHRUNGSWERTE

- Kinder spielen alleine mit einem Ball
- Kinder kicken oder werfen sich einen Ball zu
- Kinder balancieren mit oder ohne Ball auf einer Bank

IMPULSGELEITETES SPIEL

- Könnt ihr den Ball über die Bank rollen, ohne dass er herunterfällt?
- Versucht doch einmal, den Ball auf der Bank zu tippen
- Wer schafft es, den Ball unter der Bank durchzurollen?
- Wer kann den Ball über die Bank köpfen, über die Bank laufen und den Ball wieder einfangen?

HINWEISE

- Das Spiel kann auch mit zwei Bänken gespielt werden. Dafür baut man die zwei Zäune in einem kleinen Abstand voneinander auf, sodass die Kinder fester werfen müssen, um die Bälle in das gegnerische Feld zu befördern.

AUFGABENORIENTIERTES SPIEL

Es werden zwei Teams gebildet und zwei gleich große Spielfelder markiert. Diese sind in der Mitte durch eine Turnbank getrennt. Jedes Team erhält die gleiche Anzahl von Bällen. Aufgabe ist es, innerhalb einer bestimmten Zeit möglichst viele Bälle ins andere Feld zu werfen. Wessen Feld ist am Ende sauberer?

Mögliche Bewegungsgeschichte

Die beiden Felder sind zwei Gärten, die durch einen Zaun (Turnbank) getrennt sind. In beiden Gärten liegt Abfall, z. B. Blätter (Bälle). Die Kinder versuchen, möglichst viele Blätter in den Garten des Nachbarn zu werfen. Oder die Kinder auf der einen Seite sind eine Igelfamilie, die auf der anderen eine Eichhörnchenfamilie. Beide wollen ihr Nest sauber halten.

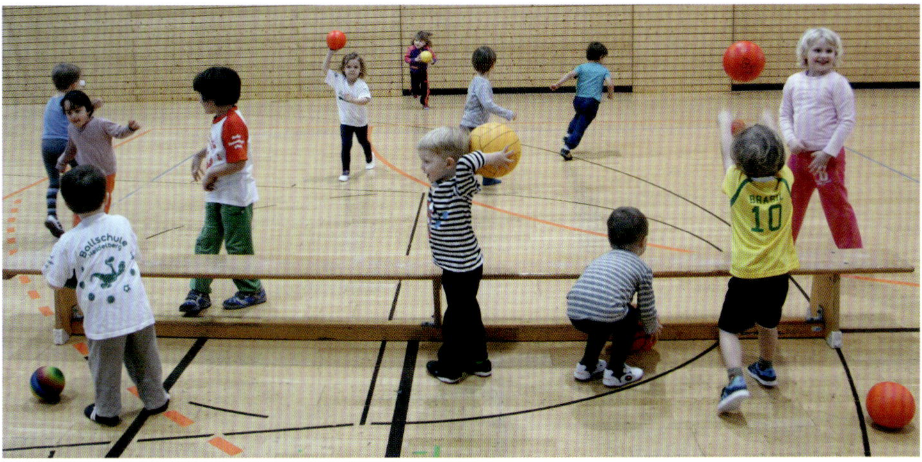

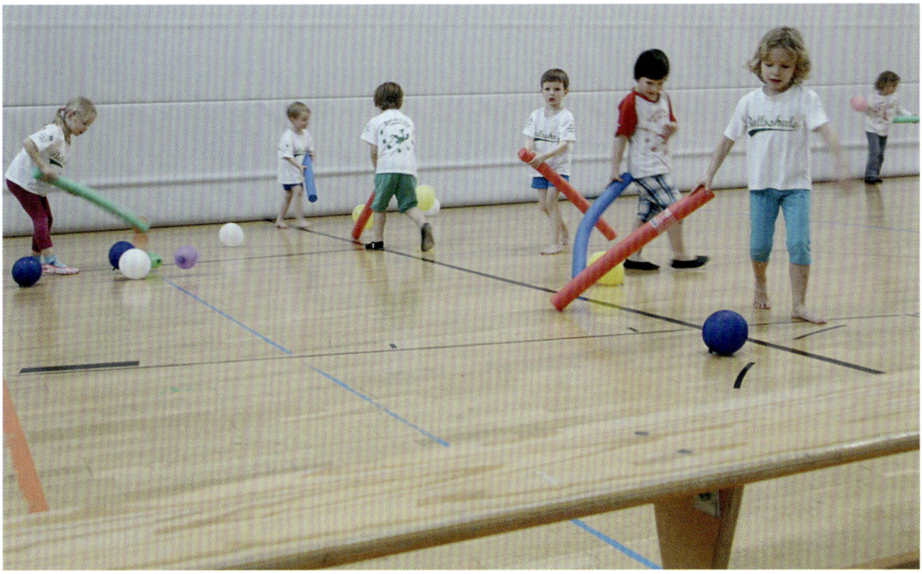

VARIATIONEN

- Das Spiel kann auch mit Aquasticks und Luftballons gespielt werden **(I)**
- Die Luftballons dürfen nur ins gegnerische Feld geschlagen werden, nicht geworfen **(I)**
- Die Bank wird umgedreht und auf zwei Kästen gestellt. Die Kinder versuchen, ihre Seite sauber zu halten und kicken die Bälle unter der Bank in die andere Spielzone **(II)**
- Zwischen den beiden Mannschaften ist ein Abstand von ca. drei Metern. Dieser Abstand ist die spielfreie Zone (Zone durch Hütchen oder Bänke markieren). Softbälle dürfen nur geworfen und die Plastikfußbälle nur geschossen werden. Die Mannschaften können auch Punkte erzielen, indem sie die Bälle an die Wand der anderen Mannschaft werfen bzw. kicken **(III)**

VOGELFUTTER

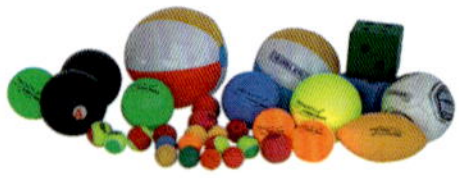
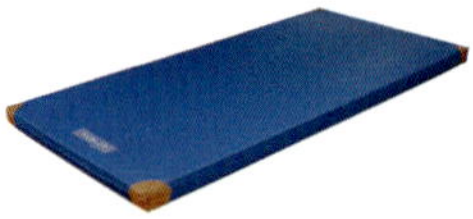
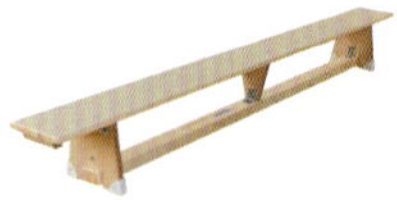

Zeitdruck I

FREIES SPIEL – ERFAHRUNGSWERTE

Der Übungsleiter fragt zu Beginn der Stunde, ob schon einmal ein Kind ein echtes Vogelnest gesehen hat. Wisst ihr, wie die kleinen Baby-Vögel gefüttert werden? Was fressen kleine Vögel eigentlich? Jetzt dürft ihr in der Halle spielen. Die ausgelegten Matten können eure Vogelnester sein, die Bälle sind das Futter.

- Kinder tragen die Bälle in das Nest
- Kinder bauen mit den Bällen ein Nest
- Kinder werfen sich die Bälle über die Bank zu
- Kinder versuchen, über die Bank zu kicken

IMPULSGELEITETES SPIEL

- Geht zu zwei, zu dritt oder zu viert zusammen in ein Nest. Einigt euch, wer die Eltern und wer die Kinder sind (Baby-Vogel, Kind-Vogel, Eltern-Vögel). Später dürft ihr auch die Rollen tauschen. Ab jetzt bleiben die hungrigen Kinder im Nest und rufen, die Eltern müssen sofort losfliegen und schnell Futter finden

AUFGABENORIENTIERTES SPIEL

Es werden zwei Gruppen gebildet und zwei gleich große Spielfelder markiert. Sie sind die in der Mitte durch eine Turnbank getrennt. Auf und unter der Turnbank werden viele Bälle verteilt (Achtung: die Anzahl muss immer ungerade sein). Die zwei Gruppen sitzen auf je einer Matte am Außenrand. Auf ein Signal des ÜL holen die Kinder die Bälle auf ihre Matten. Dabei darf immer nur ein Ball transportiert werden. Sieger ist am Ende die Gruppe mit den meisten Bällen.

Mögliche Bewegungsgeschichte

Die zwei Gruppen sind zwei Vogelfamilien, die sich das Futter (Bälle) für den Winter holen wollen. Die Kinder können selber aussuchen, was für eine Vogelfamilie sie gerne sein würden. Die Bälle sind das Vogelfutter – hier kann darüber gesprochen werden, was Vögel gerne fressen und was das Futter darstellt (Beeren, Gräser, Würmer usw.) – und weil das Futter für die kleinen Vögel schwer ist, können sie immer nur ein Futterteil zum Nest transportieren.

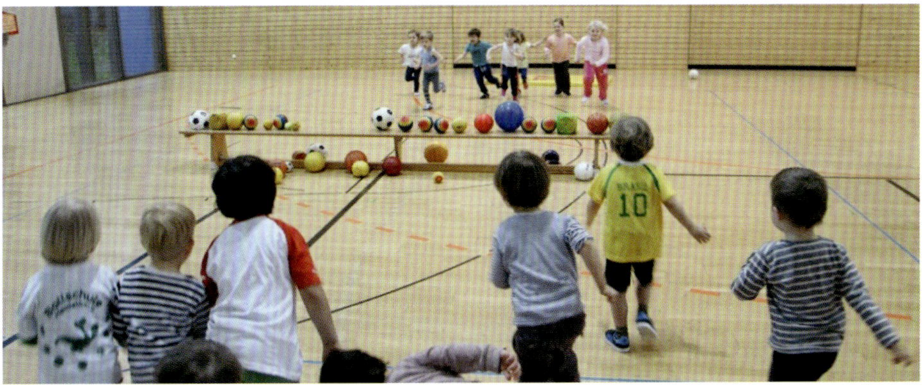

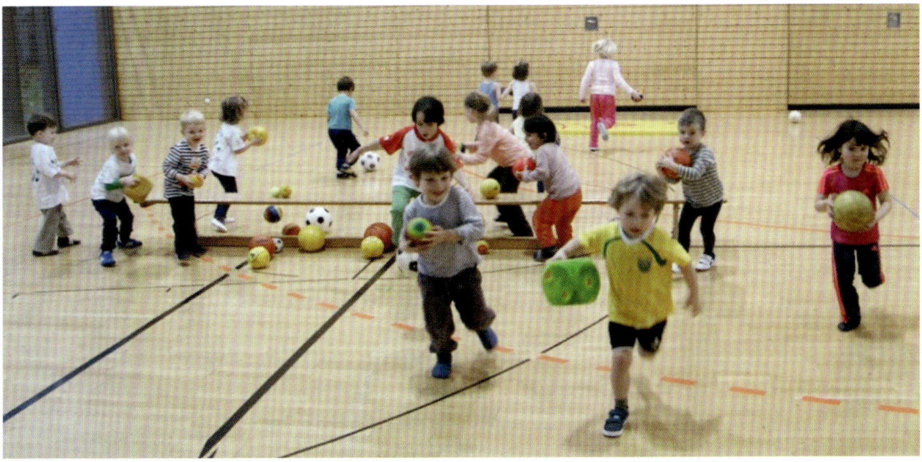

VARIATIONEN

- Regeln für den Transport der Bälle variieren (z. B. Bälle dürfen nur gerollt werden **(II)**, rückwärts zur Matte gebracht werden **(II)**, mit dem Fuß **(II)** usw.)
- Zwei oder drei Kinder dürfen sich nur einen Ball holen. Sie müssen sich den Ball auf dem Weg zur Matte zuwerfen oder zukicken **(III)**

FLIEGENDES TUCH

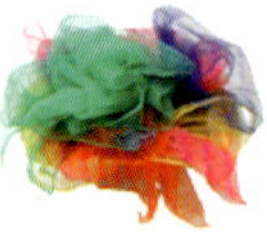

Zeitdruck			I

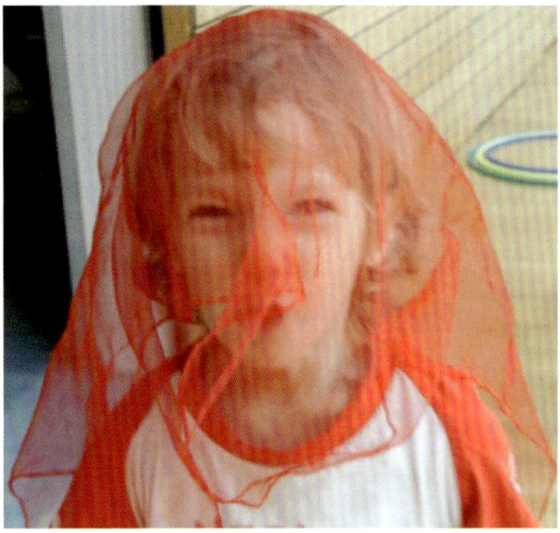

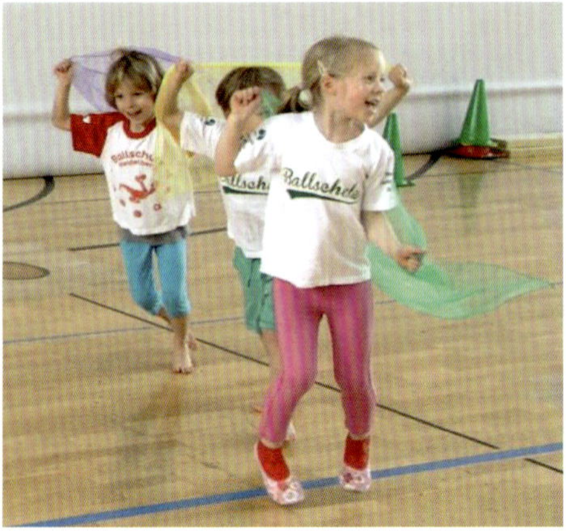

FREIES SPIEL – ERFAHRUNGSWERTE

- Kinder legen sich das Tuch über den Kopf und spielen Gespenst
- Kinder binden sich das Tuch um
- Kinder werfen das Tuch hoch

IMPULSGELEITETES SPIEL

- Was passiert beim schnellen Laufen mit dem Tuch? Was beim langsamen Laufen? Wie müsst ihr das Tuch halten, damit es am besten fliegt?
- Kann man das Tuch auch werfen? Und fangen?
- Denkt euch doch mal ein Kunststückchen mit dem Tuch aus, übt es und dann führen wir uns die Ergebnisse gegenseitig vor

AUFGABENORIENTIERTES SPIEL

Die Kinder bewegen sich frei im Raum und sollen dabei mit beiden Händen ein Tuch so hoch wie möglich über dem Kopf halten. Je schneller sie laufen, desto mehr flattert das Tuch. Es fliegt fast waagerecht in der Luft, sodass jeder ein „Dach" über dem Kopf hat. Beim schnellen Laufen auf Signal das Tuch loslassen und durch die Luft fliegen lassen.

Mögliche Bewegungsgeschichte 1
Das Tuch ist das Segel und die Kinder sind die Schiffe.

Mögliche Bewegungsgeschichte 2
Nun machen wir einen Rundgang durch das Kaufhaus. Dabei kommen wir zuerst in die Schalabteilung, in der es ganz viele verschiedene Tücher gibt. Jedes Kind kann sich ein Tuch aussuchen, es anziehen (um den Hals oder andere Körperteile wickeln) und anschließend ausprobieren, was man mit ihm noch alles machen kann. Die Kinder demonstrieren ihre Übungen.

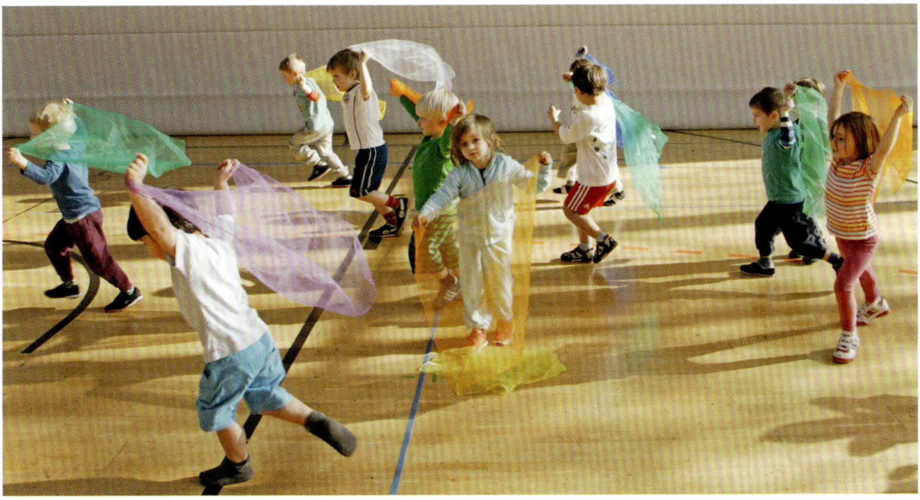

VARIATIONEN

- Mit einer Hand **(I)**
- „Klebende Tücher": Tuch am Bauch, an einer Hand, an den Armen halten und schnell laufen **(II)**
- Bevor das Tuch aufgefangen wird, ein- bis dreimal in die Hände klatschen **(II)**
- Die Kinder bilden einen Kreis, werfen das Tuch auf ein Kommando nach oben und versuchen, das Tuch ihres rechten (oder linken) Nachbarn zu fangen **(II)**

HINWEISE

- Jedes Kind soll sein Tuch verfolgen und sehen, wo es gelandet ist
- Das Tuch wird fallen gelassen, soll aber wieder aufgefangen werden, bevor es den Boden berührt
- Gibt es Unterschiede, wenn das Tuch im schnellen oder im langsamen Laufen losgelassen wird?

HIN UND HER

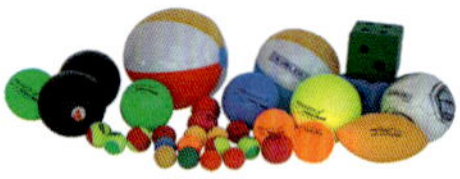

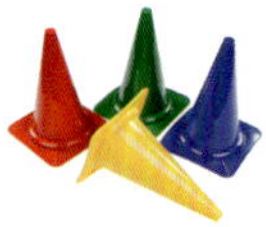

Präszisiondruck	Stoppen	Kicken	I

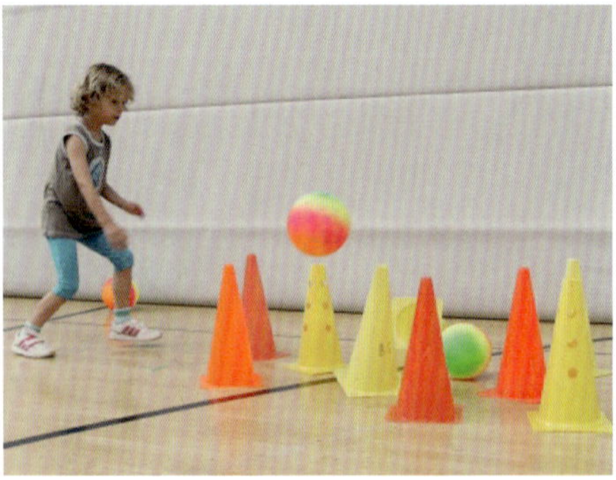

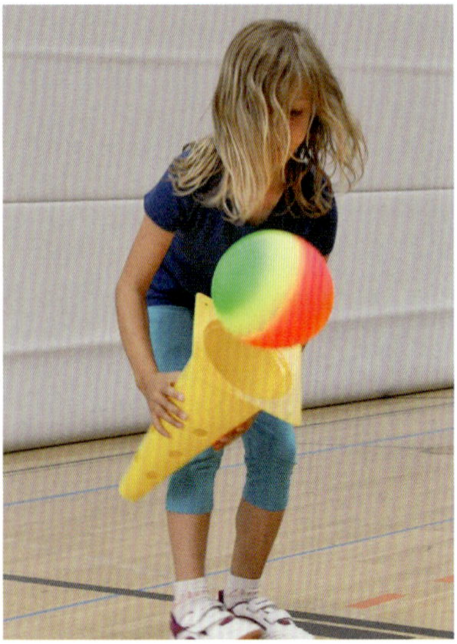

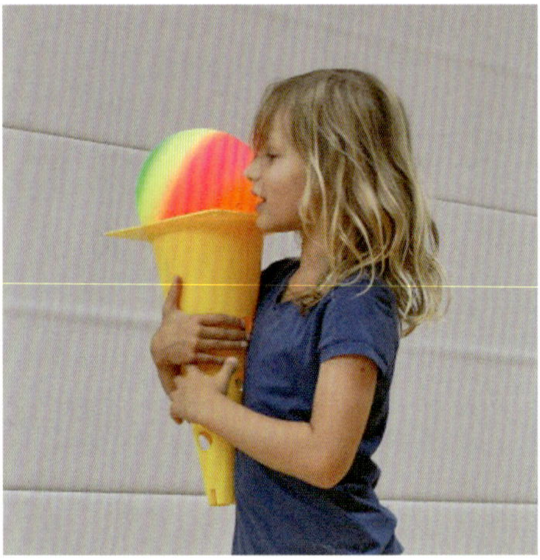

FREIES SPIEL – ERFAHRUNGSWERTE

- Kinder spielen alleine mit einem Ball und/oder mit einem Hütchen
- Kinder kicken oder werfen sich einen Ball zu
- Kinder versuchen, die Hütchen umzukicken oder umzuwerfen

IMPULSGELEITETES SPIEL

- Heute sind wir alle Fußballer! Wir trainieren jetzt immer zu zweit. Geht zu zweit zusammen und probiert aus, was ihr machen könnt
- Könnt ihr den Ball stoppen, bevor ihr ihn zurückspielt?
- Wie kann man den Ball stoppen?

AUFGABENORIENTIERTES SPIEL

Zwei Spieler spielen sich mit dem Fuß einen Ball durch zwei aufgestellte Hütchen zu. Das Zuspiel wird gestoppt, bevor der Rückpass erfolgt.

Mögliche Bewegungsgeschichte

Die Kinder sind Eichhörnchen, die sich eine Nuss zu kicken. Die beiden Hütchen sind Bäume, die nicht berührt werden dürfen.

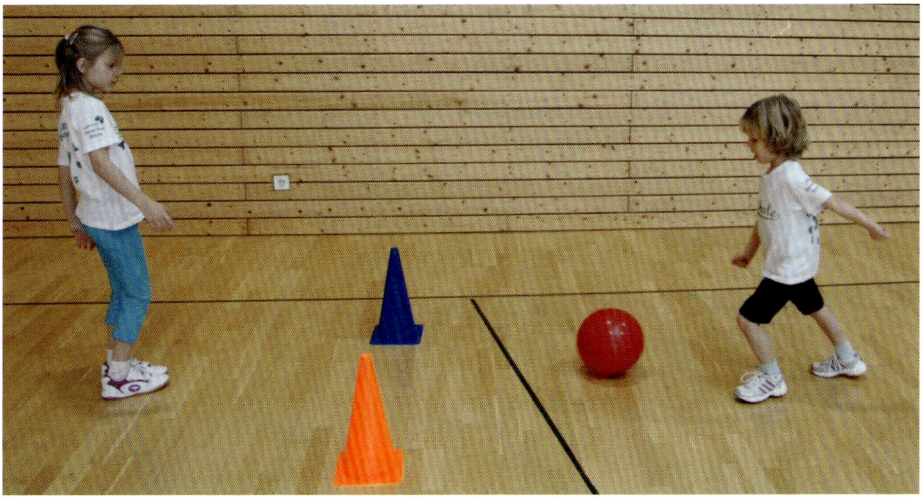

VARIATIONEN

- Innerhalb einer bestimmten Zeit sollen so viele Zuspiele wie möglich durchgeführt werden **(I/II)**
- Der Ball kann auch gerollt (I) oder mit dem Schläger zugespielt werden **(II)**
- Verschiedene Stopparten ausprobieren: mit der Sohle **(I)**, der Fußinnenseite, Fußaußenseite, Knie **(II)** usw.

HINWEISE

- Den Abstand der Spieler zu Beginn klein halten
- Später können der Abstand der Spieler und die Größe des Zieltores dem Leistungsstand der Kinder angepasst werden

WANDERBALL

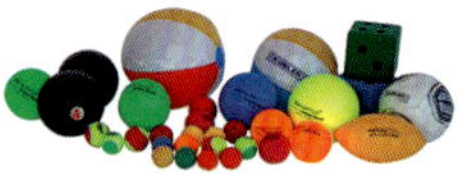

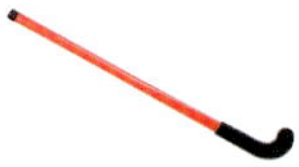

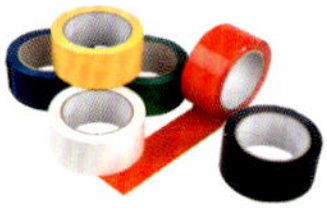

Werfen	Fangen		I

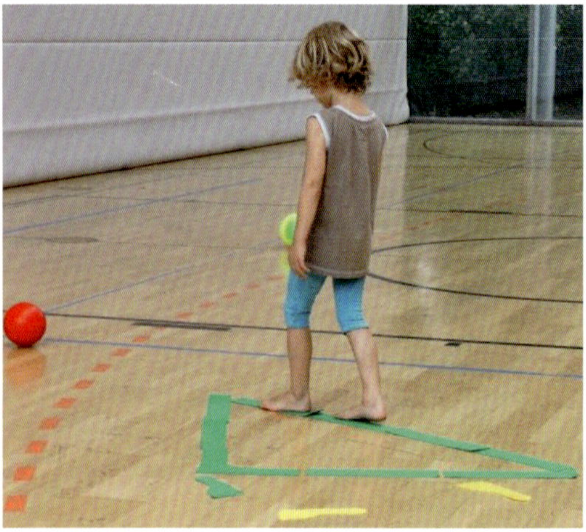

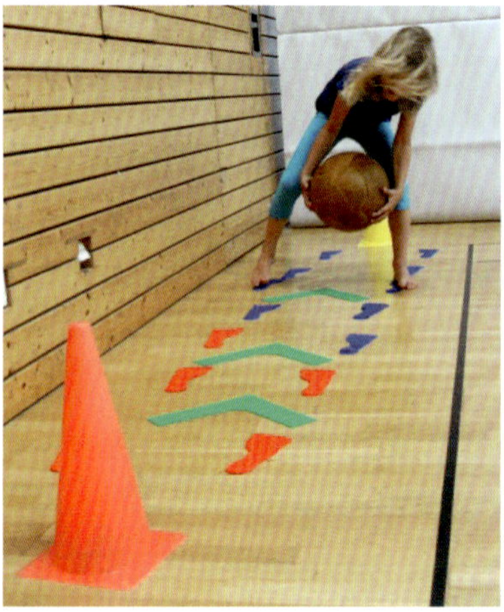

FREIES SPIEL – ERFAHRUNGSWERTE

Der Übungsleiter hat vor Stundenbeginn verschiedene Formen auf dem Boden markiert (Dreiecke, Rechtecke, Quadrate, Kreise, Ellipsen).

- Kinder „balancieren“ auf den Bodenmarkierungen und erfassen damit die unterschiedlichen Formen
- Kinder versuchen, einen Ball auf den Markierungen zu rollen
- Kinder führen einen Ball mit dem Fuß auf den Markierungen
- Kinder führen einen Ball mit dem Schläger auf den Markierungen

IMPULSGELEITETES SPIEL

- Seht ihr die Markierungen auf dem Boden? Wisst ihr, wie die Formen heißen? (Rechtecke und Quadrate werden meist als Vierecke bezeichnet, Unterschiede erfragen und von den Kindern beschreiben lassen). Schaut euch die Formen mal an. Ihr dürft auch Bälle nehmen, müsst aber nicht
- Wie könnt ihr euch einen Ball zuspielen, wenn ihr zu zwei, zu dritt oder zu viert auf den Formen steht?
- Schafft ihr es gemeinsam, den Ball auf der Linie entlang zu führen, wenn ihr selbst neben den Markierungen steht?

AUFGABENORIENTIERTES SPIEL

Die Idee des Spieles ist es, einen oder mehrere Bälle von Kind zu Kind wandern zu lassen. Die Kinder können in einem Kreis, Drei- oder Viereck oder in einer Schlangenlinie stehen. Die Abstände sollten zunächst so gewählt werden, dass der Ball einfach weitergegeben werden kann. Mit der Zeit sollten die Abstände vergrößert werden, sodass auch das Werfen und Fangen geübt wird.

Mögliche Bewegungsgeschichte

Der Ball ist eine Maus, die sehr neugierig ist und deshalb gerne jedes Kind kennenlernen möchte. Zu Beginn ist sie noch sehr vorsichtig (Ball übergeben), aber bald wird sie mutiger und möchte ein bisschen hüpfen (Ball werfen). Wenn mit zwei Bällen gespielt wird: Ein Ball ist die Maus, der andere die Katze. Die Maus wird so schnell wie möglich von Hand zu Hand gegeben. Nach der zweiten oder dritten Runde, kommt die hungrige Katze dazu und versucht, die Maus zu fangen. Die Maus und die Katze jetzt zusammen im Kreis weitergegeben. Wird die Katze die Maus erwischen?

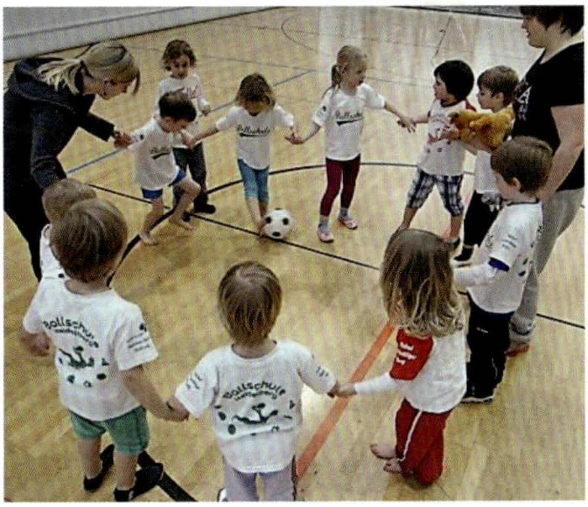

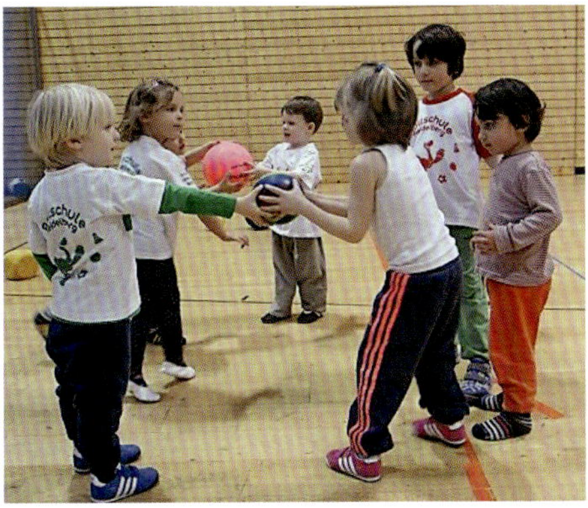

VARIATIONEN

- Auf ein Signal des ÜL wird die Richtung gewechselt **(I/II)**
- Mit zwei oder mehr (verschiedenen) Bällen gleichzeitig spielen **(II/III)**
- Im Sitzen, Kniestand oder Stehen **(I)**
- Die Kinder halten sich an den Händen. Der Ball wandert von Fuß zu Fuß weiter **(II)**
- Den Ball rückwärts, durch die Beine weitergeben **(II)**
- Den Ball zum gegenüber stehenden Kind werfen **(II/III)**

FANG DEN LUFTBALLON

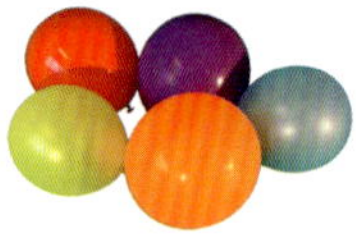

Flugbahn des Balles erkennen	Laufweg zum Ball bestimmen	Fangen	I

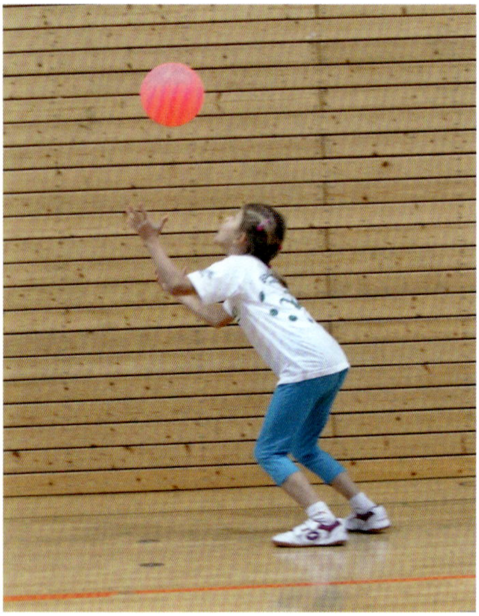

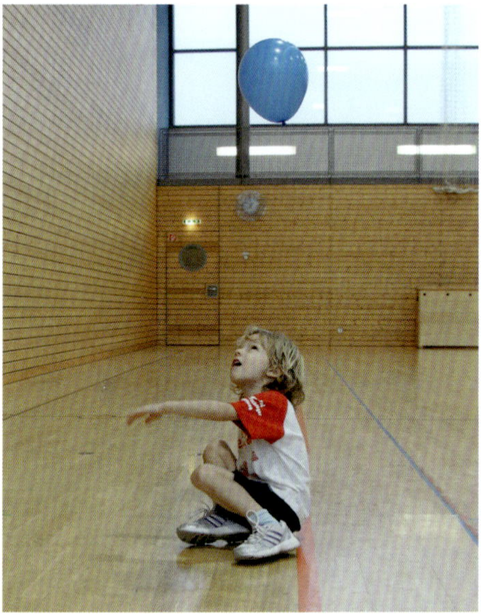

FREIES SPIEL – ERFAHRUNGSWERTE

- Kinder werfen einen Luftballon hoch und versuchen, ihn wieder zu fangen
- Kinder kicken mit dem Luftballon (mit dem Fuß)
- Kinder versuchen, den Luftballon zu „köpfen“

IMPULSGELEITETES SPIEL

- Wer kann den Ballon hochwerfen, sich drehen, und wieder fangen?
- Was könnt ihr noch machen, während der Ballon in der Luft ist?

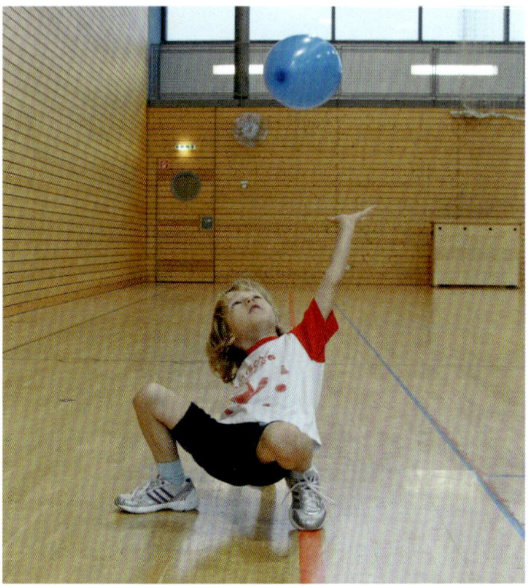

AUFGABENORIENTIERTES SPIEL

Alle Kinder stehen in einer Reihe, zunächst in Richtung des ÜL, später mit dem Rücken zum ÜL. Der ÜL ruft einen Namen. Das aufgerufene Kind versucht, den Luftballon zu fangen, der zu ihm geworfen wurde.

Mögliche Bewegungsgeschichte

Der ÜL ist ein Luftballon-Springbrunnen, der bunte Luftballons ausspuckt (hochspielt). Der Springbrunnen kann aber nicht nur Luftballons ausspucken, sondern auch reden, sodass er den Namen des Kindes sagen kann, das den Luftballon fangen soll.

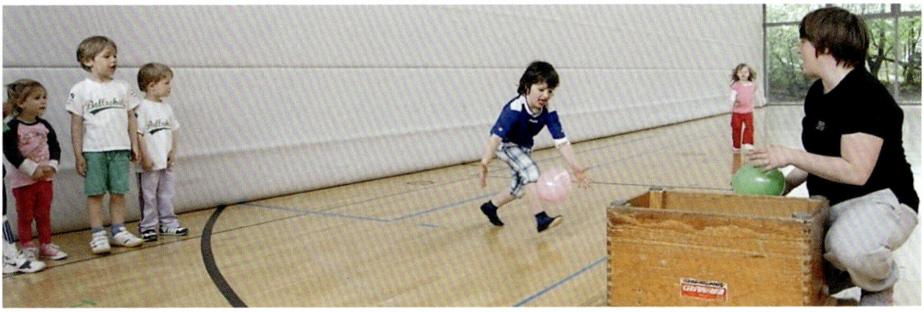

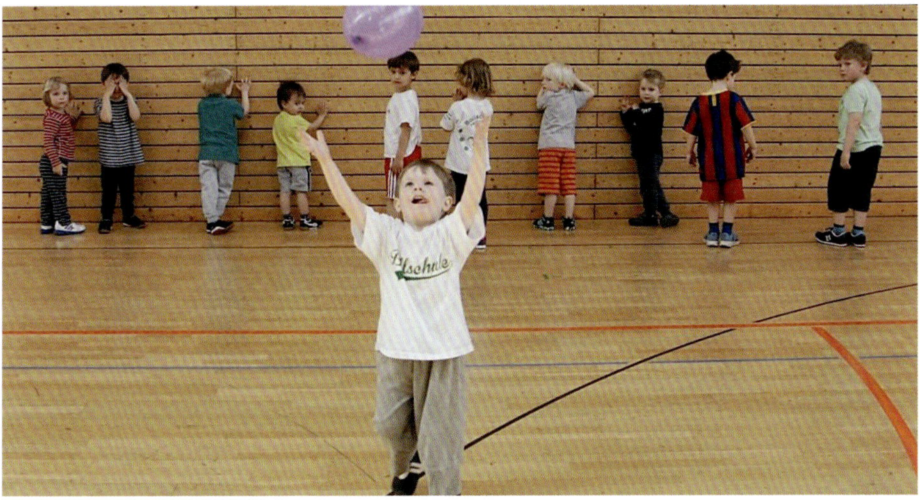

VARIATIONEN

- Die Kinder haben jeweils einen Schläger (Federball- oder Tischtennisschläger) in der Hand und sollen den Luftballon damit hochspielen **(II)**
- Die Kinder bringen den Luftballon so schnell wie möglich zurück. Dabei balancieren sie ihn auf beiden ausgestreckten Armen

BÄLLE LEGEN

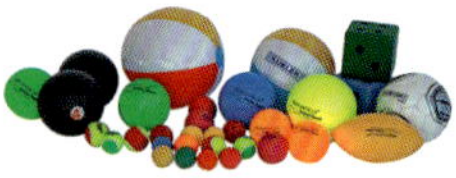 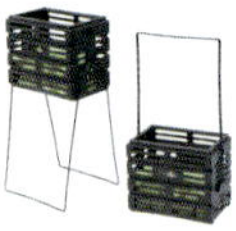 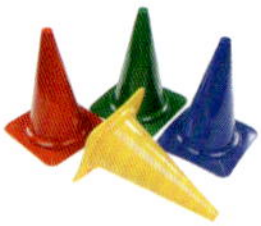 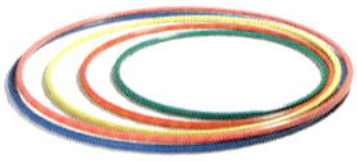

Komplexitätsdruck Zeit — I

FREIES SPIEL – ERFAHRUNGSWERTE

- Der ÜL legt vor Stundenbeginn verschiedene Reifenbahnen aus
- Daneben stehen Behälter mit verschiedenen Bällen
- Kinder spielen alleine mit einem Ball
- Kinder kicken oder werfen sich einen Ball zu
- Kinder hüpfen von Reifen zu Reifen
- Kinder legen Bälle in Reifen
- Kinder werfen oder kicken in die Reifen

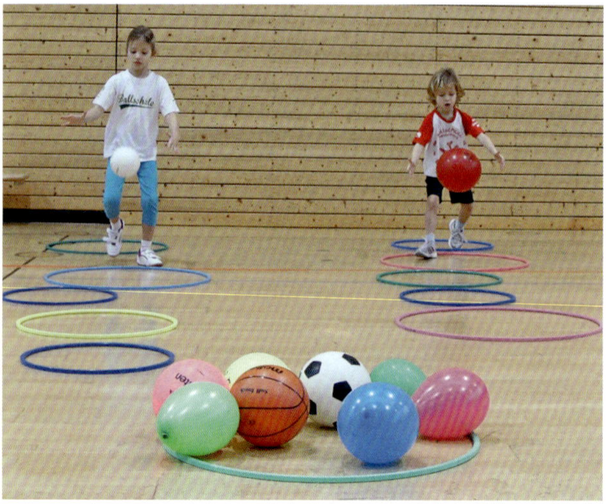

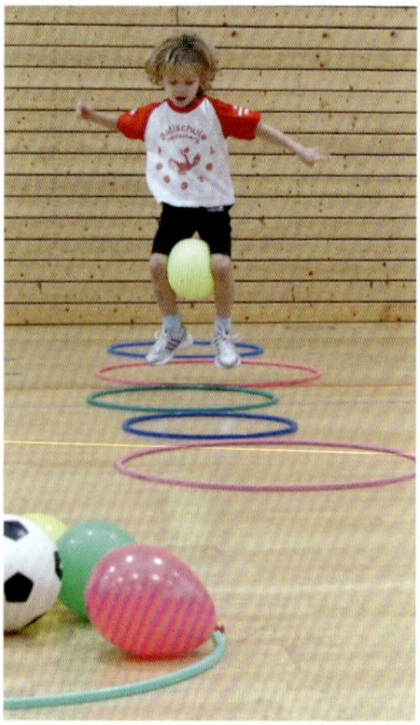

HINWEISE

- Bei jüngeren Kindern empfiehlt es sich, für jede Mannschaft eine eigene Reifenbahn auszulegen, sodass die Kinder besser erkennen können, welche Reifen sie schon belegt haben

IMPULSGELEITETES SPIEL

- Auf welche verschiedenen Arten können die Bälle in die Reifen transportiert werden?
- Könnt ihr die Bälle um die Reifen rollen, prellen usw.

AUFGABENORIENTIERTES SPIEL

Es werden Teams aus je zwei Kinder gebildet. Die Teams stellen sich an eine Hallenseite jeweils an ein Hütchen. Vor ihnen liegt eine Reifenbahn mit vier bis sechs Reifen. Hinter den Teams steht der ÜL mit dem Ballkorb. Auf ein Signal läuft das erste Kind los, holt sich beim ÜL einen Ball und legt ihn in den ersten Reifen. Danach schlägt es das zweite Kind ab, das ebenfalls einen Ball beim ÜL holt und ihn in den zweiten Reifen legt. Haben alle Teams alle Reifen belegt, wird das Spiel rückwärts gespielt, bis alle Bälle wieder im Ballwagen sind.

Mögliche Bewegungsgeschichte

Die Kinder sind Bauern und pflanzen Kartoffeln (Bälle). Die kleinen Setzlinge müssen sie zunächst beim Großbauern (ÜL) abholen und dann in Reih und Glied ins Feld (Reifen) pflanzen. Sind alle Kartoffeln gesetzt, stellt der Großbauer fest, dass er die falsche Sorte herausgegeben hat, deshalb müssen alle Kartoffelsetzlinge wieder schnell zurück zum Großbauern.

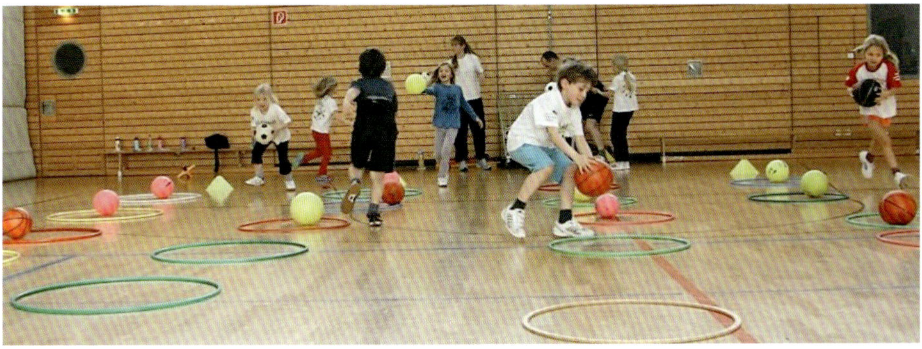

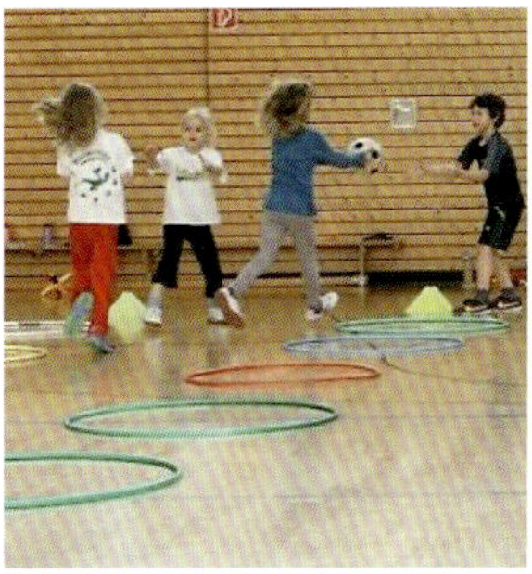

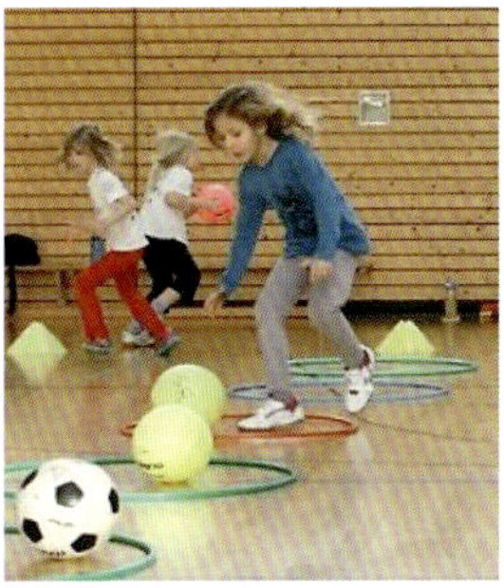

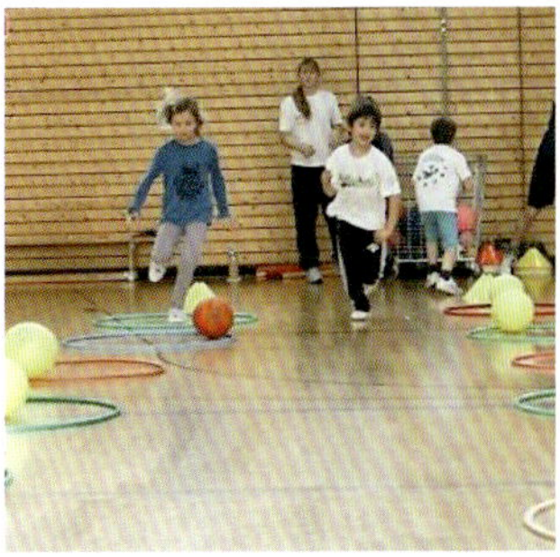

VARIATIONEN

- Die Bälle werden zu den Reifen geprellt **(III)**, gedribbelt **(III)** oder mit dem Schläger geführt **(III)**
- Die Kinder laufen in verschiedenen Gangarten, z. B. rückwärts mit den Bällen zu den Reifen **(II)**

EISENBAHN

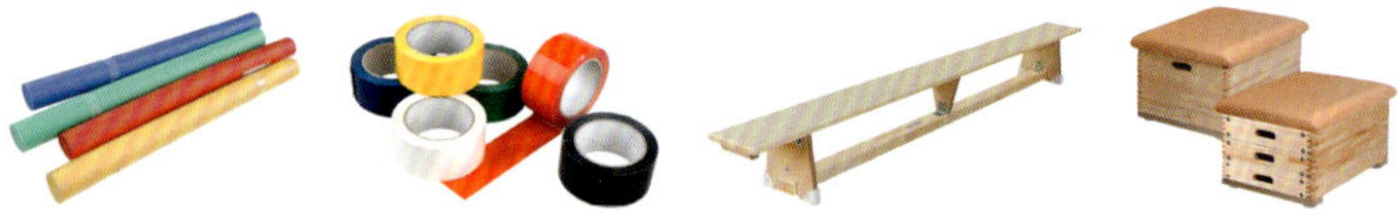

Komplexitätsdruck Präzision	Variabilitätsdruck Präzision		I

FREIES SPIEL – ERFAHRUNGSWERTE

- Der ÜL markiert vor Stundenbeginn Gleise auf dem Boden. Kinder laufen auf den Gleisen und spielen Zug
- Kinder legen selbst fest, wo ein Bahnhof zum Ein- und Aussteigen ist
- Kinder verteilen Rollen (Lokführer, Fahrgäste, Wartende am Bahnhof, Schaffner/Kontrolleure)

IMPULSGELEITETES SPIEL

- Könnt ihr mir helfen, weitere Gleise zu bauen? Wie müssen wir die Schienen verlegen, damit wir alle gut aneinander vorbeifahren können?
- Wer ist schon einmal mit dem Zug gefahren? Wie fährt denn der Zug eigentlich, hat er Räder? Seht ihr hier im Raum auch Gleise für den Zug? Dann dürft ihr losfahren

HINWEISE

- Gemeinsam die „Eisenbahn-Welt" aufbauen; es können auch Passagiere mitfahren, die sich zwischen den Stäben (Seilen) bewegen.
- Als Material lassen sich auch Naturholzstücke, Latten, Bambusstöcke usw. einsetzen.

AUFGABENORIENTIERTES SPIEL

Zwei Kinder halten zwei Aquasticks (Stäbe/Stöcke) an den Enden fest und fahren wie eine Lokomotive durch die Halle. Die Linien sind die Gleise. Bänke, Kästen und andere Geräte dienen als Tunnel, Brücken und Bahnhöfe.

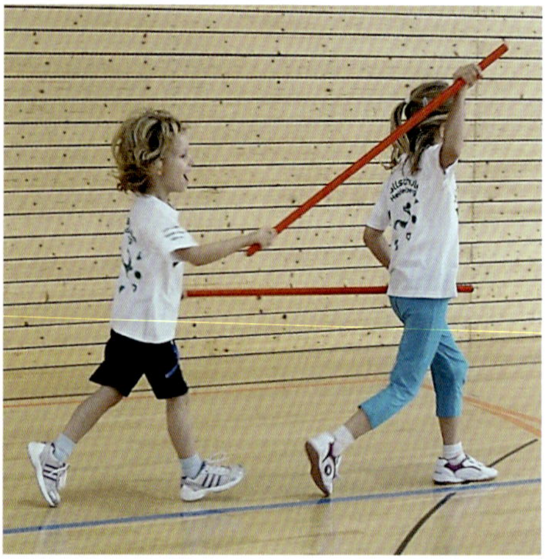

VARIATIONEN

- Ein Kind „fährt" vorwärts, das andere Kind als Anhänger „rückwärts"; Rollenwechsel an einem „Abstellgleis" **(II)**
- Mehrere Kinder an einem Seil: Lokomotive und Anhänger **(II)**

GIFTIGE BÄLLE

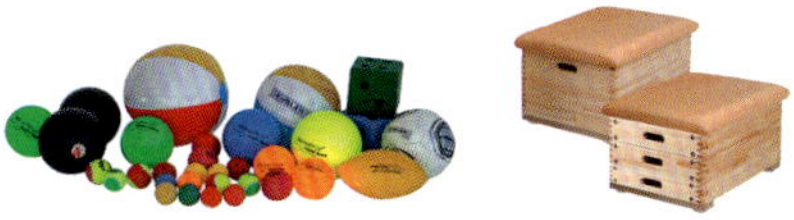

Lücke erkennen	Variabilitätsdruck Zeit		I

FREIES SPIEL – ERFAHRUNGSWERTE

- Der ÜL stellt vor Stundenbeginn mehrere Kleine Kästen im Raum verteilt auf. Verschiedene Bälle stehen in einem Korb bereit. Die Kinder dürfen sich frei im Raum mit oder ohne Ball bewegen
- Kinder laufen um die Kästen herum
- Kinder klettern auf die Kästen und wieder runter
- Kinder springen von den Kästen
- Kinder laufen mit dem Ball durch die Halle und benutzen die Kästen als Tore

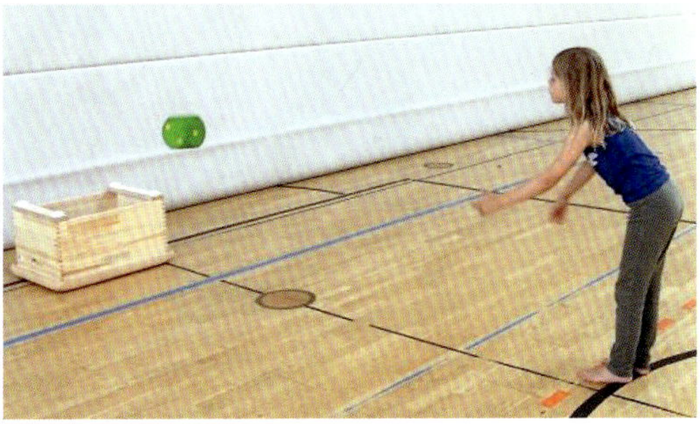

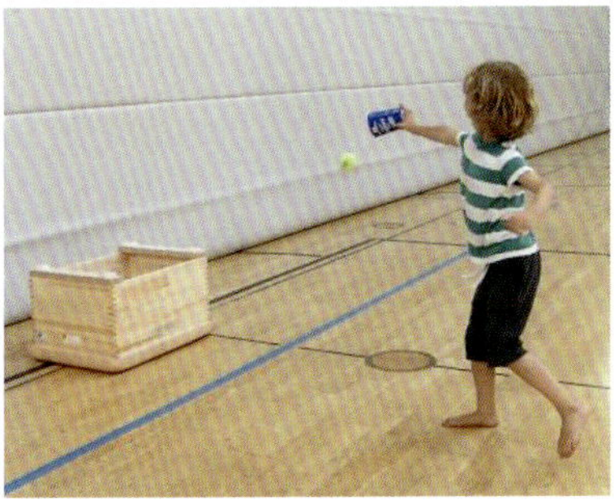

IMPULSGELEITETES SPIEL

- Stellt euch vor, die Kästen sind giftige Pflanzen. Ihr dürft sie nicht berühren, wenn ihr durch die Halle lauft
- Schafft ihr es, eure Bälle zum anderen Ende der Halle zu bekommen, ohne dass die Bälle vergiftet werden?

AUFGABENORIENTIERTES SPIEL

Der ÜL ist zu Beginn der alleinige Ballroller. Alle Kinder stellen sich an einer Wand auf und rennen von dieser zur gegenüberliegenden Wand. Währenddessen rollt der ÜL die Bälle quer durch das Feld. Die Kinder dürfen die Bälle nicht berühren, sonst werden auch sie zu Ballrollern.

Mögliche Bewegungsgeschichte
Die Ballroller sind Schlangen, die giftige Kugeln (Bälle) hin und her rollen. Wer die Kugeln berührt, verwandelt sich auch in eine Schlange.

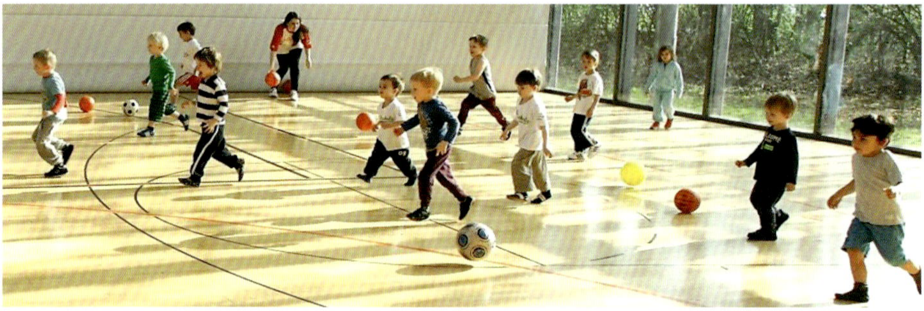

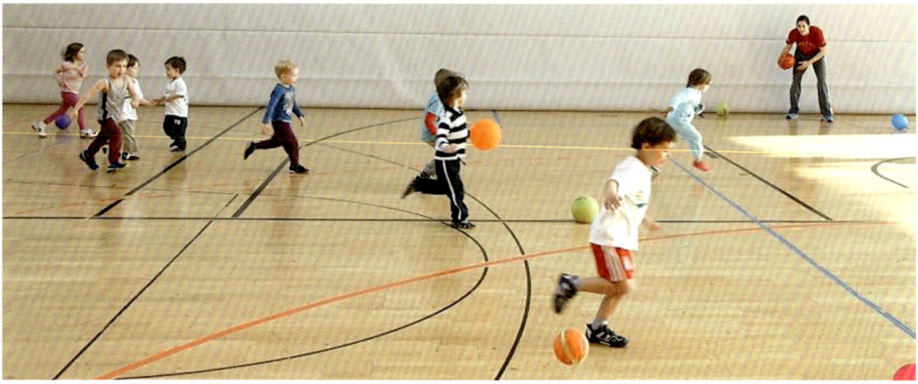

VARIATIONEN

- Die Kinder laufen rückwärts, seitwärts usw. **(II)**
- Zwei Kinder nehmen sich an der Hand **(II)**
- Zwei Kinder laufen hintereinander **(II)**
- Alle Kinder laufen in einer Schlange hintereinander. Die Schlange windet sich. Dadurch können alle Kinder ausweichen **(II/III)**

9

MINI-BALLSCHULE

MINI-SPIELREIHEN

4- BIS 5-JÄHRIGE KINDER

Register 74

Praktische Beispielsammlung 75

REGISTER

Name des Spiels	Komplexität	Seite
Hinterher	II	75
Ballartist	II	76
Hütchenwald	II	78
Sandsäckchen-Rundlauf	II	80
Reifenhockey	II	82
Fang das Tuch	II	84
Umfaller	II	86
Farbenball	II	88
Blickball	II	90
Zaubertuchball	II	92
Einfangen	II	94
Jeder verteidigt seinen Ball	II	96
Ballontreiben	II	98
Musikstopp	II	100
Zielreifen	II	102
Dinofußball	II	104
Über die Mitte	II	106
Tanzende Luftballons	II	108
Eng am Schläger	II	110
Tigerball	II	112
Ringwurf	II	114
Schwänzchen fangen	II	116
In den Reifen	II	118
Fang den Ball	II	120
Rein damit	II	122
Prellende Bälle	II	124
Abwurf	II	126
Wand(ab)praller	II	128
Passt – passt nicht	II	130
Verzaubern und Erlösen	II	132
Treibball	II	134
Boxen	II	136
Treffball	II	138

HINTERHER

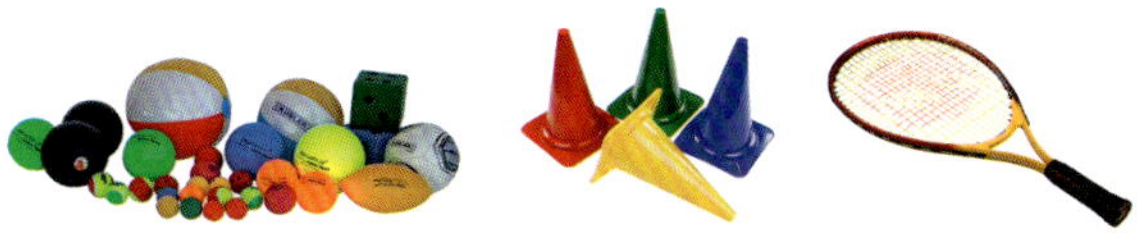

Werfen	Fangen		II

FREIES SPIEL – ERFAHRUNGSWERTE

Heute sind die Bälle eure Hunde und wir sind hier auf einer Hundespielwiese

- Kinder werfen oder rollen die Bälle weg und laufen ihnen hinterher, um sie wieder zu fangen oder zu holen
- Kinder geben ihren Hunden Namen
- Kinder nehmen ihre Hunde auf den Schoß oder füttern sie

IMPULSGELEITETES SPIEL

- Kann euer Hund schon ein bisschen langsamer laufen? Und jetzt ein bisschen schneller?
- Eure Hunde sind noch ganz jung und nicht so gut erzogen. Sie laufen immer wieder weg und ihr müsst hinterherlaufen

AUFGABENORIENTIERTES SPIEL

Die Kinder werden in zwei Gruppen geteilt. Die beiden Gruppen stehen sich in einigen Metern Entfernung gegenüber. Ein Kind, das vorne steht, bekommt einen Ball. Es wirft ihn dem Kind gegenüber zu, läuft dem Ball nach und stellt sich in der gegenüberliegenden Gruppe hinten an. Der Ball wird solange hin- und hergeworfen, bis alle Kinder die Seiten gewechselt haben oder alle wieder an ihrem Platz stehen.

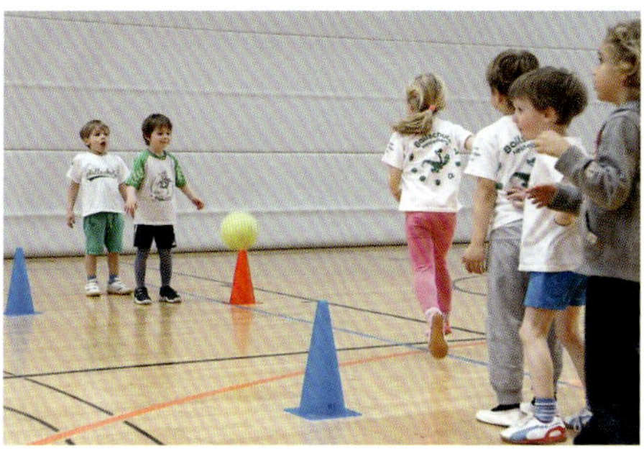

VARIATIONEN

- Die Wurfarten variieren, z. B. beidhändig, überkopf, mit der „verkehrten" Hand
- Mit einem Ball prellen **(III)** oder mit dem Fuß dribbeln **(III)**
- Den Ball auf einem (Tennis-)Schläger transportieren **(III)**

HINWEISE

- Je nach Gruppengröße kann auch mit zwei Mannschaften gespielt werden

BALLARTIST

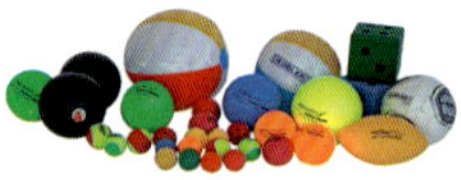

Organisationsdruck Präzision	Komplexitätsdruck Präzision		II

FREIES SPIEL – ERFAHRUNGSWERTE

- Kinder spielen alleine mit einem Ball
- Kinder kicken oder werfen sich einen Ball zu
- Kinder probieren Kunststücke mit dem Ball aus
- Kinder werfen oder kicken an die Wand

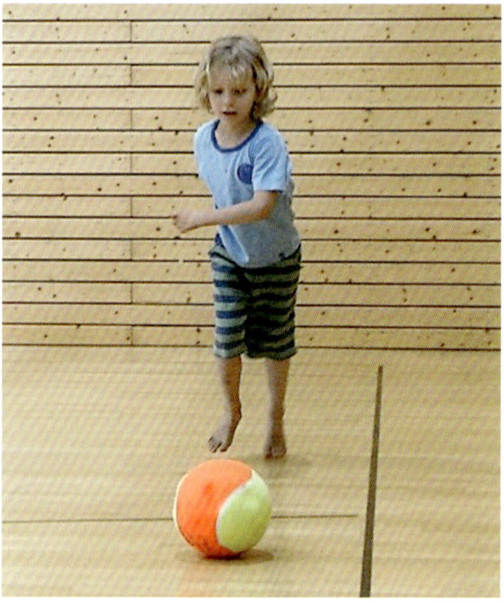

IMPULSGELEITETES SPIEL

- Jedes Kind erhält einen Ball. Nach freiem Spielen zeigen die Kinder, was sie ausprobiert haben
- Die Artisten (Kinder) machen verschiedene Kunststücke mit dem Ball vor

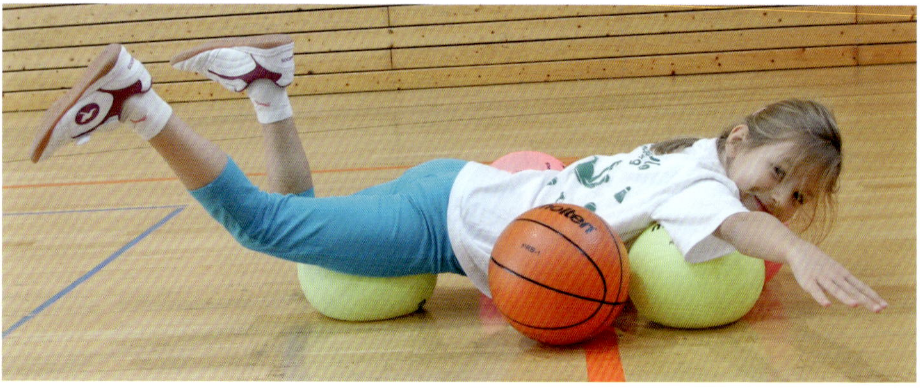

AUFGABENORIENTIERTES SPIEL

Jedes Kind erhält einen Ball. Der ÜL stellt verschiedene Figuren zum Nachmachen vor:

- **Kette:** Aus einer breiten Liegestützposition über dem Ball langsam vor- und zurückrollen
- **Flieger:** Aus einer breiten Liegestützposition über dem Ball entweder die Arme zur Seite strecken oder die Füße in die Luft heben oder Arme und Füße haben keine Bodenkontakt
- **Brücke:** Kinder liegen mit dem Rücken auf dem Ball und rollen langsam vor und zurück
- **Schranke:** Die Füße liegen auf dem Ball, der Po und/oder ein Bein werden angehoben
- **Tunnel-Ballstaffel:** In einer oder mehreren Gruppen befinden sich alle Kinder in der Liegestützposition (Füße auf den Bällen) und ein Kind krabbelt durch den Tunnel **(II)**
- Im **Spinnengang** einen Ball auf dem Bauch balancieren **(II/III)**
- **Transporter:** Der Ball wird im Rücken von beiden Kindern eingeklemmt – vorwärtsgehen oder in die Hocke gehen
- **Postbote:** Zwei Kinder liegen jeweils bäuchlings auf einem Ball und reichen sich einen Zettel zu **(II)**
- **Rohes Ei:** Zwei Kinder sitzen jeweils auf einem Ball und werfen sich einen Ball zu **(III)**

VARIATIONEN

- Die Kinder wechseln ihre Bälle **(II)**

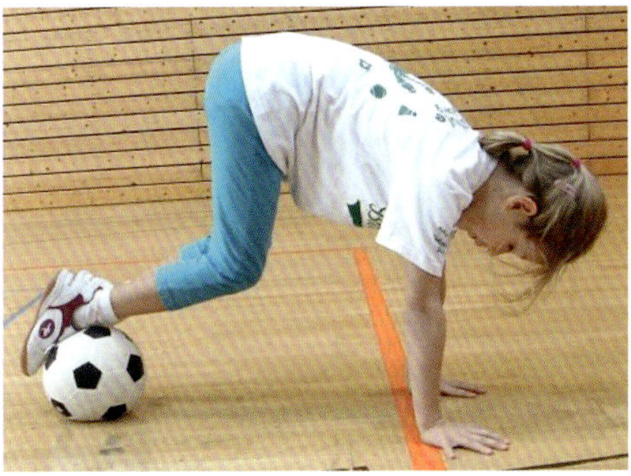

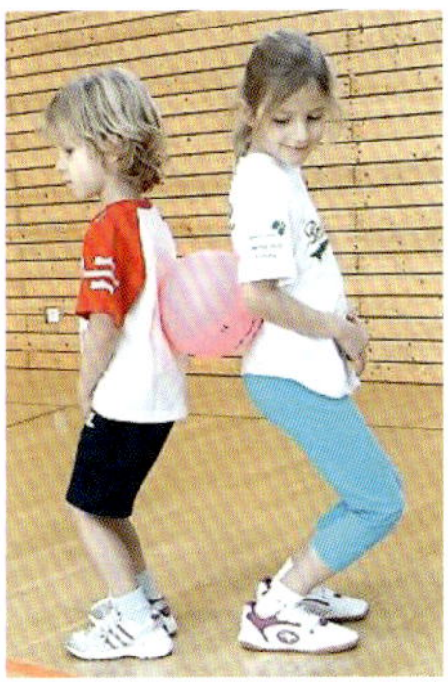

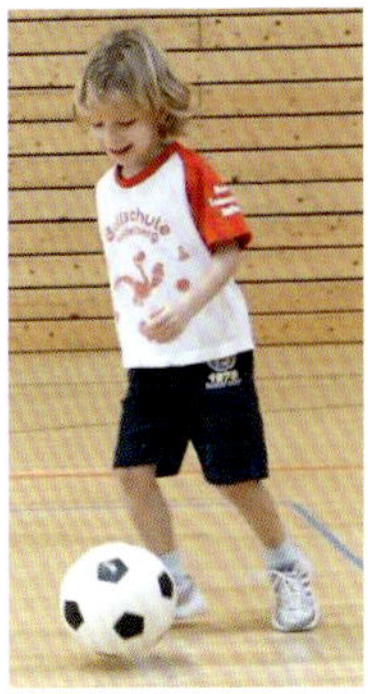

HÜTCHENWALD

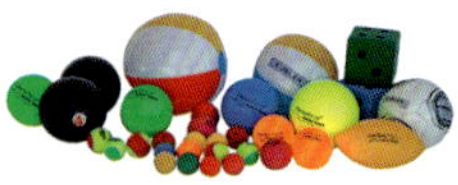
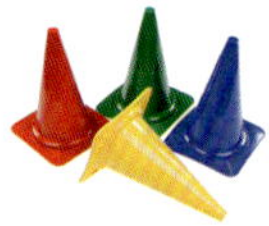
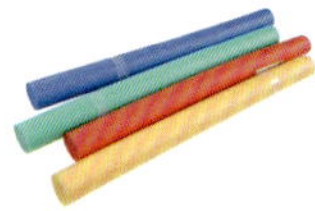
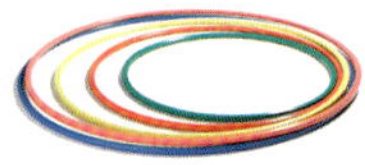

Prellen	Dribbeln	Komplexitätsdruck Zeit & Präzision	II

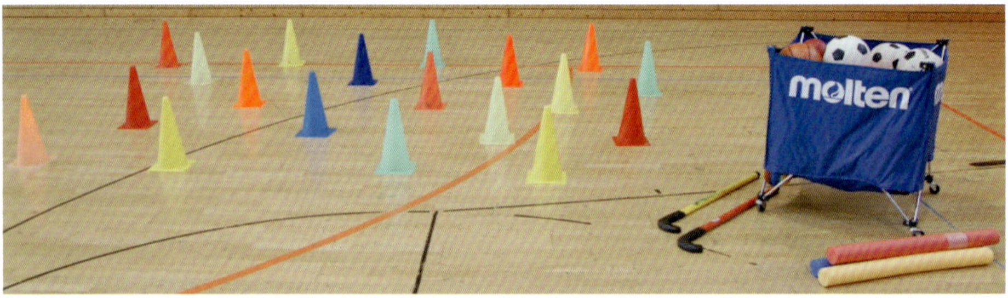

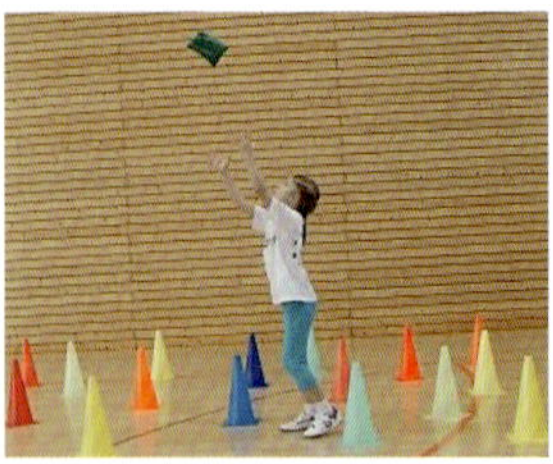
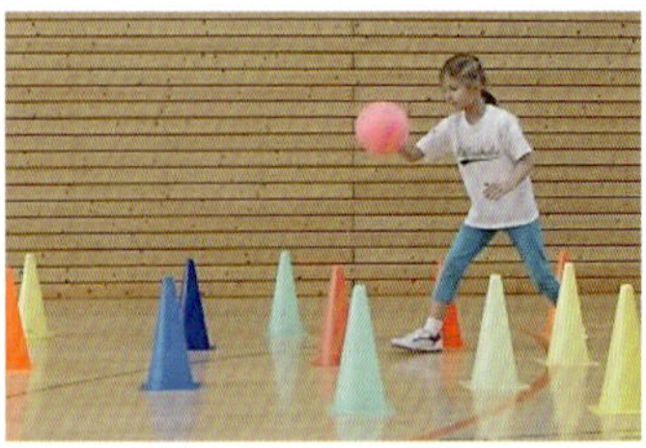
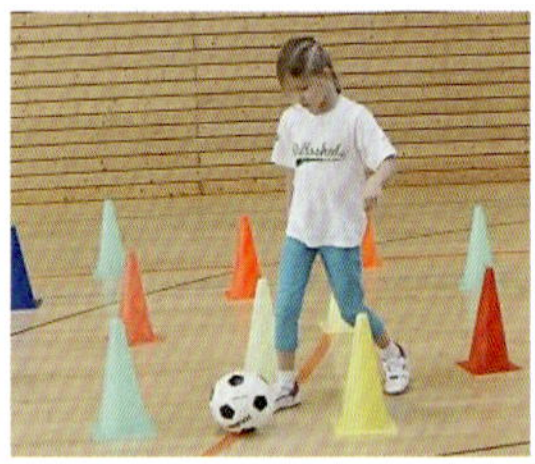
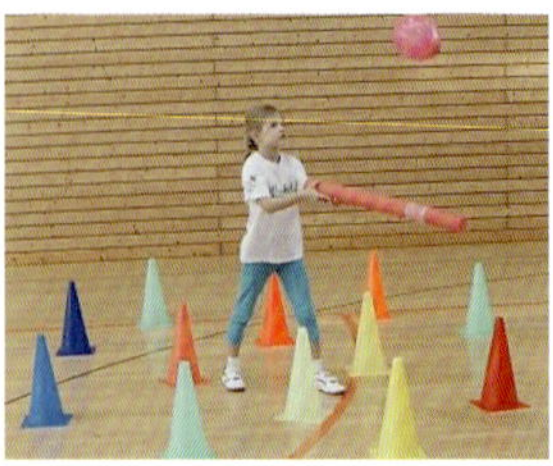
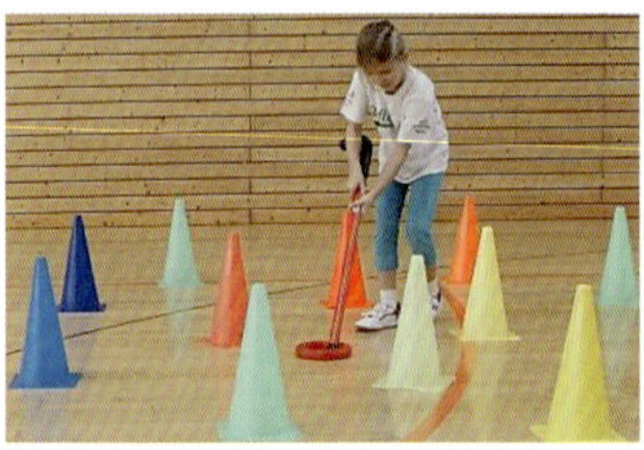
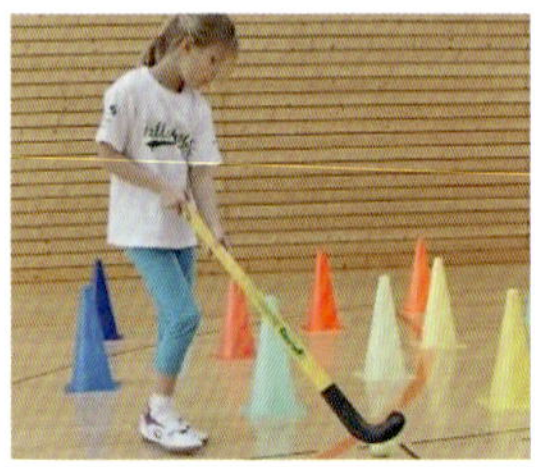

FREIES SPIEL – ERFAHRUNGSWERTE

- Kinder laufen um die Hütchen herum
- Kinder kicken auf die Hütchen
- Kinder bauen die Hütchen um oder setzen sie sich auf den Kopf
- Kinder werfen im Hütchenwald Bälle oder andere Gegenstände hoch
- Kinder prellen, dribbeln, schlagen (Aquasticks) oder schieben Bälle durch den Hütchenwald

IMPULSGELEITETES SPIEL

- Wer kennt einen guten Weg durch den Hütchenwald?
- Gibt es Bäume hier im Wald, die gefällt oder umgepflanzt werden müssen, damit man besser durchkommt?
- Wollen wir einen Weg bauen, auf dem man ungehindert laufen kann?

AUFGABENORIENTIERTES SPIEL

Mit den Hütchen oder anderen Kleinmaterialien (Kästen, Joghurtbecher usw.) werden unterschiedliche Slalomstrecken aufgebaut. Jedes Kind hat einen Ball. Die Kinder haben die Aufgabe, die Strecke mit einem Ball zu durchlaufen, ohne ein Hindernis zu berühren. Der Ball wird gerollt, geprellt, gedribbelt oder mit einem Schläger (Reifen) geführt.

Mögliche Bewegungsgeschichte
Die Hütchen sind Bäume im Wald, die nicht berührt werden dürfen. Wenn kleine Hindernisse eingebaut werden, können dies umgestürzte Bäume oder kleine Sträucher sein, die überwunden werden müssen.

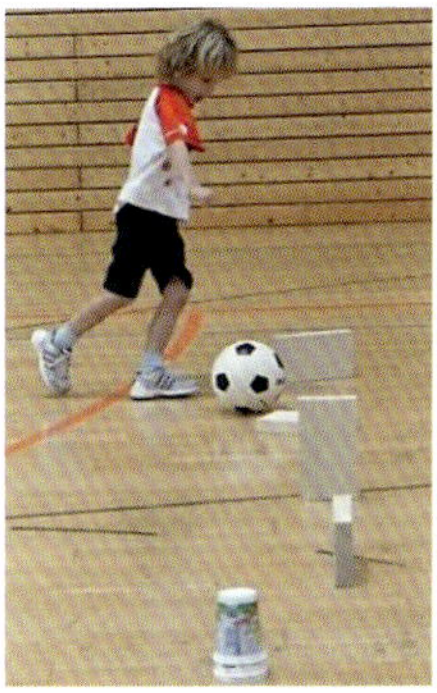

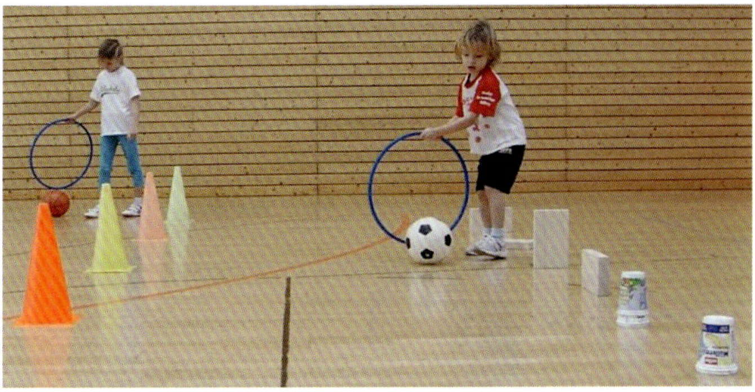

VARIATIONEN

- Auf dem Hinweg Slalom, Rückweg Tempoprellen, -dribbling **(III)**
- Mit einem Tennisschläger Ball balancieren **(II)**
- Ein oder zwei Bälle auf der Hand balancieren **(II)**
- Im Spinnengang einen Ball auf dem Bauch durch den Parcours balancieren **(III)**

HINWEISE

- Die Anordnung der Hindernisse dem Können der Kinder anpassen
- Unterschiedliche Bälle und verschiedene Prell- bzw. Dribbelarten (beidhändig, links, rechts) berücksichtigen

SANDSÄCKCHEN-RUNDLAUF

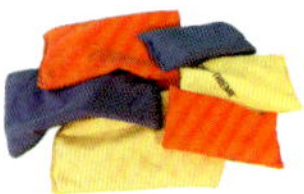
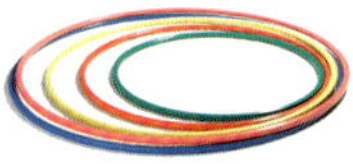
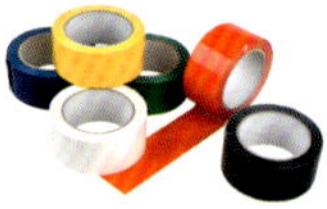
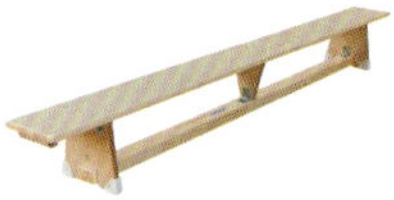
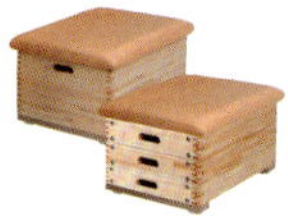

Präzisionsdruck	Komplexitätsdruck Präzision	Werfen	II

FREIES SPIEL – ERFAHRUNGSWERTE

- Kinder werfen Sandsäckchen hoch und versuchen, sie wieder zu fangen
- Kinder legen sich das Sandsäckchen auf den Kopf
- Kinder fragen ÜL, was in dem Säckchen ist
- Kinder werfen sich die Sandsäckchen auf unterschiedliche Arten zu

IMPULSGELEITETES SPIEL

- Auf welchen Körperteilen könnt ihr das Sandsäckchen transportieren?
- Bleibt irgendwo im Raum stehen und sucht euch einen Punkt, eine Linie, einen Gegenstand, wohin ihr das Säckchen werfen wollt. Schafft ihr es?

AUFGABENORIENTIERTES SPIEL (vgl. Gulden & Scheer, 2011)

Es wird mit Markierungsbändern ein Kästchenfeld auf den Boden geklebt. Die Größe und Form können selbst bestimmt werden und jedes Mal variieren. Die Kinder bekommen ein Sandsäckchen und werfen es in ein zuvor vereinbartes Feld. Danach springen sie über das Sandsäckchen, nehmen es auf und laufen zu einem Reifen. Von ihm aus werfen sie das Sandsäckchen in einen kleinen Kasten. Danach holen sie es aus dem Kasten und laufen über eine Bank, bevor sie sich wieder in die Reihe stellen.

Mögliche Bewegungsgeschichte

Die Kinder sind im Wildgehege, wo viele verschiedene Waldtiere leben (das Kästchenfeld ist ein Hirsch, der kleine Kasten ein Wildschwein, der Reifen ein Reh). Sie haben immer sehr viel Hunger und wollen von Kindern gefüttert werden. Die Tiere mögen am liebsten Maiskörner (Sandsäckchen), die sich die Kinder vorher beim Förster (ÜL) holen können.

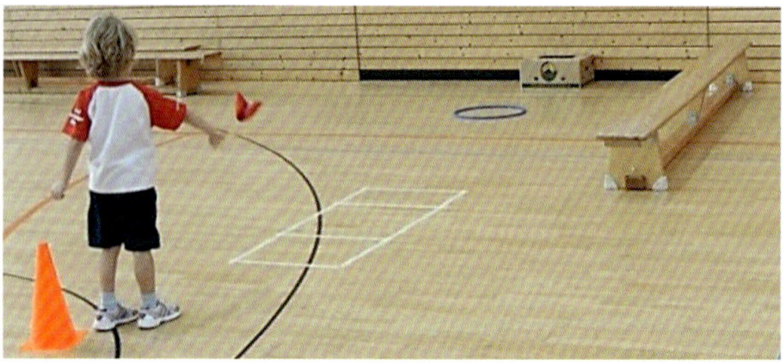
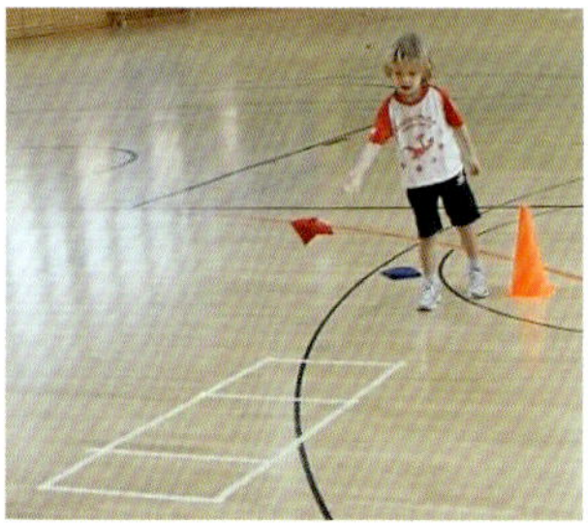

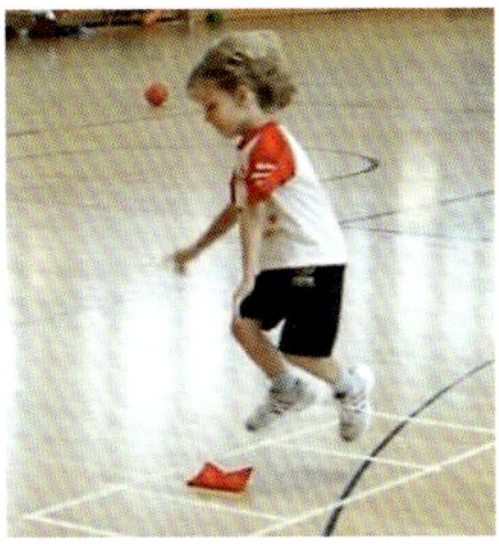

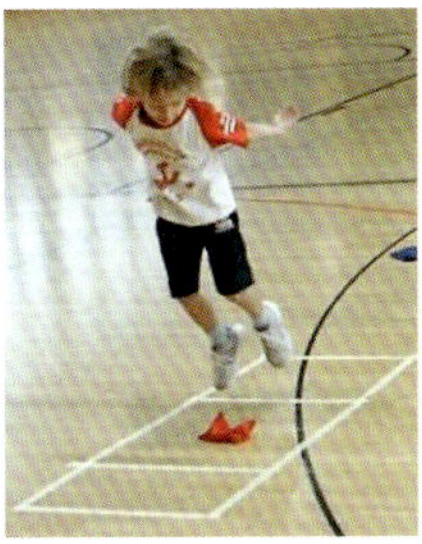

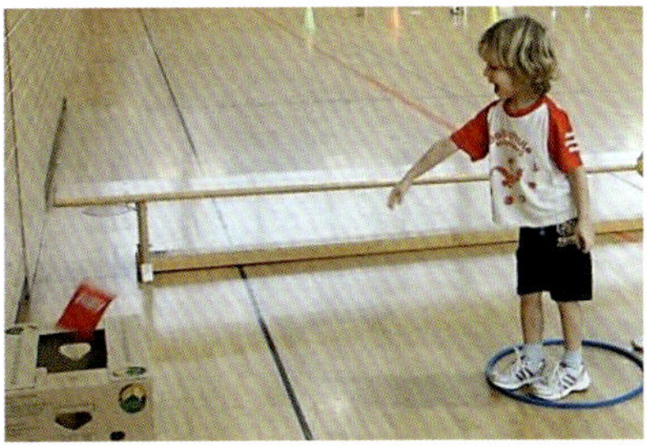

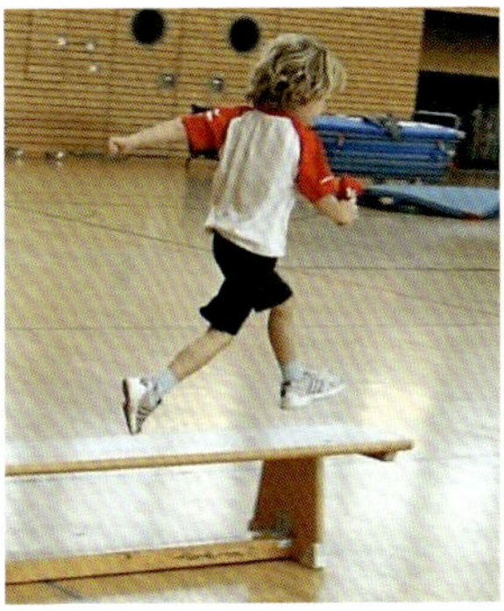

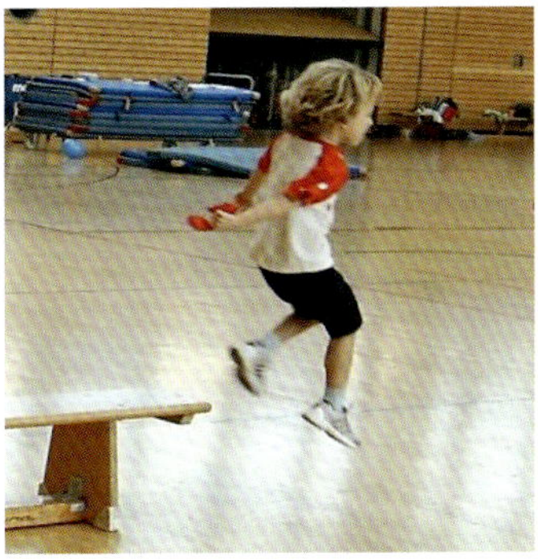

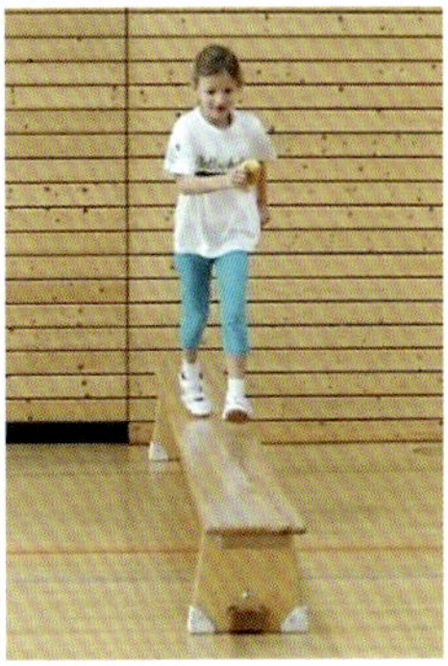

VARIATIONEN

- Die Wurfarten variieren, z. B. beidhändig, überkopf, mit der „verkehrten" Hand **(II)**

HINWEISE

- Kinder, die schon sicher balancieren, können das Sandsäckchen auf der Bank zwei- bis dreimal hochwerfen und wieder fangen

REIFENHOCKEY

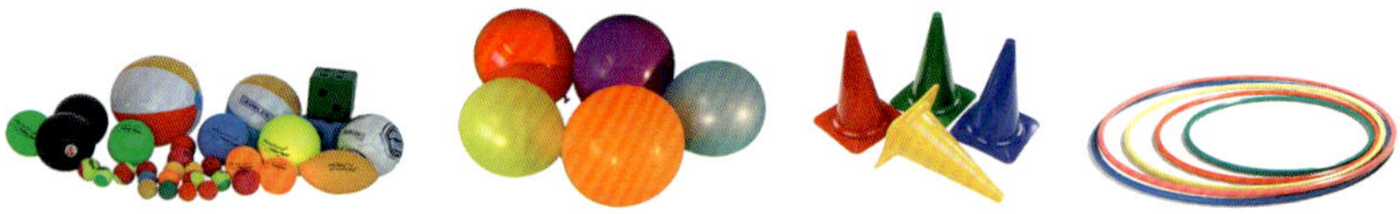

Organisationsdruck Präzision	Komplexitätsdruck Präzision	Schlagen	II

FREIES SPIEL – ERFAHRUNGSWERTE

- Kinder spielen entweder nur mit Reifen oder nur mit Bällen
- Kinder legen den Reifen auf den Boden und hüpfen hinein
- Kinder sammeln Bälle in den liegenden Reifen
- Kinder kicken oder werfen sich einen Ball zu
- Kinder legen Bälle in Reifen
- Kinder werfen oder kicken in die Reifen

IMPULSGELEITETES SPIEL

- Heute sind wir im Reifen-Land. Dort spielen die Kinder mit den Reifen Hockey. Schafft ihr es, den Ball mit dem Reifen zu rollen?

AUFGABENORIENTIERTES SPIEL

Jedes Kind hat einen Gymnastikreifen und einen Ball. Der Ball wird mit Hilfe des Reifens in Bewegung gesetzt und durch einen Parcours gespielt.

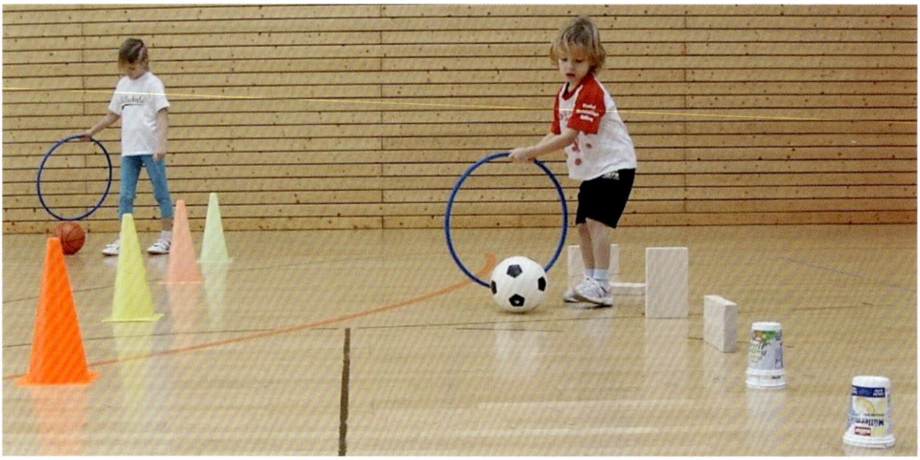

Mögliche Bewegungsgeschichte

Durch den ganzen Umzug gibt es viel Müll (Bälle, Luftballons), der beseitigt werden muss. Die Kinder sind Müllmänner und transportieren den Müll zur Müllhalde (mit einem Reifen oder einem Hockeyschläger). Die Straßen (Hütchen oder Seile) sind nicht ganz gleichmäßig. Es gibt Kurven und Hindernisse, die die Müllmänner umfahren müssen, ohne dabei ihren Müll zu verlieren (ans Ende der Straße einen Reifen legen, in den die Kinder ihren Müll ablegen können).

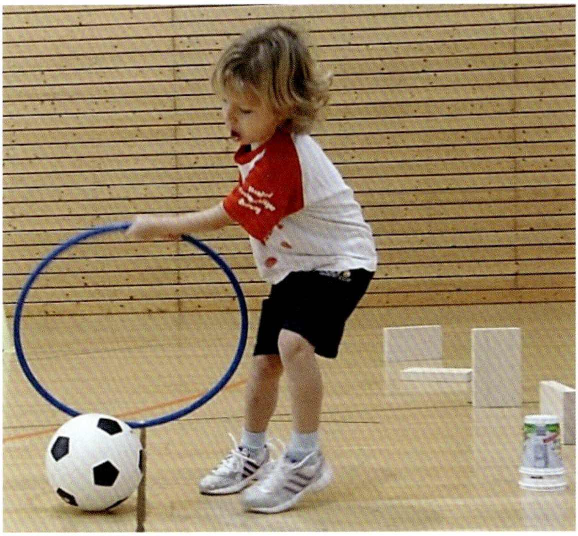

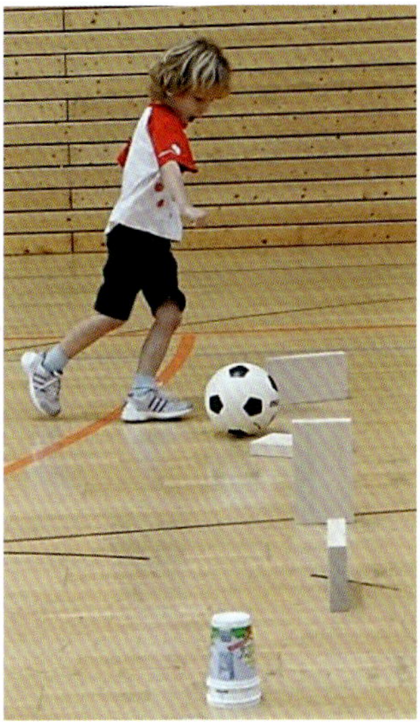

VARIATIONEN

- Zwei Kinder tauschen die Bälle aus, wobei nur die Reifen die Bälle berühren dürfen **(II)**
- Vorwärts gehen, d. h. ohne Blickkontrolle zum Ball **(III)**
- Mit zwei Bällen **(III)**
- Statt eines Gymnastikreifens wird eine Fliegenklatsche, ein Badminton- oder ein Tischtennisschläger verwendet, um einen (Tisch-)Tennisball vorwärts zu treiben **(II)**

HINWEISE

- Der Parcours kann zunächst auch ohne Ball durchquert werden.
- Der Parcours kann aus unterschiedlich versetzten Hütchen oder Gymnastikreifen bestehen, um das „Kurvenfahren" zu fördern

FANG DAS TUCH

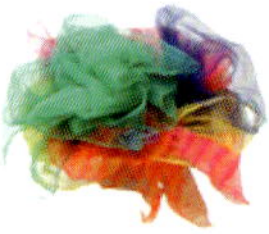

Laufweg zum Ball bestimmen	Fangen	Komplexitätsdruck Zeit	II

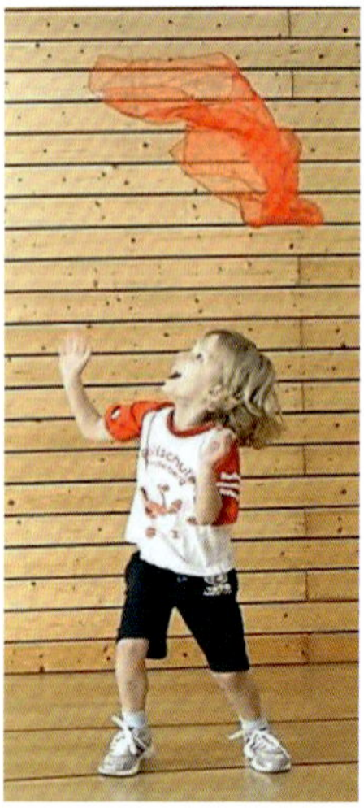

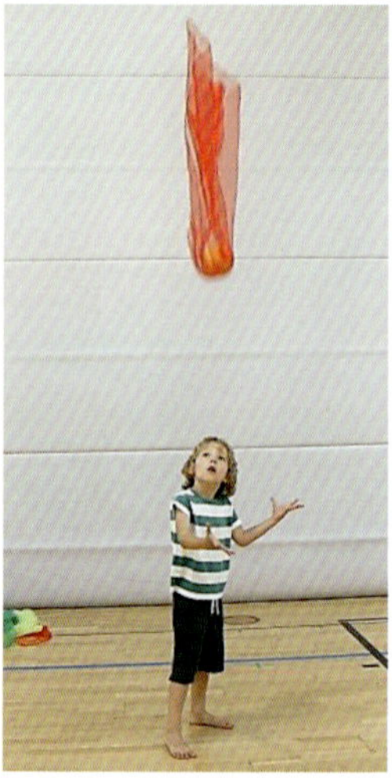

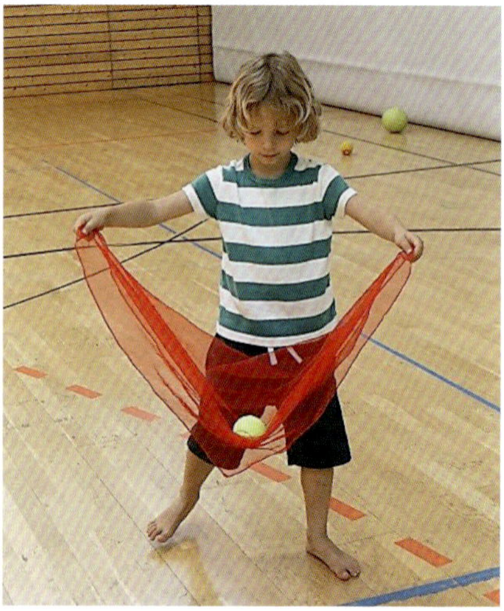

FREIES SPIEL – ERFAHRUNGSWERTE

- Kinder werfen und fangen die Tücher
- Kinder werfen sich die Tücher zu
- Kinder versuchen, die Tücher gegenseitig zu „klauen“

IMPULSGELEITETES SPIEL

- Wer kann die Tücher, auf dem Kopf, den ausgestreckten Armen usw. balancieren?
- Könnt ihr das Tuch mit dem Fuß hochkicken und fangen?

AUFGABENORIENTIERTES SPIEL

Jedes Kind nimmt ein Tuch und sucht einen Partner. Zwei Kinder stellen sich mit geringem Abstand voneinander auf und schauen sich an. Sie werfen ihr Tuch gleichzeitig so hoch sie können in die Luft. Dann laufen sie schnell auf den Platz des anderen Kindes und fangen dort dessen Tuch auf, bevor es den Boden berührt.

Mögliche Bewegungsgeschichte

Die Tücher sind kleine Feen, die gerade erst das Fliegen lernen. Deshalb muss man aufpassen, dass man sie wieder auffängt, bevor sie auf dem Boden landen. Die Feen haben großen Spaß am Fliegen, die Kinder sollen die Tücher möglichst hoch werfen.

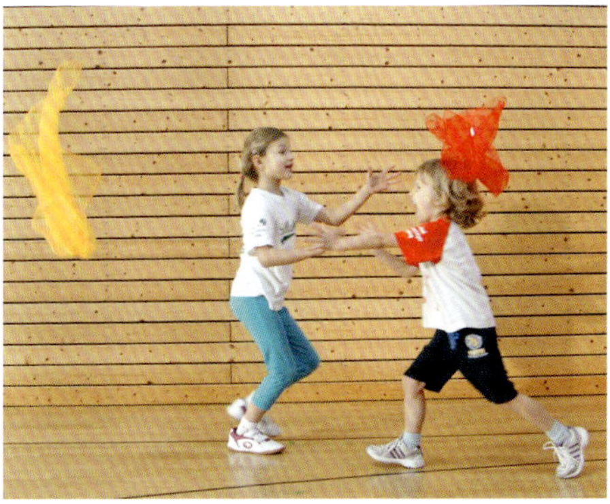

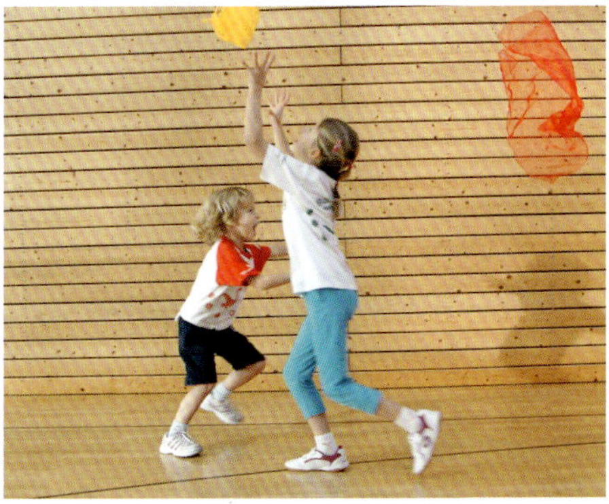

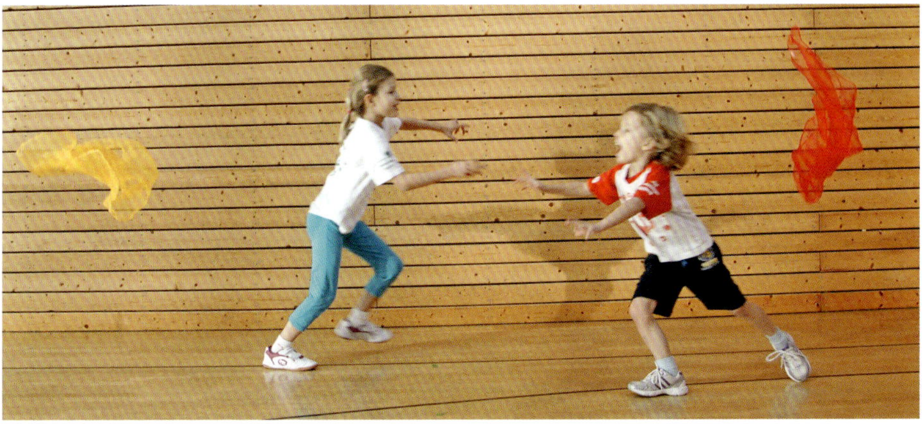

VARIATIONEN

- Die Kinder erweitern selbstständig den Abstand **(II)**
- Die Paare suchen verschiedene Alltagsmaterialien aus, die sie zwischen sich in die Mitte legen. Die Kinder sollen diese Hindernisse überspringen oder umlaufen, bevor sie das Tuch auffangen.
  Achtung: die Kinder müssen gut aufpassen, damit es zu keinen Zusammenstößen kommt **(III)**
- Beim Platzwechsel den Partner abklatschen oder die Hand schütteln und „Guten Tag" sagen, das Lieblingsessen nennen usw. **(III)**

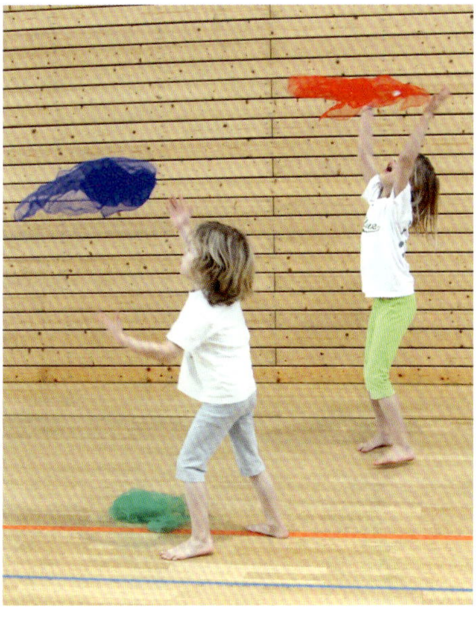

UMFALLER

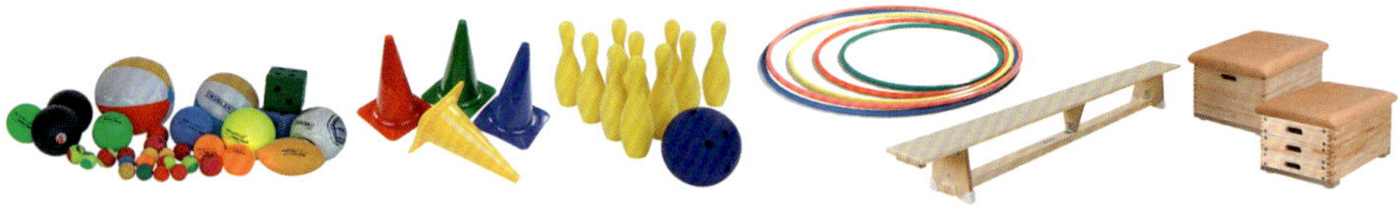

Kicken	Schlagen	Werfen	II

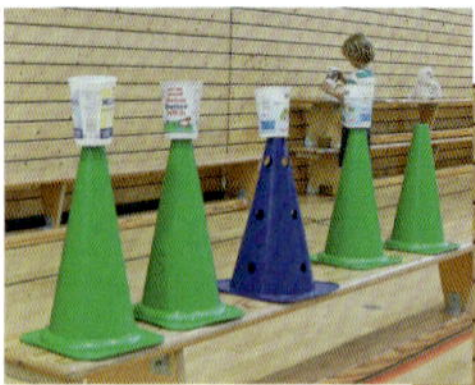

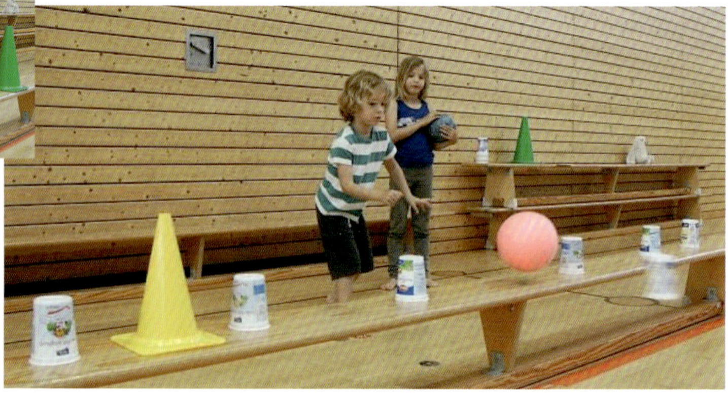

FREIES SPIEL – ERFAHRUNGSWERTE

Der ÜL baut vor der Stunde Stationen auf: eine Turnbank, auf der verschiedene Gegenstände stehen, einen Reifen, in dem sich mehrere Kegel befinden, einen kleinen Kasten mit Joghurtbechern darauf, einen weiteren Reifen mit Hütchen usw. Als Hinweis wird nur gesagt, dass man alles wieder aufstellen muss, was umgefallen ist.

- Kinder werfen auf die Gegenstände
- Kinder kicken auf die Gegenstände

IMPULSGELEITETES SPIEL

- Abwerfen/Kicken: Aus welcher Entfernung klappt es noch und wann steht ihr zu weit weg?
- Abwerfen/Kicken: Habt ihr es schon mal beidhändig/einhändig/mit rechts oder mit links (Hand und Fuß) versucht?

AUFGABENORIENTIERTES SPIEL

Jedes Kind hat einen Ball. Die Kinder kicken, schlagen, werfen oder rollen den Ball aus frei wählbaren Entfernungen auf selbst festgelegte Ziele. Wenn alles umgefallen ist, bauen die Kinder die Ziele wieder auf.

Mögliche Bewegungsgeschichte
Die Pharaonen möchten gerne kicken. Dazu werden an einer Hallenseite Pyramiden (Hütchen) aufgebaut, die getroffen werden sollen.

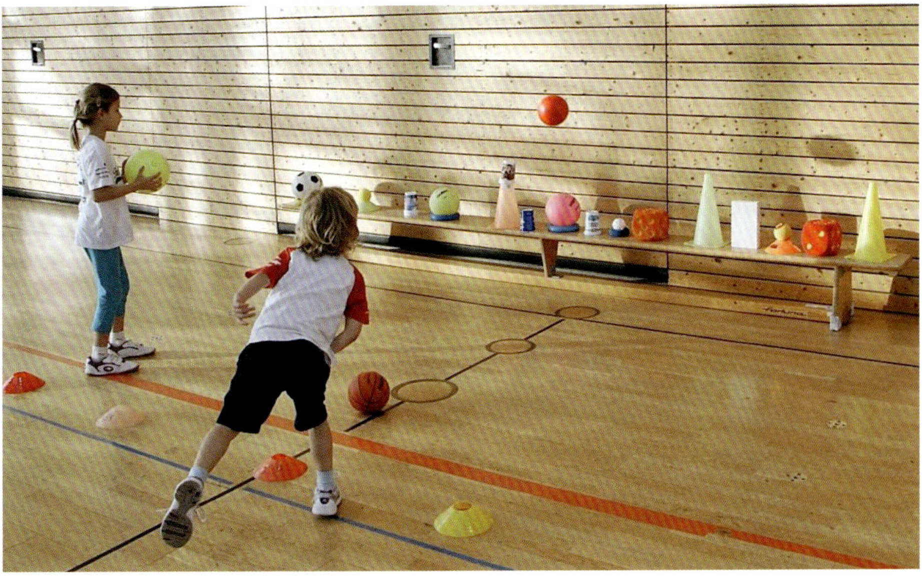

VARIATIONEN

- Aus der Sitzposition, dem Kniestand usw. **(II/III)**
- Abstand variieren **(I/II/III)**
- Kick-, Schlag-, Wurf- und Rollarten vielfältig variieren **(III)**

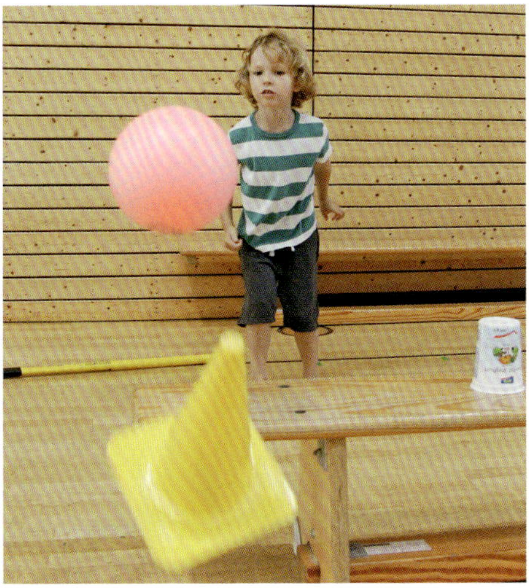

HINWEISE

- Ziele können sein: Kegel, Dosen, Hütchen, Schachteln, Klötze oder mit Wasser gefüllte Plastikflaschen (nur halb füllen, damit sie noch umgeworfen werden können)
- Bei vielen Kindern können auch zwei Gruppen auf getrennten Feldern spielen
- Die Ziele können sich vor einer Wand befinden, damit das Aufsammeln der Bälle erleichtert wird oder es werden zwei Bänke auf die Seite gekippt und mit der Sitzfläche innen liegend wie ein V gelegt. Mehrere Gegenstände können in diesem spitzen Winkel aufgestellt werden

FARBENBALL

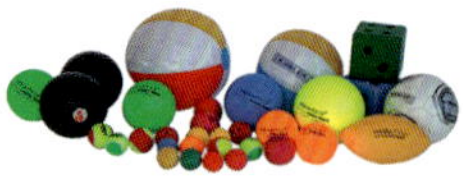
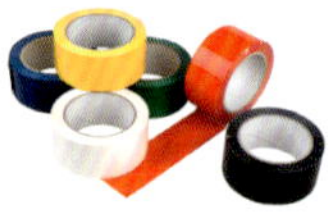

Dribbeln	Komplexitätsdruck Zeit & Präzision		II

FREIES SPIEL – ERFAHRUNGSWERTE

Der ÜL bringt vor Stundenbeginn viele kleine Markierungen auf dem Boden an

- Kinder umprellen oder umdribbeln die Markierungen
- Kinder stellen sich auf die Markierungen und werfen oder kicken sich den Ball zu

IMPULSGELEITETES SPIEL

- Wer kann so fest auf die Markierungen prellen, dass der Ball hochfliegt und gefangen werden kann?
- Tauscht eure Bälle solange bis jedes Kind alle Farben gehabt hat

AUFGABENORIENTIERTES SPIEL

Die Kinder werden in gleich große Gruppen eingeteilt. Jedes Kind einer Gruppe bekommt einen Ball der gleichen Farbe. Zu Beginn laufen alle im Raum umher und dribbeln ihre Bälle. Dann wird eine Farbe gerufen. Die Kinder der Gruppe, deren Farbe gerufen wurde, bleiben sofort stehen und bilden in Grätschstellung eine Brücke. Die Kinder der anderen Gruppen kriechen durch die Brücke hindurch. Dann beginnt der nächste Durchgang.

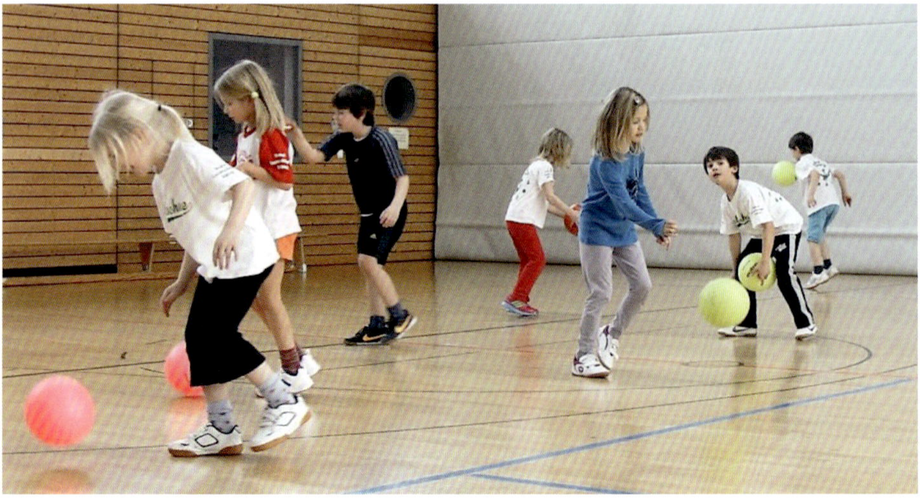

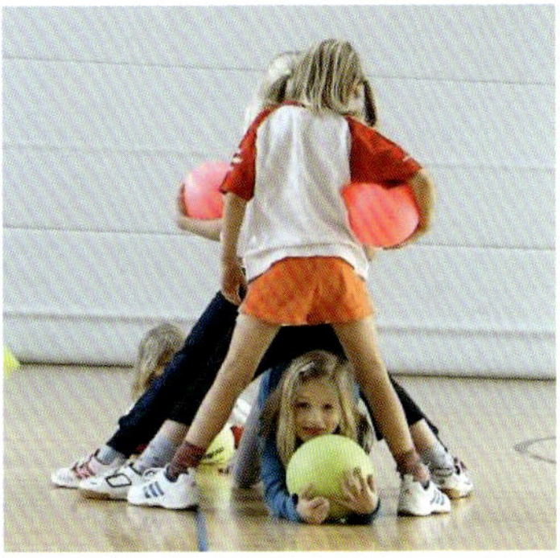

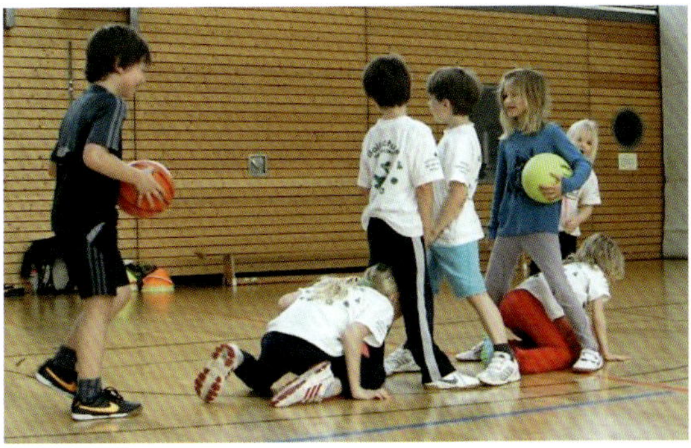

Mögliche Bewegungsgeschichte
Heute sind unsere Bälle kleine, vorwitzige Flöhe, die die ganze Zeit über hüpfen wollen. Die Bodenmarkierungen sind winzige Trampoline für die Flöhe. Lauft herum und lasst eure Flöhe hüpfen und lasst sie die Trampoline ausprobieren.

Oder: Die Kinder sind in der Malerwerkstatt und haben dort die Bälle in unterschiedlichen Farben bemalt. Jetzt spielen sie mit den Bällen und dribbeln im Raum umher. Da kommt der Malermeister (ÜL) und möchte gerne wissen, ob die Kinder schon die Farben kennen, deshalb ruft er den Kindern verschiedene Farben zu. Die Kinder mit der entsprechenden Ballfarbe müssen dann möglichst schnell stehenbleiben und befreit werden. Der Malermeister kann auch eine (Ball-)Farbe rufen, die gar nicht vorkommt.

VARIATIONEN

- Die Bodenmarkierungen werden umdribbelt **(II/III)**
- Der Ball wird auf den Bodenmarkierungen gestoppt, wenn alle stehen auf Zeichen des ÜL weiter dribbeln **(II)**
- Der Ball wird mit der Hand geprellt **(II)**
- Der Ball wird im Laufen hochgeworfen und wieder gefangen **(III)**

HINWEISE

- Als Einstimmung die Kinder die Bälle nach Farben sortieren lassen
- Zu Beginn die Farben in gleicher Reihenfolge nennen. Später kann die Übung dadurch erschwert werden, dass die Reihenfolge der Farben unregelmäßig genannt wird

BLICKBALL

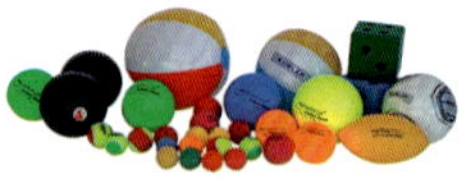

Werfen	Fangen		II

FREIES SPIEL – ERFAHRUNGSWERTE

- Kinder spielen alleine mit einem Ball.
- Kinder kicken oder werfen sich einen Ball zu.
- Kinder kicken/werfen an eine Wand und stoppen/fangen den Ball.
- Kinder suchen sich Ziele/Tore und kicken/werfen auf sie.

IMPULSGELEITETES SPIEL

- Probiert viele Ideen aus, wie ihr den Ball zu den anderen Kindern werfen könnt.
- Probiert viele Ideen aus, wie ihr den Ball fangen könnt.

AUFGABENORIENTIERTES SPIEL

Die Kinder stehen in einem Kreis und haben einen Ball. Er wird immer zu dem Kind geworfen, das auch angeschaut wird.

Mögliche Bewegungsgeschichte
Die Kinder sind im Schweigeland, in dem man sich nur mit Blicken und Gesten verständigen kann.

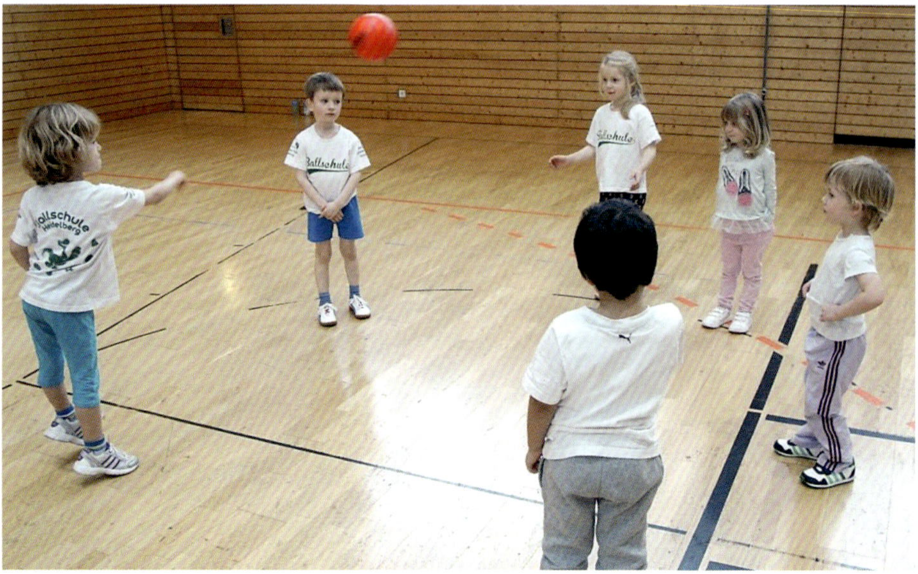

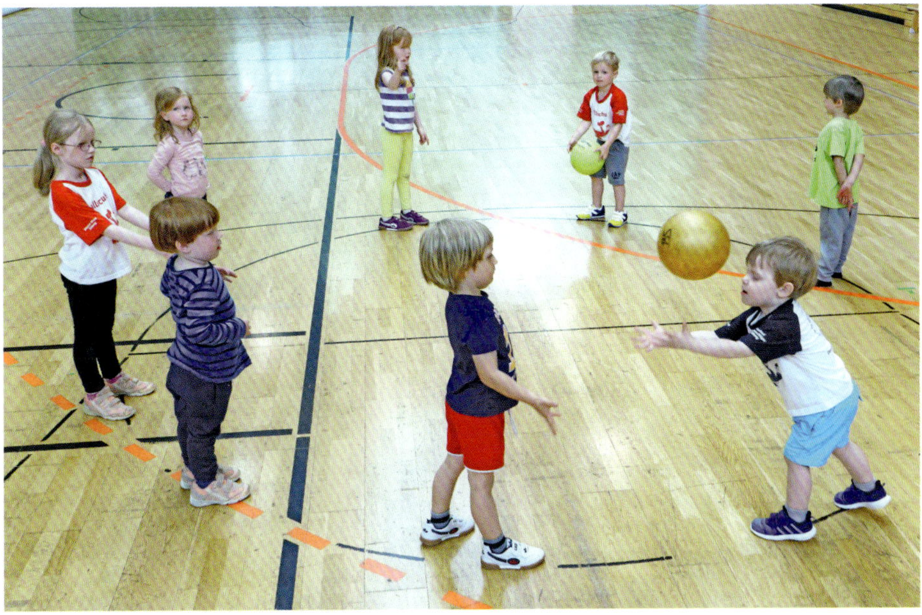

VARIATIONEN

- Kreisformation verändern: Viereck, Dreieck, Ellipse usw. **(II)**
- Wurfarten variieren, z. B. beidhändig, überkopf, mit der „verkehrten" Hand **(II/III)**
- Mit der Hand rollen, mit dem Fuß kicken oder mit dem Schläger spielen **(II)**
- Nach Abspiel auf die zugespielte Stelle wechseln **(II)**

HINWEISE

- Am Anfang keine Doppelpässe zulassen
- Den Abstand der Kinder im Kreis nicht zu eng wählen
- Zunächst kann der Namen mit gerufen werden

ZAUBERTUCHBALL

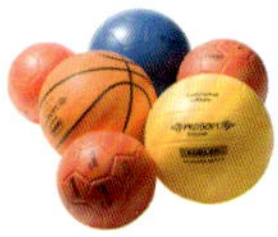
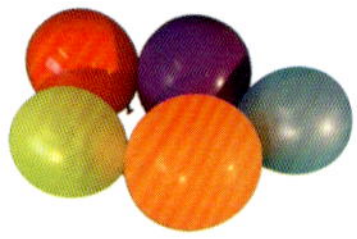
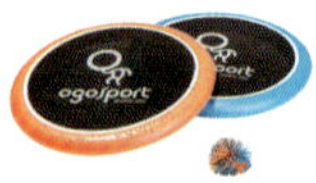
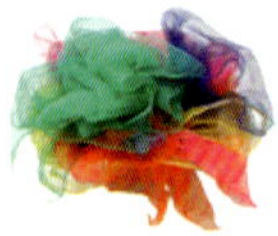
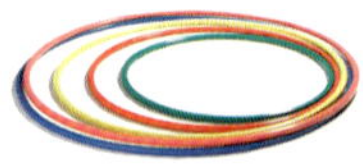

Spielpunkt des Balles bestimmen	Fangen		II

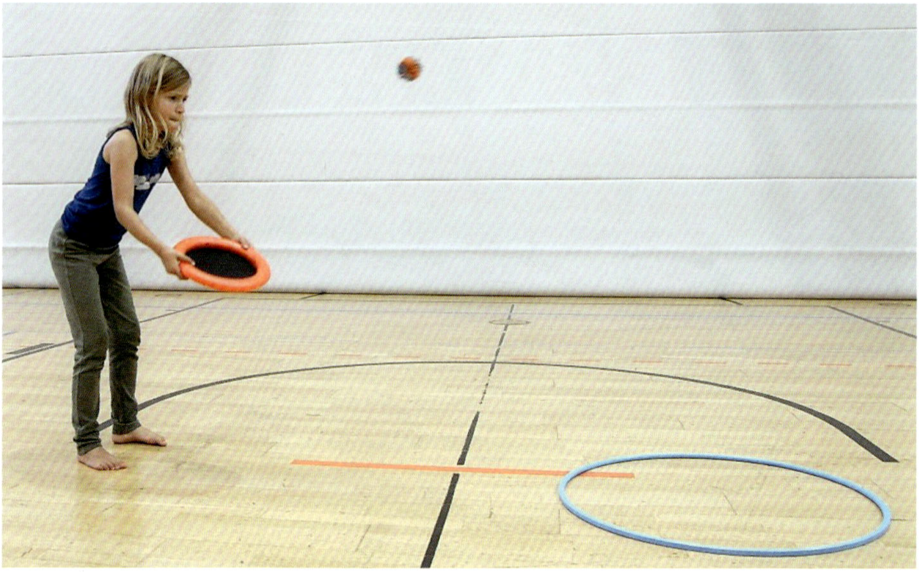

FREIES SPIEL – ERFAHRUNGSWERTE

Für das freie Spiel werden Ogo-Schläger und Bälle bereitgestellt

- Kinder lassen den Ball auf dem Schlägertuch hüpfen
- Kinder versuchen, den Ball mit dem Schlägertuch möglichst weit weg bzw. möglichst hoch zu schlagen
- Kinder versuchen, mit dem Ball Ziele (Reifen) oder Linien zu treffen

IMPULSGELEITETES SPIEL

- Stellt euch vor, der Schläger ist ein Trampolin. Er sieht ja auch schon ein bisschen so aus. Die Bälle sind junge Grashüpfer, die immer wieder springen wollen. Passt auf, dass sie nicht allzu oft runterfallen

AUFGABENORIENTIERTES SPIEL

Es stehen sich jeweils zwei Kinder gegenüber und halten, an den jeweiligen Enden, mit beiden Händen ein Handtuch oder Tuch. Das gespannte Tuch kann man als Ballpritsche benutzen und sich so den Ball zuspielen bzw. auffangen.

Mögliche Bewegungsgeschichte
Die Kinder stellen sich in eine Reihe und geben die Waren (Bälle) von einem Tuch zum nächsten weiter. Am Ende der Reihe steht ein Güterwaggon (Kasten oder Reifen), in den die Waren abgelegt werden.

Oder: Die Eier (Bälle) werden im Raum verteilt und müssen schnell wieder mit dem Tuch in das Nest (kleiner Kasten) zurück gebracht werden.

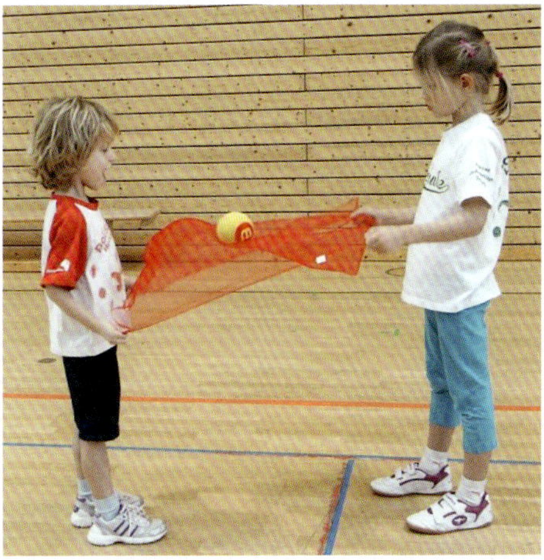

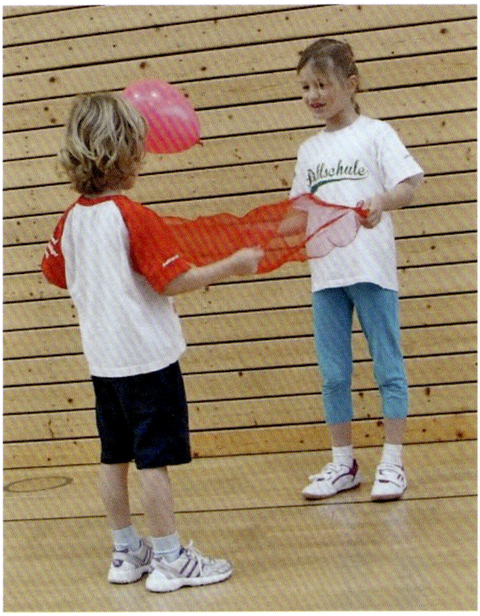

VARIATIONEN

- Der Ball muss durch die Halle transportiert werden, dabei können Hindernisse (z. B. Bank, Kleiner Kasten) vorwärts oder auch rückwärts überwunden werden **(III)**
- Kreisaufstellung: die Kinder geben einen Ball oder mehrere Bälle im Kreis weiter **(II/III)**
- Aufstellung in anderen geometrischen Formen **(II/III)**

EINFANGEN

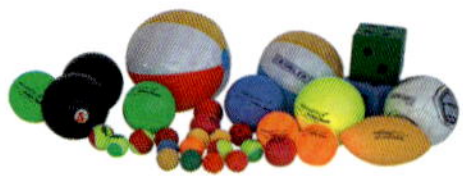
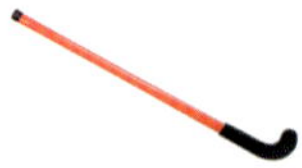
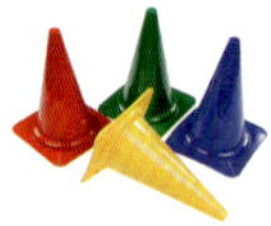

Kicken | Schlagen | Stoppen | II

FREIES SPIEL – ERFAHRUNGSWERTE

- Kinder spielen alleine mit einem Ball
- Kinder kicken oder werfen sich einen Ball zu
- Kinder kicken/werfen auf die Markierung
- Kinder suchen sich Ziele/Tore und kicken/werfen auf sie

IMPULSGELEITETES SPIEL

- Den Kindern viel Probe- und Experimentierzeit geben
- Ideen vorführen lassen

AUFGABENORIENTIERTES SPIEL

Einen Ball von einer Markierung (Linie, Hütchen, Kegel usw.) wegrollen (Hand), wegstoßen (Fuß) oder wegschlagen (Schläger). Nachlaufen – mit oder ohne Zusatzaufgabe – und den Ball stoppen bzw. vor einer weiteren Markierung einfangen. Als Partnerübung: Die Kinder gehen zu zweit zusammen. Ein Kind steht hinter dem anderen, das hintere schießt den Ball durch die Beine oder wirft ihn über den Kopf des vorderen Kindes, das versucht, den Ball so schnell wie möglich zu fangen.

Mögliche Bewegungsgeschichte

Die Bälle sind die Autos und unsere Füße der Motor. Alle Kinder stehen mit ihrem Auto in einer Reihe. Auf ein Signal werden die Autos nach vorne geschossen. „Welches Auto ist am schnellsten?“ Die Autos können rückwärts oder mit rechts/links gekickt werden und anschließend mit verschiedenen Körperteilen „gebremst“ werden.

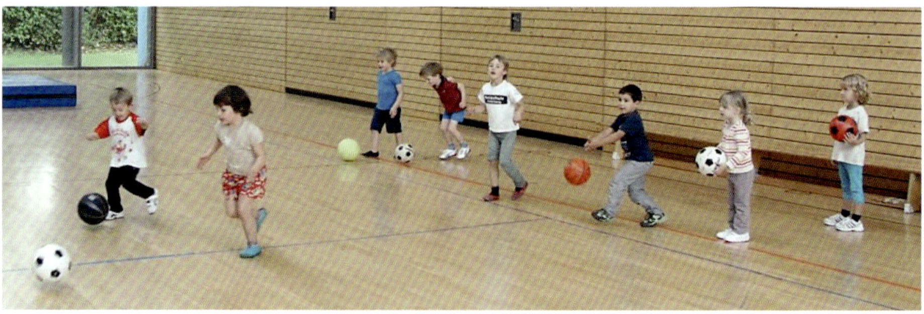

VARIATIONEN

- Im Sitzen den Ball mit den Füßen vorwärts stoßen (auf Kommando) **(II)**
- Mit unterschiedlichen Körperteilen den Ball stoppen (Ellenbogen, Kopf, Po, Sohle, Knie) **(III)**
- Wir laufen mit dem Ball um die Wette. Wer ist schneller? **(II/III)**
- Aus unterschiedlichen Körperlagen starten, z. B. mit dem Rücken zur Wurfrichtung oder den Ball durch die gegrätschten Beine rollen **(III)**
- Zwei Bälle **(III)**
- In unterschiedlichen Gangarten dem Ball nachlaufen, z. B. hüpfend, rückwärts usw. **(III)**
- Nach dem Stoppen den Ball dribbelnd oder prellend zur Linie zurückspielen **(III)**
- Zusatzaufgaben: Vor dem Aufnehmen des Balles: über den Ball springen, Hände über den Kopf klatschen, Hände auf den Boden klatschen **(III)**

HINWEISE

- Auf den Abstand der Kinder zueinander achten (genügend Raum)

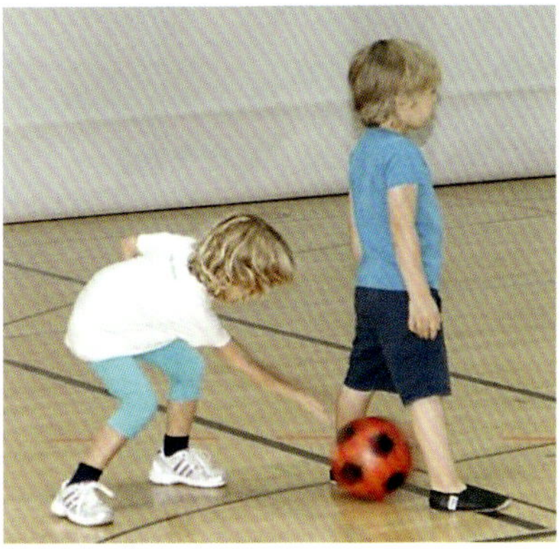

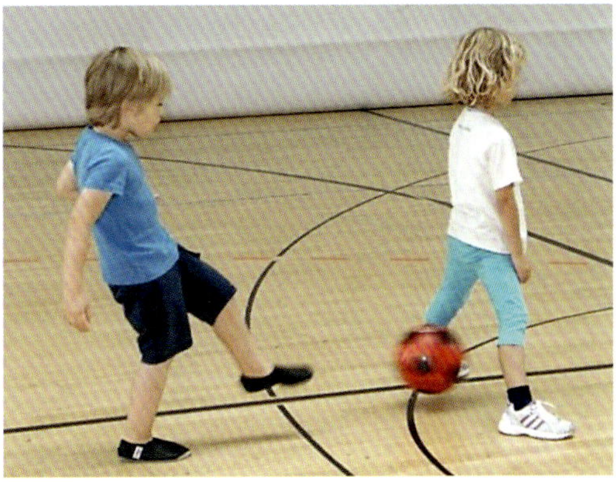

JEDER VERTEIDIGT SEINEN BALL

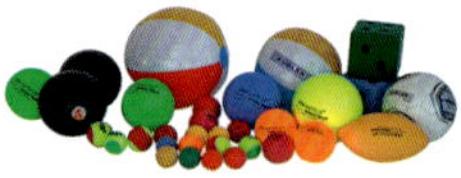 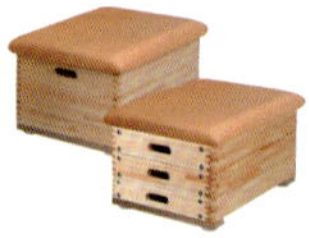

Dribbeln II

FREIES SPIEL – ERFAHRUNGSWERTE

- Kinder spielen alleine mit einem Ball
- Kinder kicken oder werfen sich einen Ball zu
- Kinder kicken/werfen an eine Wand und stoppen/fangen den Ball
- Kinder suchen sich Ziele/Tore und kicken/werfen auf sie

IMPULSGELEITETES SPIEL

- Ein Kind rollt oder schießt seinen Ball weg. Wer kann den Ball treffen (Werfen, Schießen)?
- Wer möchte einen Kasten bewachen? Die anderen Kinder versuchen, ihren Ball in einen der Kästen hinein zu bringen

AUFGABENORIENTIERTES SPIEL

Jedes Kind hat einen Ball, den es zu verteidigen gilt. Die Kinder dribbeln mit dem Ball durch den Raum. In der Spielzone ist ein Räuber (ÜL), der versucht, einem der Kinder den Ball abzunehmen. Gelingt es ihm, wird dieser Ball aus dem Spiel genommen. Das Kind ohne Ball hilft nun dem ÜL, einem anderen Kind den Ball abzunehmen usw. Wer bleibt als letzter übrig?

Mögliche Bewegungsgeschichte

Der ÜL ist ein Räuber, der am liebsten Bälle klaut. Hat er es geschafft, einem Kind den Ball zu klauen, kommt dieser in die Räuberkiste (z. B. einen Kleinen Kasten) und das Kind wird auch zum Räuber.

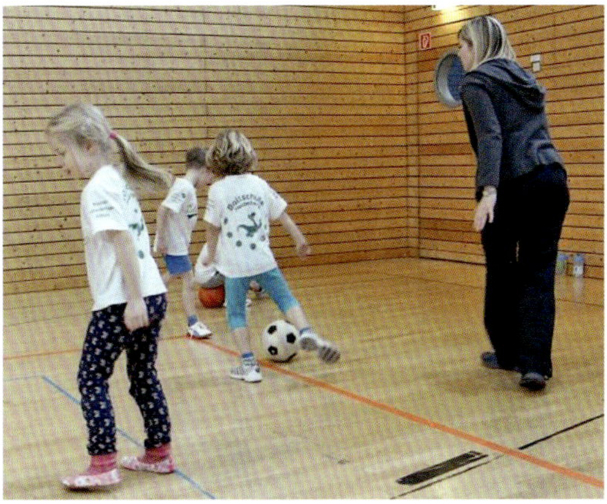
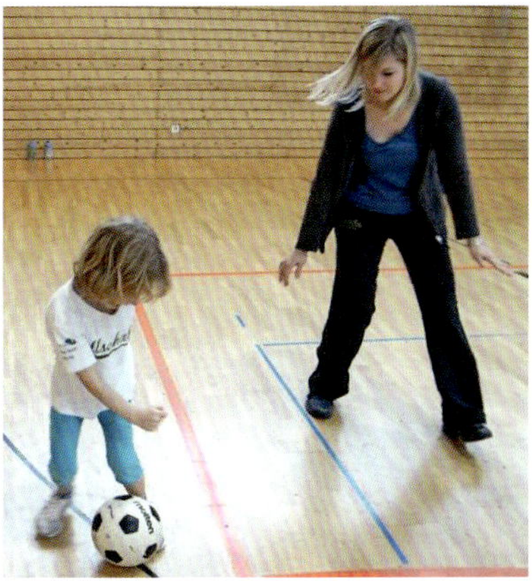
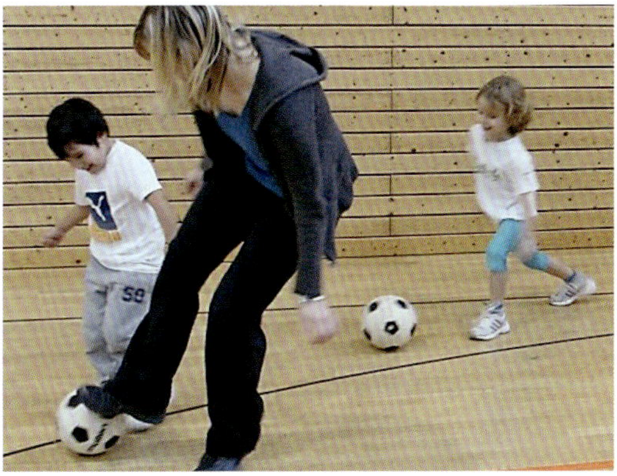
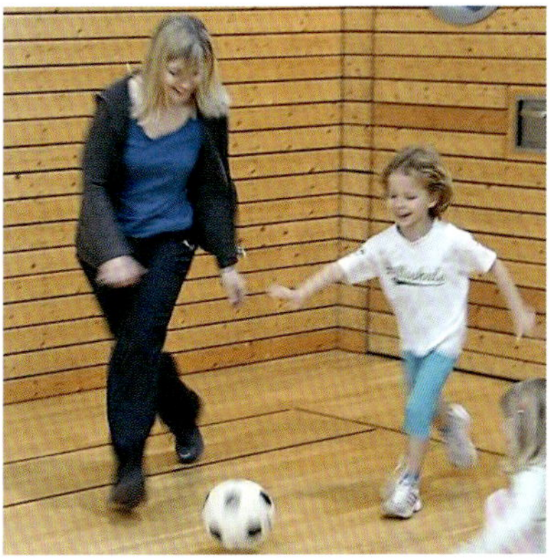

VARIATIONEN

- Der Ball kann auch mit der Hand geprellt **(III)** oder mit einem Hockeyschläger geführt werden **(III)**

HINWEISE

- Beim Dribbeln Zusammenstöße vermeiden
- Ball eng am Fuß führen
- Wenn die Kinder mit diesem Spiel vertraut sind, kann anstatt des ÜL auch ein Kind anfangen

BALLONTREIBEN

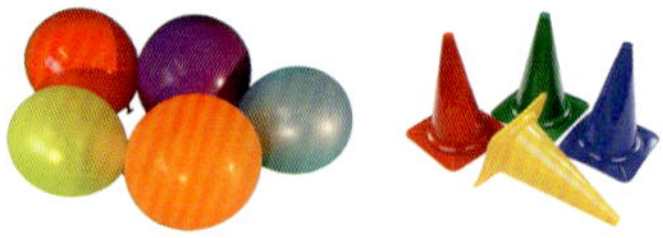

Schlagen	Komplexitätsdruck Zeit & Präzision	Ballbesitz kooperativ sichern	II

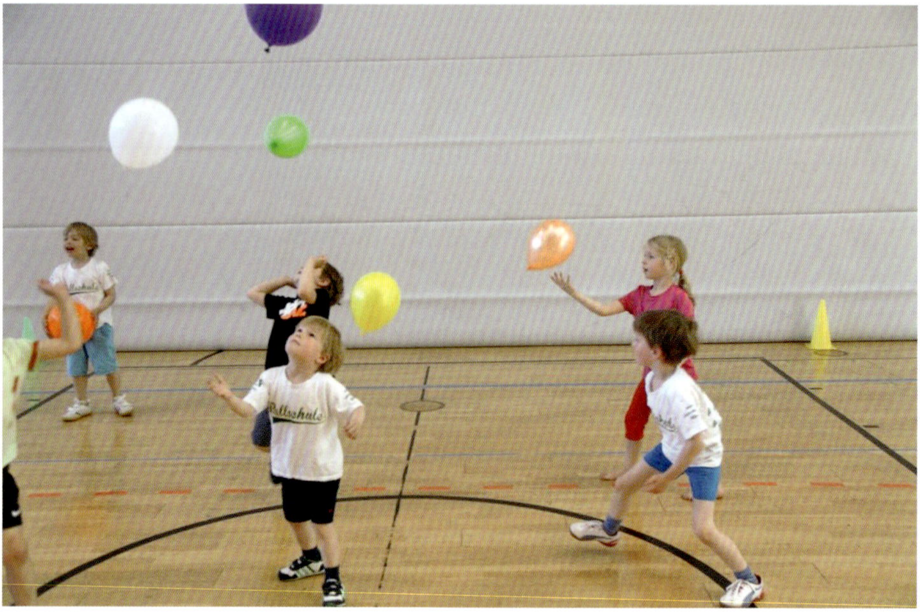

FREIES SPIEL – ERFAHRUNGSWERTE

- Kinder spielen alleine mit einem Luftballon
- Kinder schlagen, kicken oder werfen sich einen Luftballon zu

IMPULSGELEITETES SPIEL

- Den Kindern viel Probe- und Experimentierzeit geben
- Ideen vorführen lassen

AUFGABENORIENTIERTES SPIEL

Es werden zwei gleich große Teams gebildet. Jedes Team erhält die gleiche Anzahl von Luftballons. Die Aufgabe besteht darin, die Luftballons über eine bestimmte Strecke in ein Ziel zu treiben. Sie dürfen nur geschlagen und nicht festgehalten oder irgendwie eingefangen werden. Welches Team treibt seine Luftballons zuerst ins Ziel?

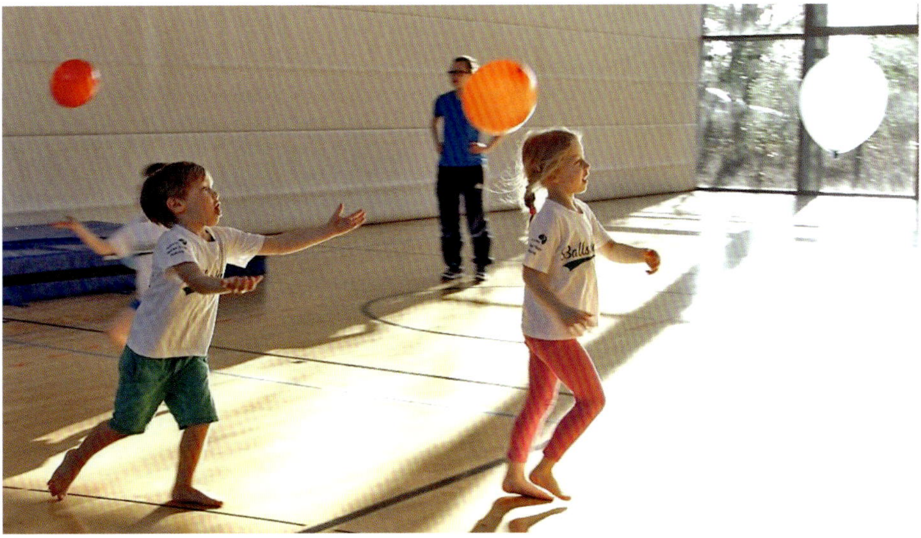

Mögliche Bewegungsgeschichte

Die Luftballons sind Blätter, die von den Bäumen geweht wurden und zusammengefegt werden müssen. Es gibt zwei Kehrmaschinen (zwei Teams), die versuchen möglichst schnell die Blätter von der Straße zu fegen, damit es keinen Unfall gibt.

VARIATIONEN

- Zur Förderung des Ballgefühls auch Spieltechniken mit Fuß, Arm, Hand, Faust, Kopf zulassen **(III)**
- Kleine Hindernisse oder Markierungen umlaufen **(II/III)**
- Kleine Hindernisse oder Markierungen als Wendemale nutzen **(II/III)**

HINWEISE

- Die Strecke mit Hütchen festlegen
- Die Strecke sollte ausreichend lang sein, damit die Kinder eigene Handlungsstrategien entfalten können

MUSIKSTOPP

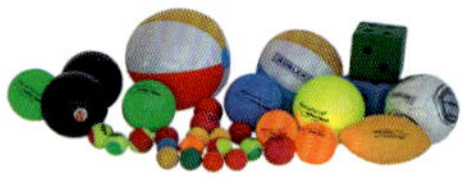 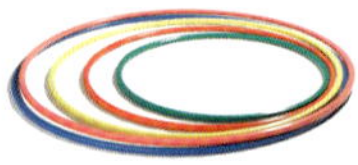

Komplexitätsdruck Präzision	Prellen	Fangen	II

FREIES SPIEL – ERFAHRUNGSWERTE

- Kinder spielen entweder nur mit Reifen oder nur mit Bällen
- Kinder legen den Reifen auf den Boden und hüpfen hinein
- Kinder sammeln Bälle in den liegenden Reifen
- Kinder kicken oder werfen sich einen Ball zu
- Kinder werfen oder kicken in/durch die Reifen

IMPULSGELEITETES SPIEL

- Wer kann mit dem Ball zu Musik tanzen?
- Spielt mit dem Ball (ohne Musik) und singt gleichzeitig ein Lied

AUFGABENORIENTIERTES SPIEL (vgl. Gulden & Scheer, 2011)

Für jedes Kind liegt ein Ball in einem Reifen im Raum verteilt. Die Kinder laufen und hüpfen kreuz und quer durch die Halle und es wird Musik abgespielt. Wenn die Musik verstummt, sollen die Kinder sich jeweils einen Ball suchen und verschiedene Bewegungsaufgaben erfüllen, z. B.: um einen Ball herum laufen, über einen Ball springen, einen Ball aufheben und prellen, Ball hochwerfen und fangen, den Ball mit verschiedenen Körperteilen berühren usw. Zu jeder Aufgabe kann eine Zahl angegeben werden, wie oft die Übung ausgeführt werden soll. Nach jeder Aufgabe wird die Musik weitergespielt und die Kinder laufen wieder kreuz und quer durch die Halle. Wenn die Musik gestoppt wird, sollen die Kinder die nächste Aufgabe erfüllen.

Mögliche Bewegungsgeschichte

Die Kinder sind im Bälleparadies, in dem viele verschiedene Bälle in ihren kleinen Häuschen (Reifen) wohnen. Die Bälle freuen sich immer, wenn die Kinder sie in ihrem Häuschen besuchen und mit ihnen spielen. Da die Bälle gerne viele verschiedene Kinder kennenlernen wollen, freuen sie sich besonders, wenn jedes Mal beim Musikstopp ein anderes Kind vorbeikommt.

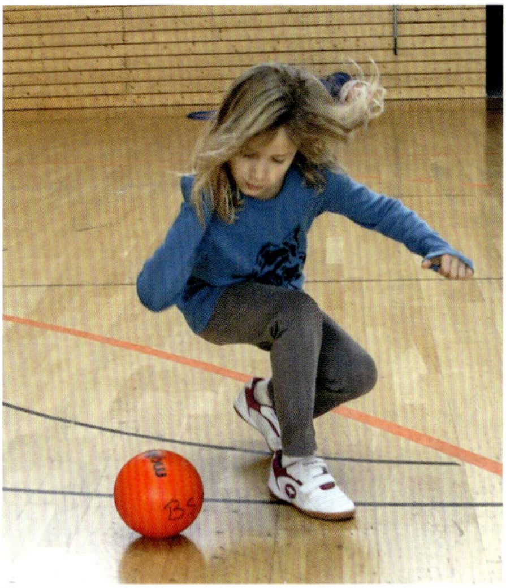

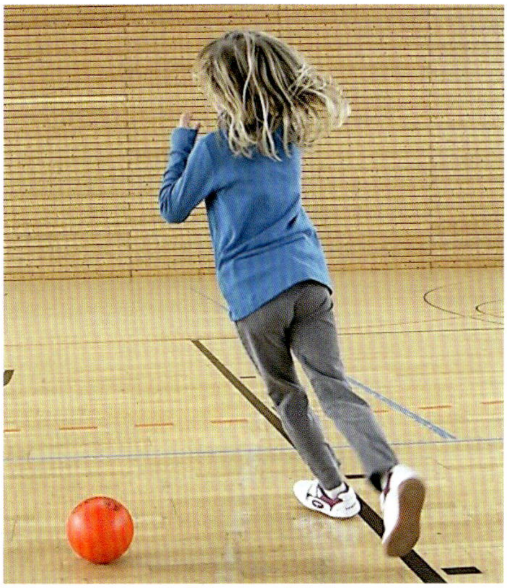

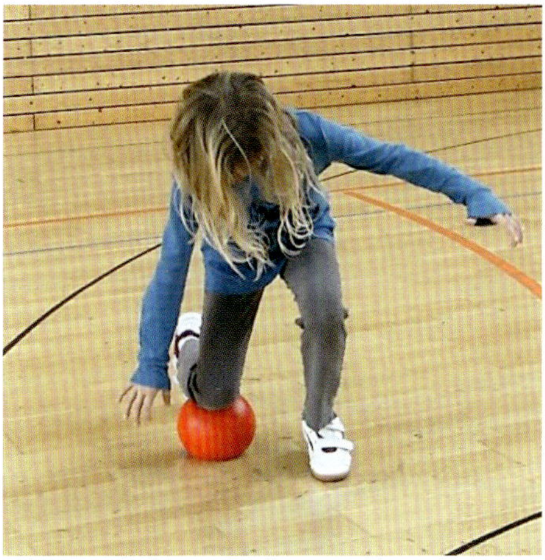

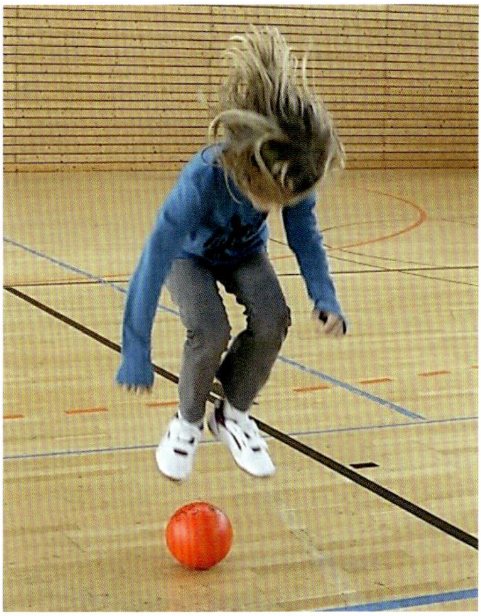

VARIATIONEN

- Um die Aufgabe zu erschweren, können Hindernisse im Raum aufgestellt werden, die während der Musik übersprungen werden sollen (Hütchen, Turnmatten, Turnbank – im Hocksprung überhüpfen, usw.) **(III)**

HINWEISE

- Möglichst unterschiedliche Bälle verwenden (Größe, Gewicht, Prellbarkeit)

ZIELREIFEN

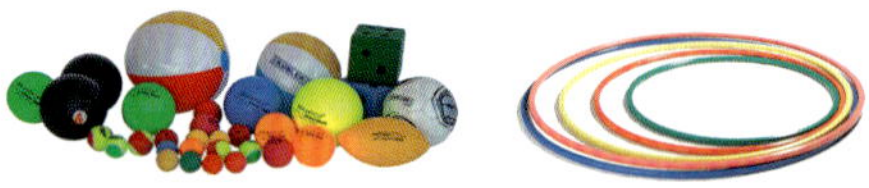

Präzisionsdruck | II

FREIES SPIEL – ERFAHRUNGSWERTE

- Kinder spielen entweder nur mit Reifen oder nur mit Bällen.
- Kinder legen den Reifen auf den Boden und hüpfen hinein.
- Kinder sammeln Bälle in den liegenden Reifen.
- Kinder kicken oder werfen sich einen Ball zu.
- Kinder werfen oder kicken in/durch die Reifen.

IMPULSGELEITETES SPIEL

- Wer kann mit dem Ball zu Musik tanzen?
- Spielt mit dem Ball (ohne Musik) und singt gleichzeitig ein Lied.

AUFGABENORIENTIERTES SPIEL

A und B sitzen oder stehen einige Meter auseinander. Dazwischen steht C mit einem Reifen. A versucht, einen Ball so zu rollen, dass dieser durch den Reifen zu B rollt und umgekehrt.

Mögliche Bewegungsgeschichte
Die Kinder sind Osterhasen und hüpfen im Raum herum. Auf dem Boden liegt für jeden Osterhasen ein Nest (Reifen). Es wird Musik abgespielt. Wenn die Musik gestoppt wird, sucht sich jeder Osterhase ein Nest, in das er sich reinsetzt oder -stellt. Nach jedem Durchgang wird ein Nest entfernt, d. h. die Osterhasen müssen sich zu zweit, dritt usw. ein Nest teilen, bis am Ende alle in einem Nest stehen.

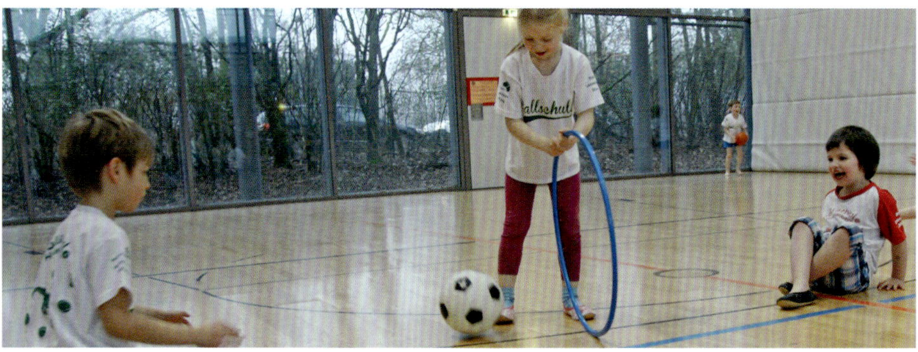

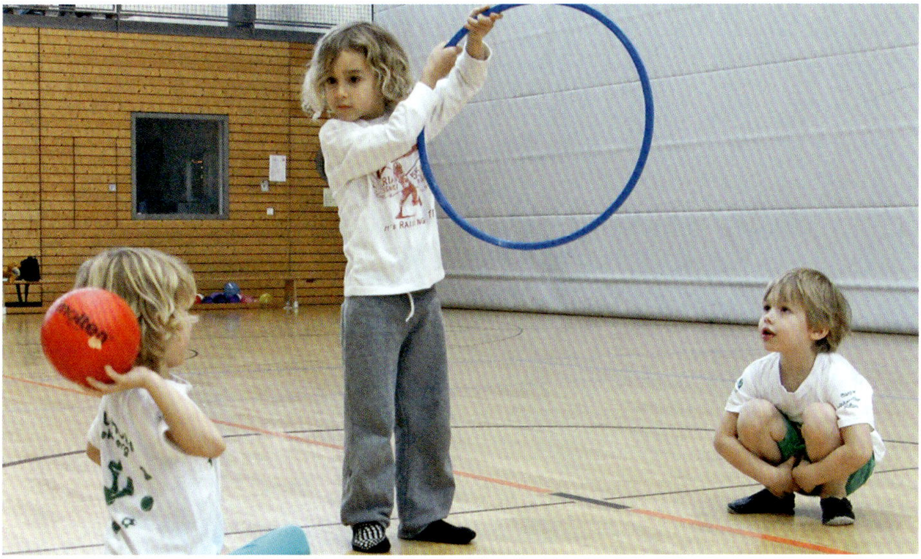

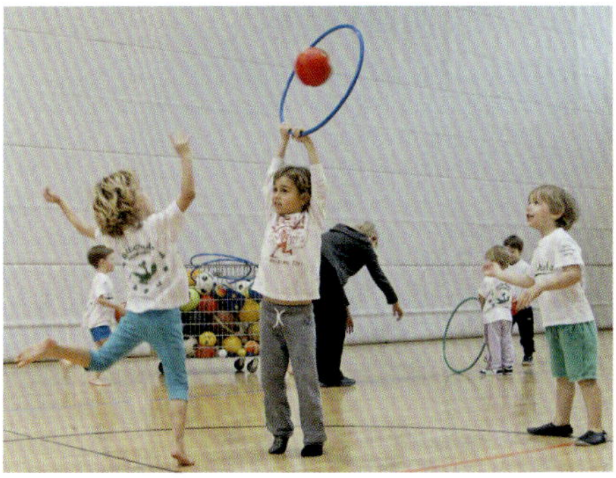

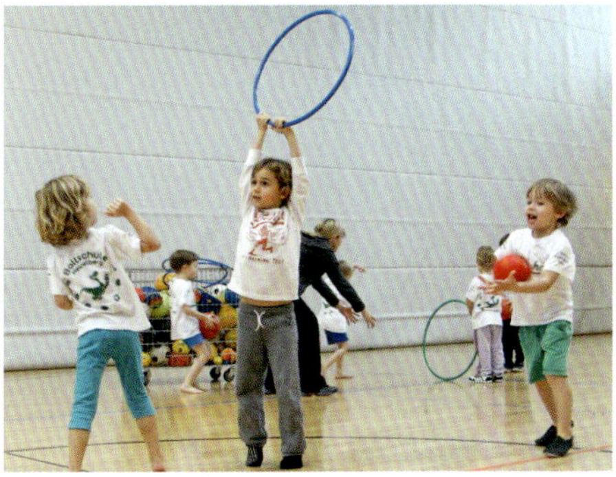

VARIATIONEN

- C hält zwei Reifen **(II)**
- Statt eines anderen Kindes, das den Ball auf der anderen Seite des Reifens auffängt, den Ball durch den Reifen rollen und ihn danach selbst möglichst schnell wieder einfangen **(II/III)**
- Mit dem Fuß den Ball stoßen, mit der Hand rollen, mit einem Schläger spielen oder durch den Reifen werfen (dabei den Reifen etwas höher halten) **(I/II/III)**
- Alle Kinder stehen auf der Längsseite der Halle mit jeweils einem Ball. Der ÜL rollt einen Pezziball oder Reifen durch die Halle und die Kinder versuchen, den Pezziball mit ihren Bällen rollend, werfend oder kickend zu treffen bzw. durch den Reifen zu rollen/werfen/kicken **(III)**

HINWEISE

- Nicht zu kleine Bälle einsetzen, die durch Berührung des Reifens leicht umgelenkt werden
- Vereinbarung über den Wechsel des Reifenhalters treffen

DINOFUSSBALL

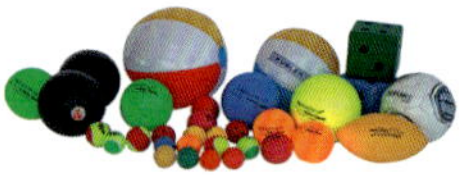

Lücke erkennen	Kicken	Spielpunkt des Balles bestimmen	II

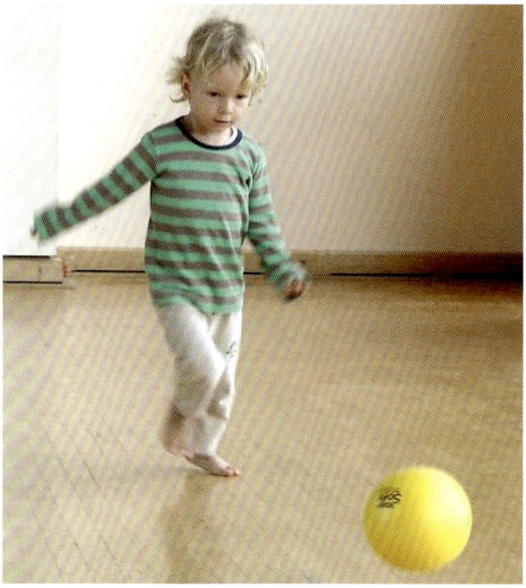

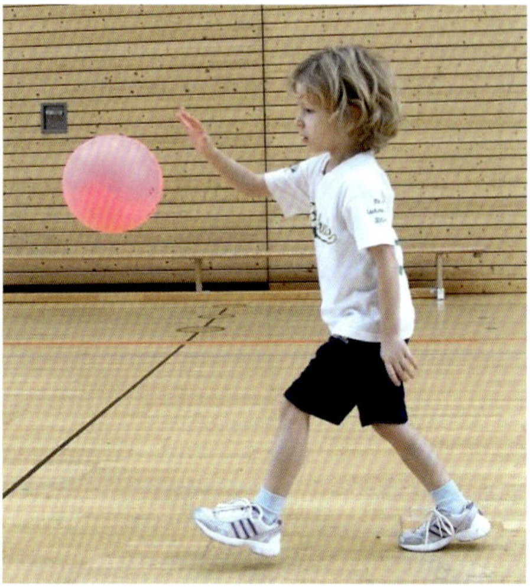

FREIES SPIEL – ERFAHRUNGSWERTE

- Kinder spielen alleine mit einem Ball
- Kinder kicken oder werfen sich einen Ball zu
- Kinder kicken/werfen an eine Wand und stoppen/fangen den Ball
- Kinder suchen sich Ziele/Tore und kicken/werfen auf sie

AUFGABENORIENTIERTES SPIEL

Die Kinder bilden einen Kreis und halten sich an den Händen. Der Abstand zwischen den Kindern liegt bei ca. einem Meter. Die Aufgabe besteht darin, den Spielball zwischen zwei Kindern aus dem Kreis zu kicken. Damit übernehmen die Spieler beide Aufgaben: Torhüter und Torschütze.

IMPULSGELEITETES SPIEL

- Heute sind wir alle Fußballer! Wir trainieren jetzt immer zu zweit. Geht zu zweit zusammen und probiert aus, was ihr machen könnt
- Könnt ihr den Ball stoppen, bevor ihr ihn zurückspielt?
- Wie kann man den Ball stoppen?

Mögliche Bewegungsgeschichte

Die Dinosaurier, genauer gesagt die Brontosaurier (Kinder), spielen ein bisschen anders Fußball als die Menschen. Weil sie sehr groß sind und nicht so schnell laufen können, spielen sie Fußball im Kreis.

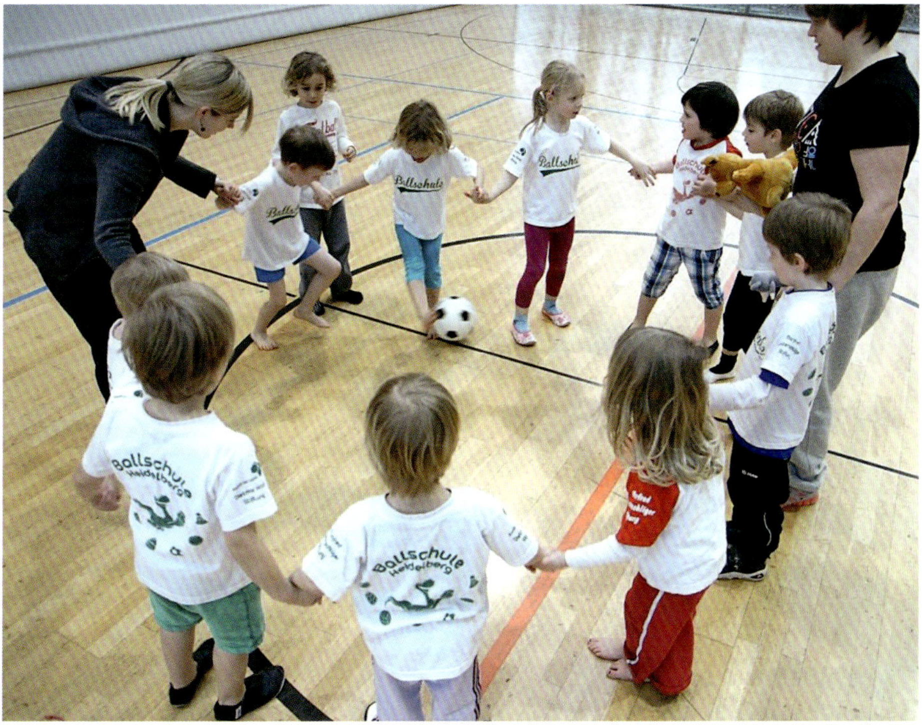

VARIATIONEN

- Formationen: Dreieck, Viereck, Fünfeck, Ellipse (II/III)
- Kickvariationen: mit der Innenseite, der Fußspitze, der Außenseite **(II/III)**

HINWEISE

- Der Ball darf auch mit den Händen gestoppt werden
- Der ÜL hält weitere Bälle bereit

ÜBER DIE MITTE

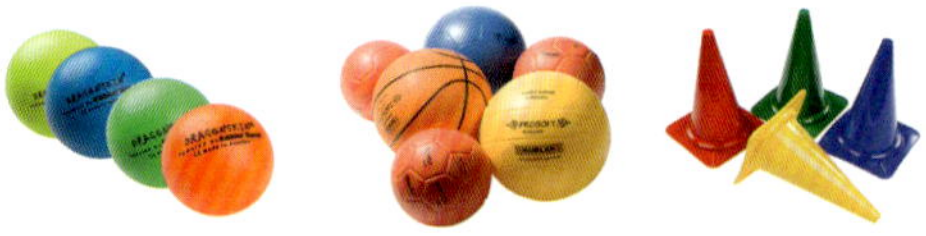

Lücke erkennen	Anbieten & Orientieren	Laufweg zum Ball bestimmen	II

FREIES SPIEL – ERFAHRUNGSWERTE

- Kinder spielen alleine mit einem Ball
- Kinder kicken oder werfen sich einen Ball zu
- Kinder kicken/werfen an eine Wand und stoppen/fangen den Ball
- Kinder suchen sich Ziele/Tore und kicken/werfen auf sie

IMPULSGELEITETES SPIEL

- In der Mitte befinden sich die Piraten, die gerne die Schätze (Bälle) abfangen würden. Die Kinder in den Außenzonen sind die Bürger, die gerne ihre Schätze auf die andere Flussseite bringen würden, ohne dass die Piraten sie abfangen
- Die Außenzonen stellen zwei Burgen dar. Im Graben zwischen den Burgen befinden sich ein oder mehrere Räuber (am Anfang der ÜL). Die Burgbewohner in den Burgen werfen sich ihre Schätze zu und die Räuber im Graben versuchen, diese abzufangen. Bei fünf bis zehn gefangenen „Goldstücken", erfolgt ein Rollenwechsel

AUFGABENORIENTIERTES SPIEL

Die Spielfläche wird in drei Zonen unterteilt. In der Mitte befindet sich ein Team (ein Spieler), in den äußeren Spielzonen gleichmäßig verteilt das andere Team. Das äußere Team hat die Aufgabe, sich einen Ball von Außenzone zu Außenzone zuzuspielen, ohne dass das Team (der Spieler) in der Mitte diesen abfangen kann. Geschieht das doch, wird der Ball beiseite gelegt. Nach fünf abgefangenen Bällen findet ein Rollentausch statt.

Mögliche Bewegungsgeschichte

Das Spielfeld wird in drei gleich große Felder eingeteilt. Im mittleren Teil leben die Drachen, sie dürfen ihr Land nicht verlassen. In den äußeren Teilen leben die Zwerge. Die goldenen Dracheneier (Bälle) liegen im Drachenland in einem Nest (Reifen). Nachts schlafen die Drachen (zwei bis drei Kinder) im Drachenland und merken nicht, wie sich die Zwerge in ihr Land schleichen und alle goldenen Eier stehlen. Als sie dies morgens feststellen, sind sie sehr böse und wollen die Eier zurückhaben. Die frechen Zwerge rollen die Eier durchs Drachenland hin und her und die Drachen versuchen, die Eier zu schnappen und wieder in ihr Nest zu legen. Ist ihnen dies gelungen, werden die Drachen ausgewechselt.

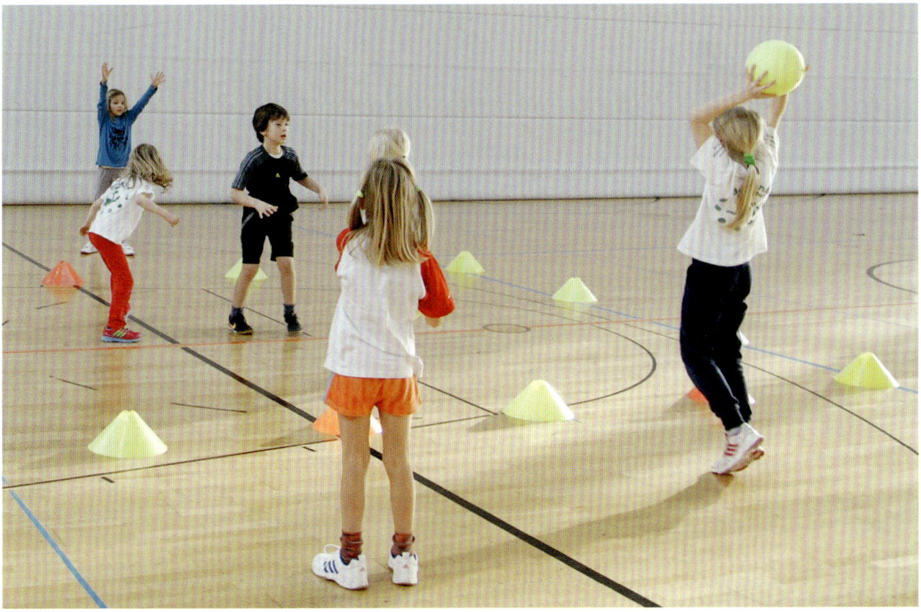

VARIATIONEN

- Mit den Füßen kicken **(II)**
- Mit Schlägern spielen **(III)**
- Die Bälle rollen **(I)**
- Außenzonen werden durch unterschiedliche Geräte getrennt **(II)**: aufgestellte Matten, Kleine Kästen, Pezzi-/Medizinbälle, Turnbänke

HINWEISE

- Anzahl der Kinder pro Team in Abhängigkeit von der Spielfeldgröße und vom Leistungsstand festlegen
- Am Anfang nur mit einem Ball spielen, nacheinander weitere (unterschiedliche) Bälle einsetzen
- Nur weiche Bälle verwenden

TANZENDE LUFTBALLONS

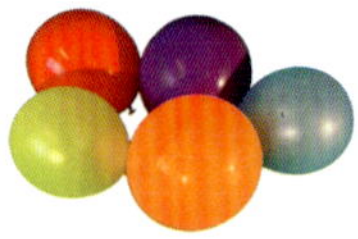

Anbieten & Orientieren	Organisationsdruck Zeit & Präzision	Variabilltätsdruck Zeit & Präzision	II

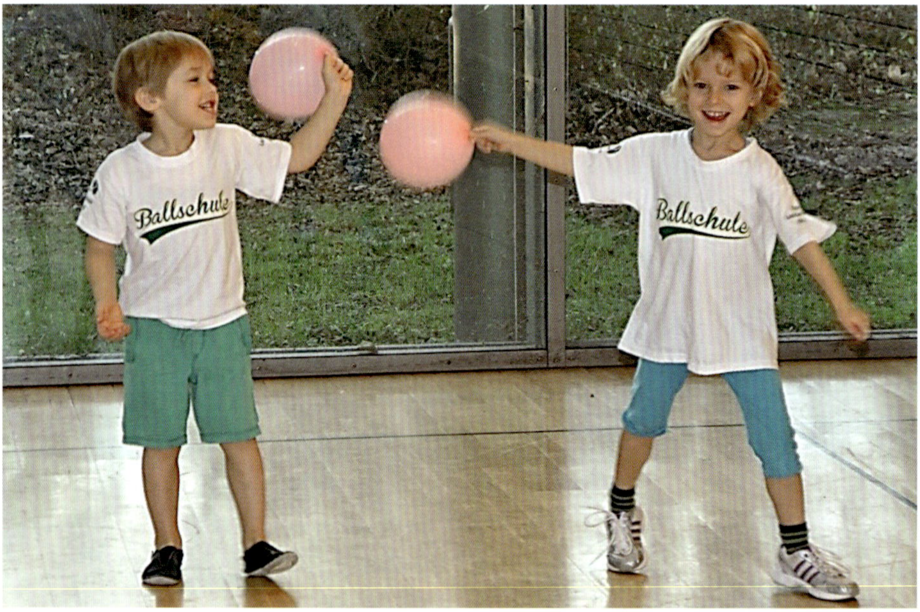

FREIES SPIEL – ERFAHRUNGSWERTE

- Kinder spielen alleine mit einem Luftballon
- Kinder schlagen, kicken oder werfen sich einen Luftballon zu

IMPULSGELEITETES SPIEL

- Wer kann den Ballon hochwerfen, sich drehen, und wieder fangen?
- Was könnt ihr noch machen, während der Ballon in der Luft ist?

AUFGABENORIENTIERTES SPIEL

Alle Kinder stehen eng zusammen und haben einen Luftballon. Aufgabe ist es, die Ballons hochzuwerfen und sie nicht mehr den Boden berühren zu lassen. Die Kinder helfen sich gegenseitig. Je mehr Luftballons im Spiel sind, desto schwieriger wird diese Aufgabe.

Mögliche Bewegungsgeschichte

Jeder Luftballon ist ein kleiner Schmetterling. Da Schmetterlinge lieber in der Luft fliegen als am Boden sitzen, versuchen die Kinder, die Schmetterlinge möglichst lange fliegen zu lassen.

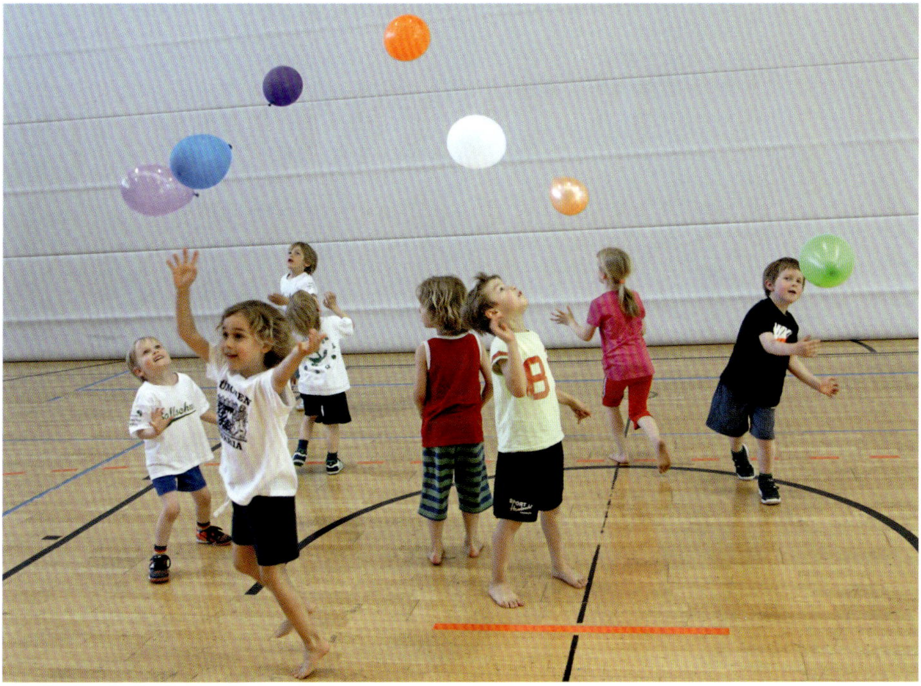

VARIATIONEN

- Im Sitzen oder Kniestand **(III)**
- Vorgabe von bestimmten Körperteilen, mit denen der Luftballon hoch gehalten werden soll oder andere Hilfsmittel verwenden (Tennisschläger, leere Klorollen, umgedrehte Hütchen, usw.) **(III)**
- Die Kinder bilden Paare und versuchen, sich den Luftballon mit der Hand (Fuß, Kopf) zuzuspielen **(II)**
- Die Kinder bilden Paare und halten einen Luftballon zwischen ihren Händen (Schultern, Rücken, Stirn usw.) Sie bewegen sich, ohne den Luftballon zu verlieren **(II)**
- Die Kinder laufen zur Musik mit dem Luftballon. Bei „Stopp“ verschiedene Aufgaben lösen **(II)**
- Zwei, drei oder vier Luftballons zu zweit hochhalten **(II/III)**

HINWEISE

- Aufgabenstellung auf Zuruf des ÜL ändern (z. B. „Handwechsel“)
- Zu Beginn in unbegrenztem Spielfeld spielen, später Feld durch Bänke oder Hütchen begrenzen

ENG AM SCHLÄGER

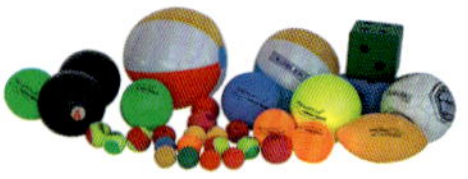

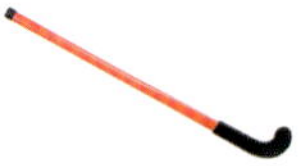

Schlagen Dribbeln	Stoppen	Präzisionsdruck	II

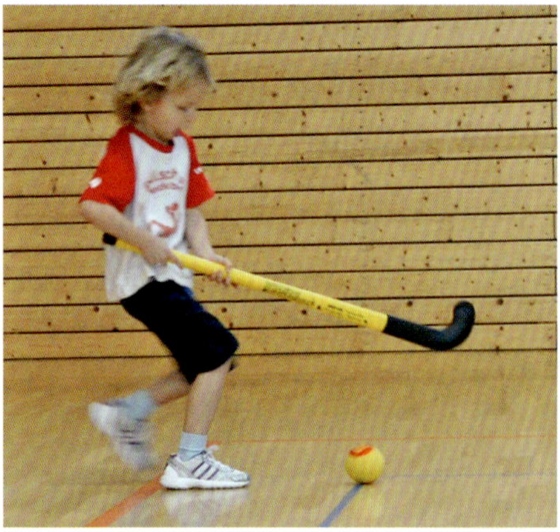

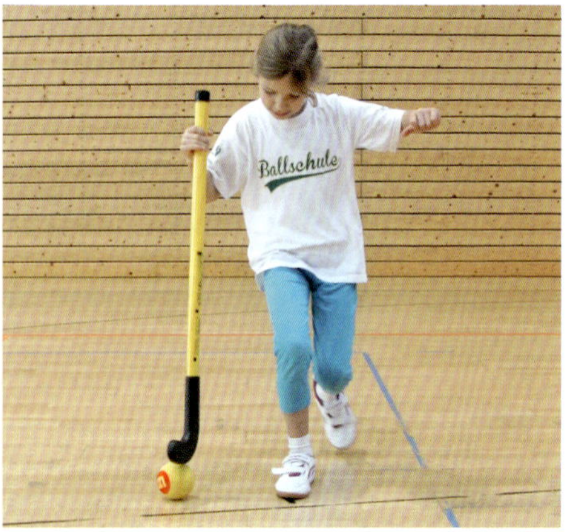

FREIES SPIEL – ERFAHRUNGSWERTE

- Kinder spielen alleine mit Schläger und Ball
- Kinder schlagen sich einen Ball zu
- Kinder schlagen auf/in Ziele

IMPULSGELEITETES SPIEL

- Wer kann mit dem Ball am Schläger Slalom laufen?
- Versucht den Ball mit dem Schläger ganz genau die Bodenlinien entlang zu schieben
- Schießt den Ball so weg, dass er ganz geradeaus rollt

AUFGABENORIENTIERTES SPIEL

Jedes Kind hat einen Hockeyschläger und einen Ball. Die Aufgabe besteht darin, den Ball im Gehen entweder mit dem Schläger zu führen oder den Ball mit leichten Schlägen in einer markierten Spielfläche bzw. auf Linien zu treiben. Auf ein Signal soll der Ball gestoppt und auf ein zweites weitergespielt werden.

Mögliche Bewegungsgeschichte

Die Kinder sind Hexen. Nach den Hexenspielen muss aufgeräumt werden: mit dem Hexenbesen (Schläger) auf den Linien entlang fegen (mit Ball).

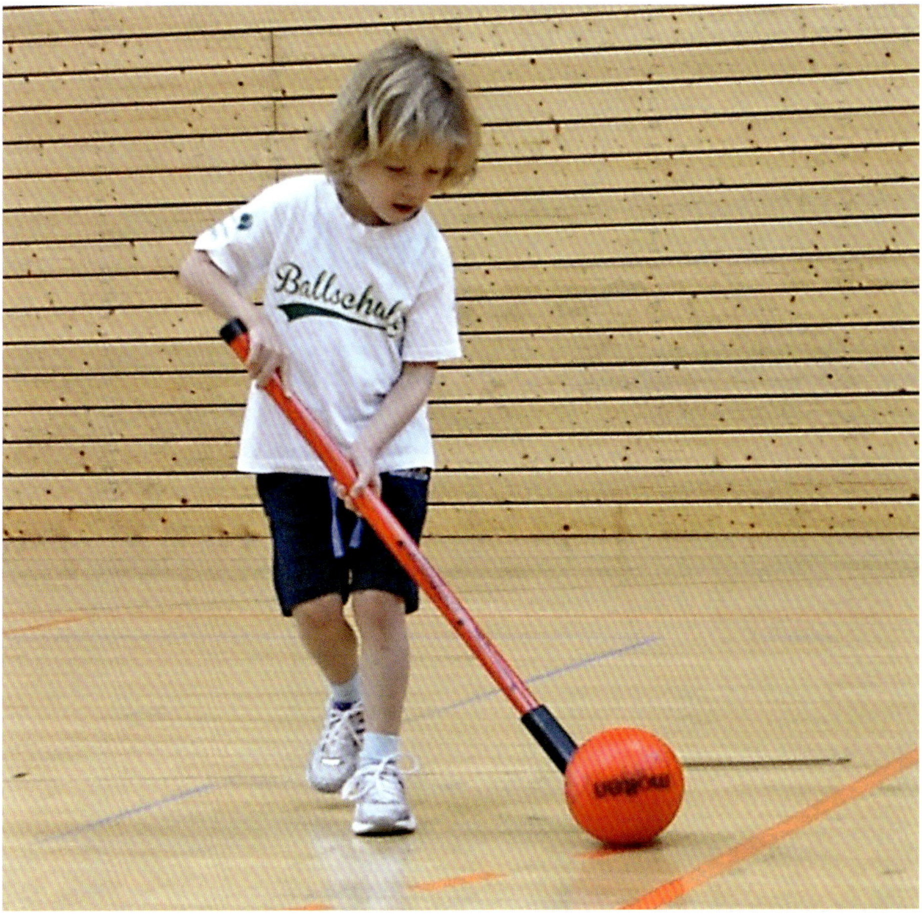

VARIATIONEN

- Zur Schlägergewöhnung: Mit dem Hockeyschläger ohne Ball auf dem Boden die Linien nachfahren **(I)**
- Verschiedene Bälle ausprobieren lassen **(II)**
- Im Slalom den Ball um Hütchen führen **(III)**

HINWEISE

- Demonstration des Vorhandseitführens und des Stoppens des Balles mit der Keule (Schaufel, Kelle)
- Mit leichten, großen Bällen ist die Übung etwas schwerer als mit kleinen Bällen

TIGERBALL

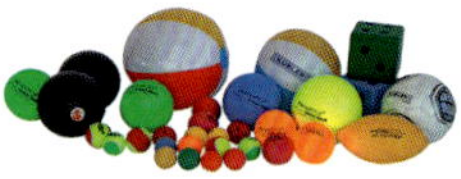

Flugbahn des Balles erkennen	Ballbesitz kooperativ sichern	Lücke erkennen	II

FREIES SPIEL – ERFAHRUNGSWERTE

- Kinder spielen alleine mit einem Ball
- Kinder kicken oder werfen sich einen Ball zu
- Kinder kicken/werfen an eine Wand und stoppen/fangen den Ball
- Kinder suchen sich Ziele/Tore und kicken/werfen auf sie

IMPULSGELEITETES SPIEL

- Jedes Kind erhält einen Ball. Nach freiem Spielen zeigen die Kinder, was sie ausprobiert haben
- Die Artisten (Kinder) machen verschiedene Kunststücke mit dem Ball vor

AUFGABENORIENTIERTES SPIEL

Die Kinder stellen sich in einem großen Kreis auf. Eines der Kinder kniet in der Mitte. Die Außenspieler rollen sich einen Ball kreuz und quer zu, während das Kind in der Mitte versucht, den Ball zu berühren oder zu fangen. Schafft es dies, wird es durch das Kind ausgewechselt, das den Ball zuletzt geworfen hat.

Mögliche Bewegungsgeschichte

Das Kind/die Kinder in der Mitte sind Tiger, die sehr hungrig sind. Der Ball stellt das Futter dar, das sich der Tiger schnappen will.

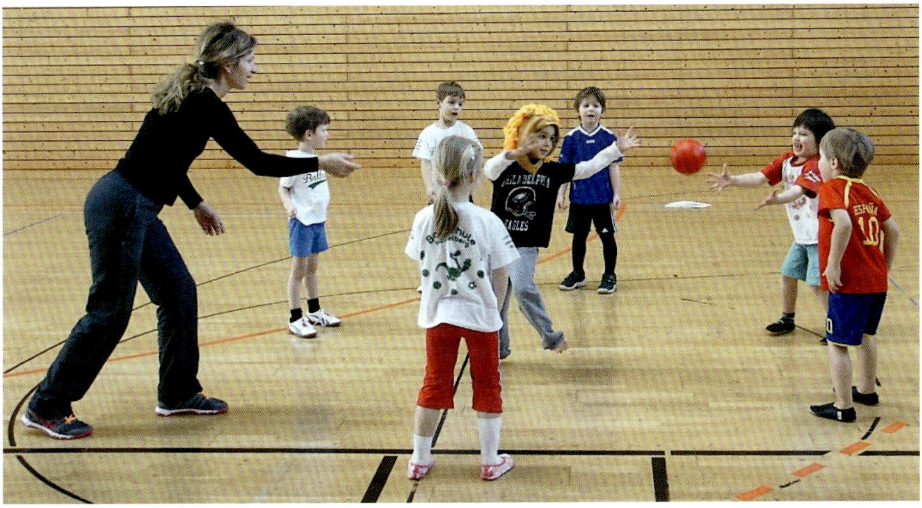

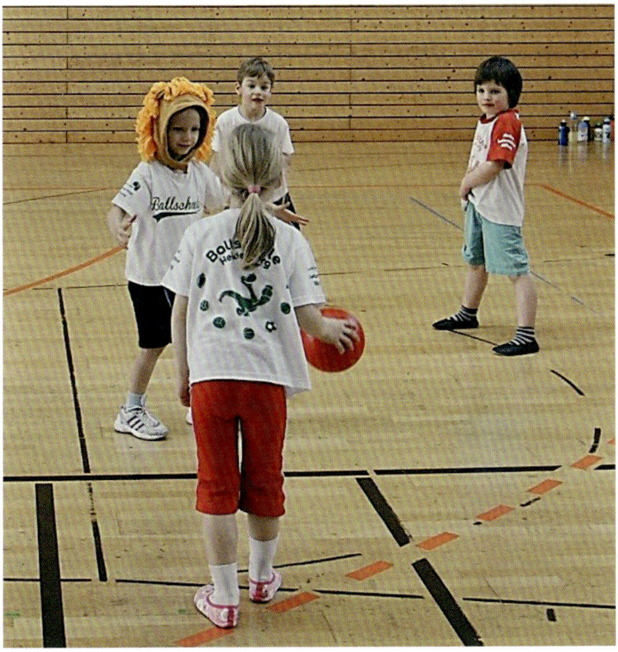

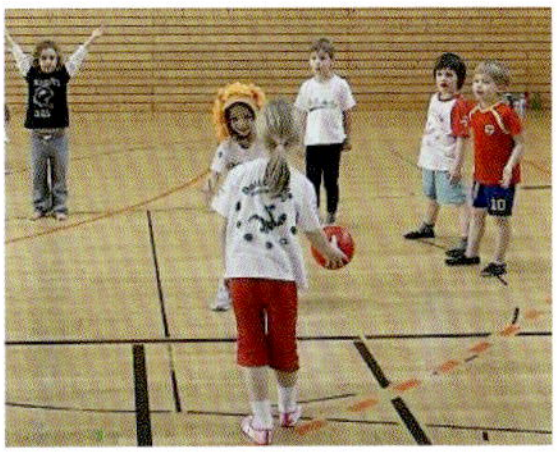

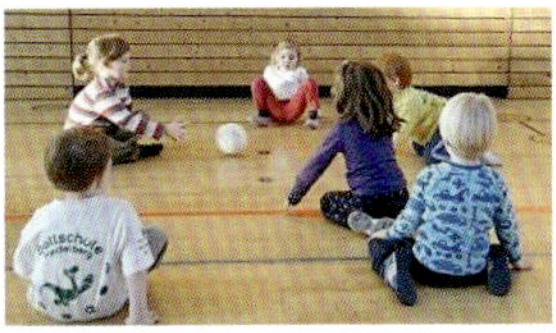

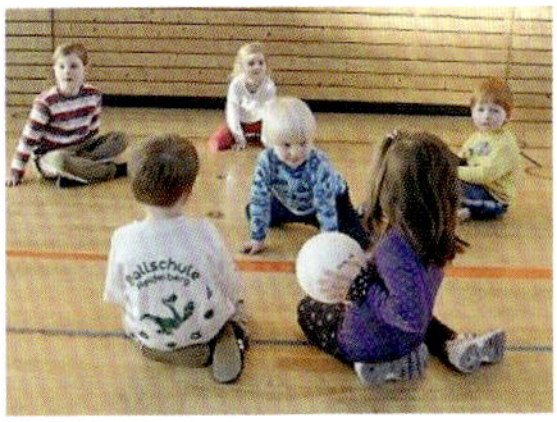

VARIATIONEN

- Kinder stehen im Kreis und kicken oder werfen den Ball **(II/III)**
- Kick- und Wurfvariationen **(III)**
- Mit zwei verschiedenen Bällen gleichzeitig spielen **(III)**

HINWEISE

- Die Passhöhe vereinbaren lassen
- Mit mehreren Kindern in der Mitte spielen
- Den Ball nicht zum direkten Nachbarn spielen

RINGWURF (vgl. Krug & Asmus, 2012)

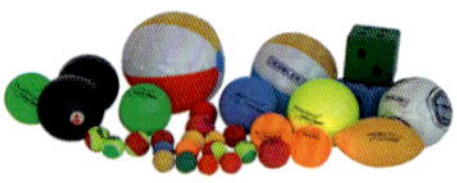 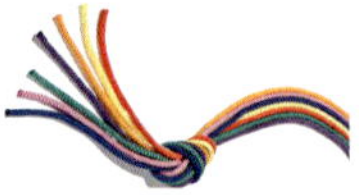 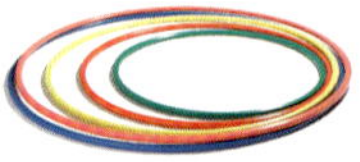

Präzisionsdruck	Werfen	Kicken	II

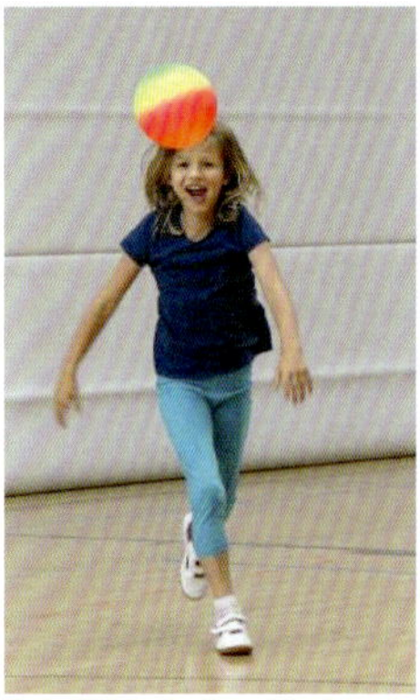 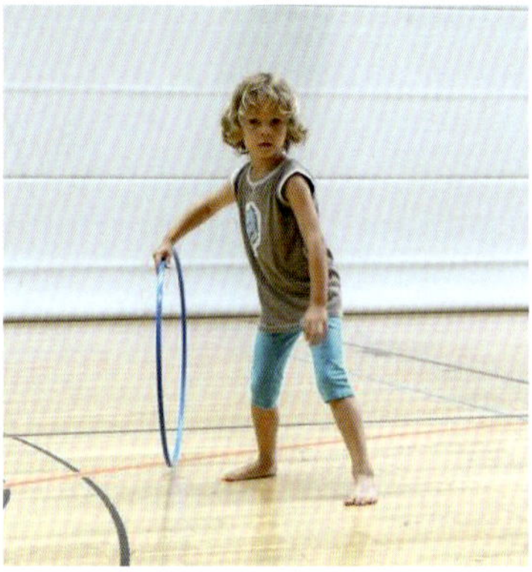 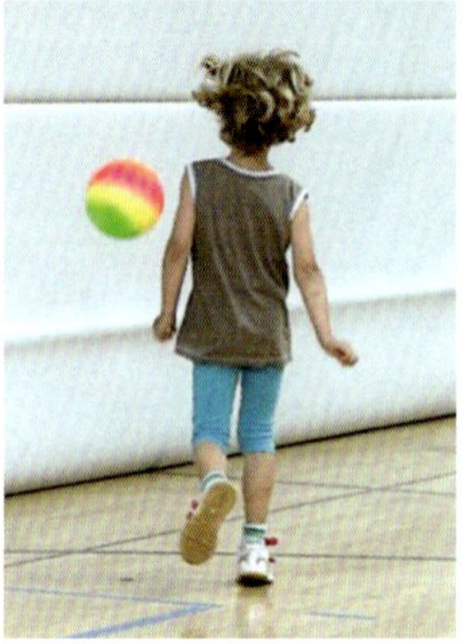

FREIES SPIEL – ERFAHRUNGSWERTE

- Kinder spielen entweder nur mit Reifen oder nur mit Bällen
- Kinder legen den Reifen auf den Boden und hüpfen hinein
- Kinder sammeln Bälle in den liegenden Reifen
- Kinder kicken oder werfen sich einen Ball zu
- Kinder werfen oder kicken in/durch die Reifen

IMPULSGELEITETES SPIEL

- Wer kann seinen Ball durch einen rollenden Reifen werfen, kicken usw.?
- Wie kann man die Reifen als Wurf-/Schussziele nutzen?

AUFGABENORIENTIERTES SPIEL

Mehrere Reifen werden an Ringen, Toren oder Basketballkörben mit Seilen befestigt. Die Kinder werfen oder kicken durch die in unterschiedlicher Höhe angebrachten Reifen.

Mögliche Bewegungsgeschichte

Die Reifen stellen die verschiedenen Einwurflöcher eines Glascontainers dar. Die Kinder sollen versuchen, die Glasflaschen (Bälle) durch die entsprechenden Löcher zu werfen.

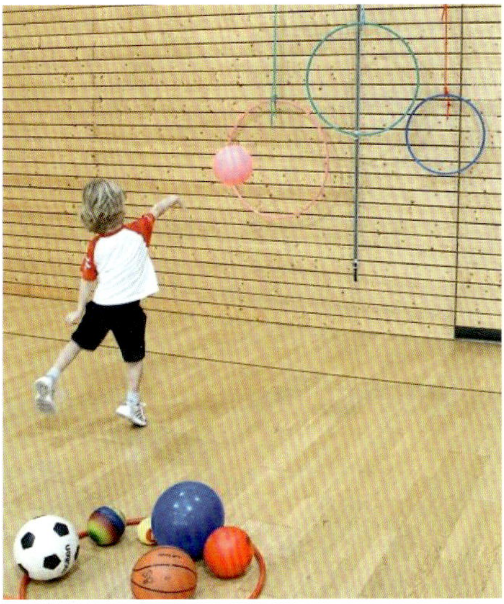

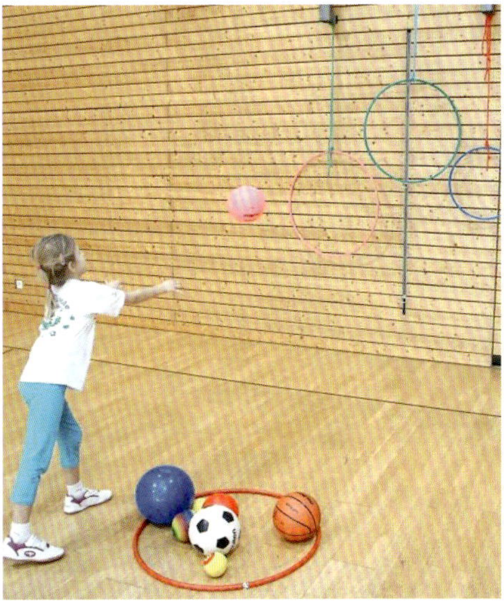

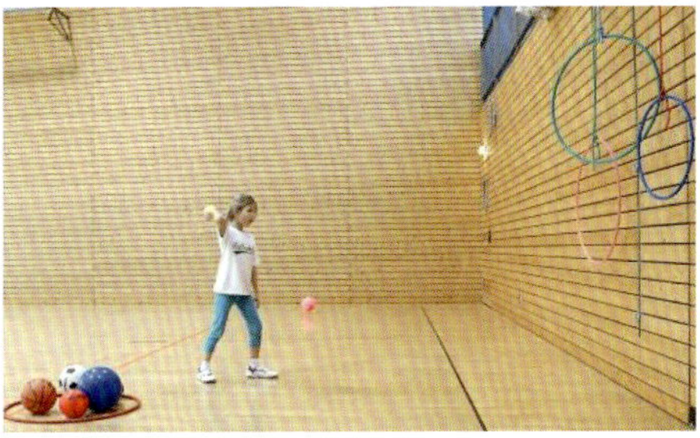

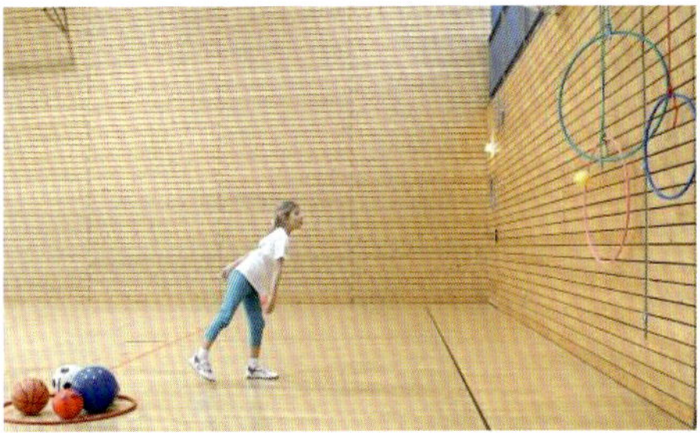

VARIATIONEN

- Bälle ständig variieren **(II)**
- Wurf- und Kickvariationen **(II/III)**
- Hinter den Reifen einen Kasten stellen, in den die Bälle fallen sollen **(III)**
- Kräftiger Werfen/Kicken, damit der Ball über den Kasten fliegt **(II/III)**
- Ring des Reifens treffen **(III)**

SCHWÄNZCHEN FANGEN

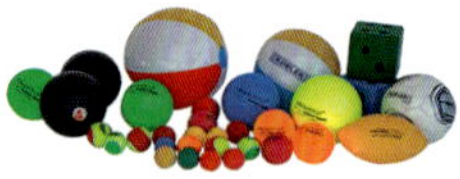
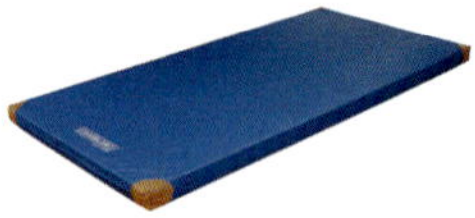
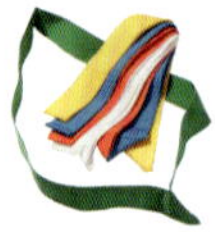

Zeitdruck	Anbieten & Orientieren		II

FREIES SPIEL – ERFAHRUNGSWERTE

- Kinder spielen alleine mit einem Ball
- Kinder kicken oder werfen sich einen Ball zu
- Kinder kicken/werfen an eine Wand und stoppen/fangen den Ball
- Kinder suchen sich Ziele/Tore und kicken/werfen auf sie

IMPULSGELEITETES SPIEL

- Wer kann mit seinem Band wedeln und gleichzeitig einen Ball mit dem Fuß führen
- Das Band hochwerfen und fangen
- Das Band auf den Boden legen und drüber springen (einbeinig, beidbeinig, ohne/mit Anlauf)

AUFGABENORIENTIERTES SPIEL

Alle Kinder bewegen sich in einem abgegrenzten Feld. Sie haben sich ein Unterscheidungsband so in die Hose gesteckt, dass es wie ein „Schwänzchen" heraushängt. Auf ein Signal sind alle Kinder Jäger und Gejagte. Ziel des Spiels ist es, den anderen Kindern das Schwänzchen abzujagen, ohne das eigene zu verlieren. Wer hat am Ende die meisten Schwänzchen erbeutet?

Mögliche Bewegungsgeschichte

Im Zirkus kommen die Affen (Kinder) in die Manege. Jeder Affe hat ein Tuch an seinen Schwanz gebunden (hinten in die Hose der Kinder stecken). Die Affen versuchen, sich gegenseitig die Tücher zu klauen. Hat ein Affe ein Tuch geklaut, bringt er es dem Zirkusdirektor (ÜL). Sind alle Tücher beim Direktor ist die Zirkusnummer zu Ende und die Affen verbeugen sich.

Oder: Das Kind ohne Band ist die Katze, die den Mäusen (den anderen Kindern) das Schwänzchen abjagt. Die Matte ist die Mäusehöhle.

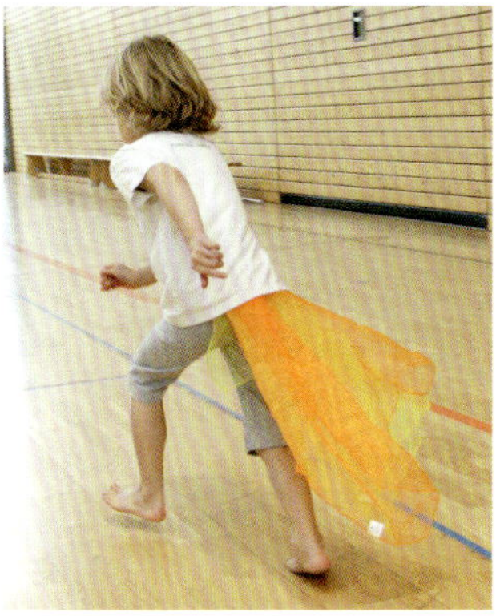

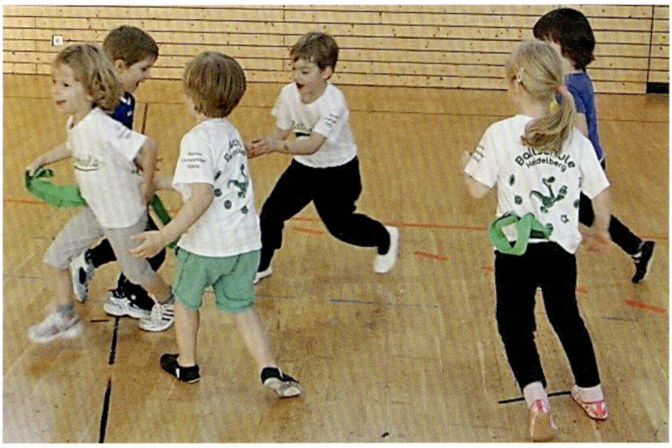

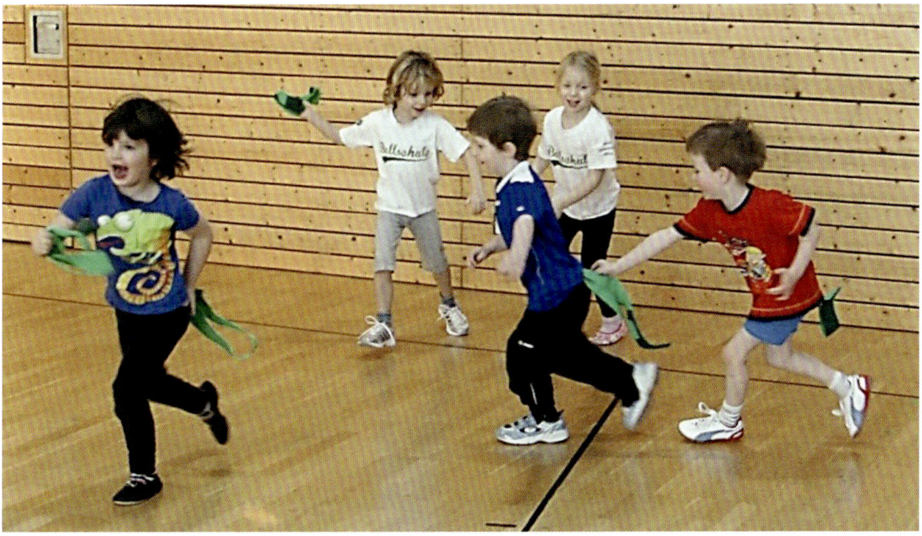

VARIATIONEN

- Anstelle der Unterscheidungsbänder können auch Wäscheklammern benutzt werden **(II)**
- Alle Kinder, bis auf eines, bekommen ein Tuch in die Hose gesteckt und krabbeln auf allen vieren. Das Kind ohne Tuch krabbelt ebenfalls und versucht, den anderen Kindern das Tuch zu klauen. Ist ein Kind ohne Tuch, muss es sich auf eine Matte setzen, auf der die Kinder turnen oder mit Luftballons spielen dürfen. Wenn alle Kinder ohne Band sind, ist das Spiel zu Ende **(II)**
- Die Kinder tragen, rollen, dribbeln einen Ball **(II/III)**

IN DEN REIFEN

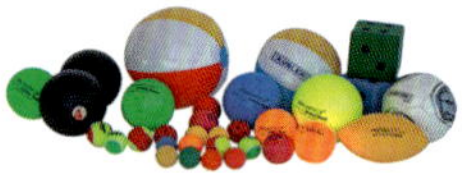
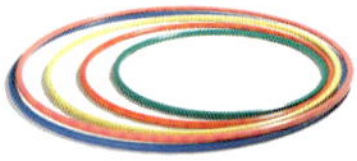

Werfen	Variabilitätsdruck Präzision	Komplexitätsdruck Präzision	II

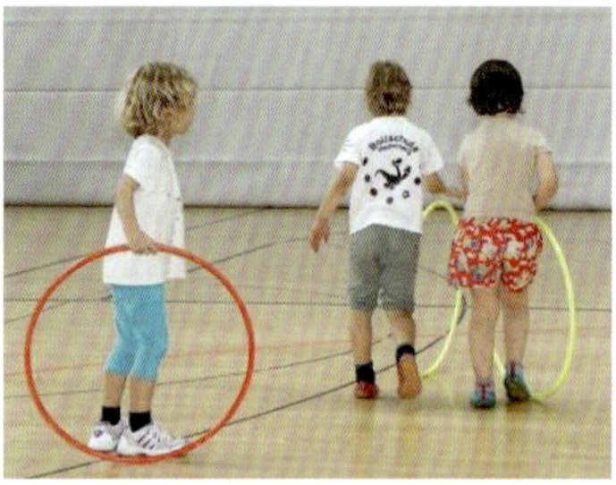
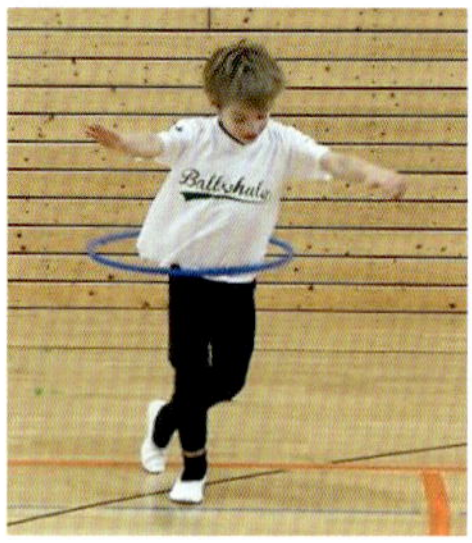
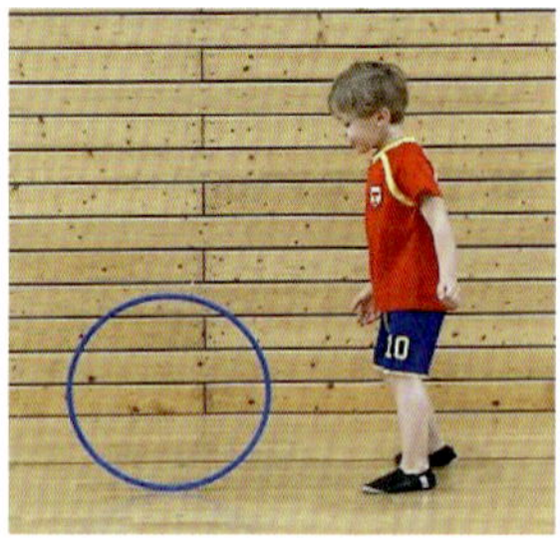
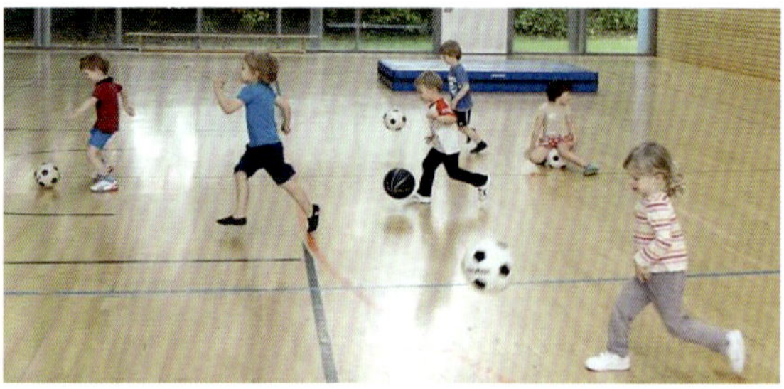
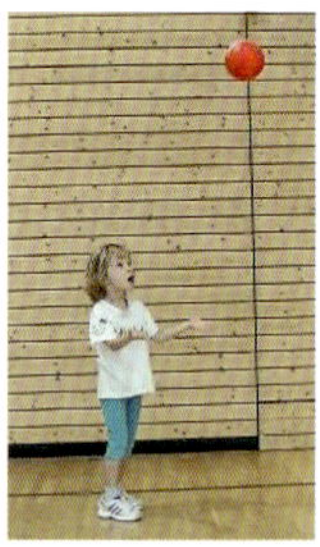
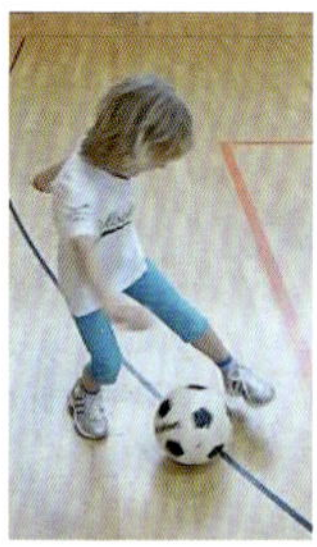

FREIES SPIEL – ERFAHRUNGSWERTE

- Kinder spielen entweder nur mit Reifen oder nur mit Bällen
- Kinder legen den Reifen auf den Boden und hüpfen hinein
- Kinder sammeln Bälle in den liegenden Reifen
- Kinder kicken oder werfen sich einen Ball zu
- Kinder werfen oder kicken in/durch die Reifen

IMPULSGELEITETES SPIEL

- Heute sind wir im Reifen-Land. Was kann man alles mit den Reifen spielen? Führt eure Ideen vor!

AUFGABENORIENTIERTES SPIEL

Ein Kind oder der ÜL läuft mit einem Gymnastikreifen vor dem Bauch durch die Halle und weicht den anderen Kindern aus. Diese werfen ihre Bälle so oft wie möglich durch den Reifen.

Mögliche Bewegungsgeschichte

Im Hafen müssen Proviantfässer (Bälle) auf ein Schiff gebracht werden. Es herrscht aber hoher Wellengang im Hafen, deshalb ist das Schiff sehr unruhig. Der Reifen ist das Schiff und der ÜL der Kapitän. Der Kapitän schiebt das Schiff kreuz und quer durch die Halle. Die Kinder versuchen das Schiff mit Proviant (Bällen) zu füllen, solange bis alle Proviantfässer im Schiff gelandet sind.

VARIATIONEN

- Die Höhe und den Neigungsgrad des Reifens variieren **(II)**
- Zwei Kinder halten zusammen einen Reifen zwischen sich **(II)**
- Bei einer größeren Gruppe können zwei bis drei Kinder mit Gymnastikreifen eingesetzt werden **(II)**
- Wurfvariationen, z. B. Schockwürfe (von unten), beidhändig, Überkopf usw. **(II/III)**
- Die Bälle in die Reifen köpfen **(III)**

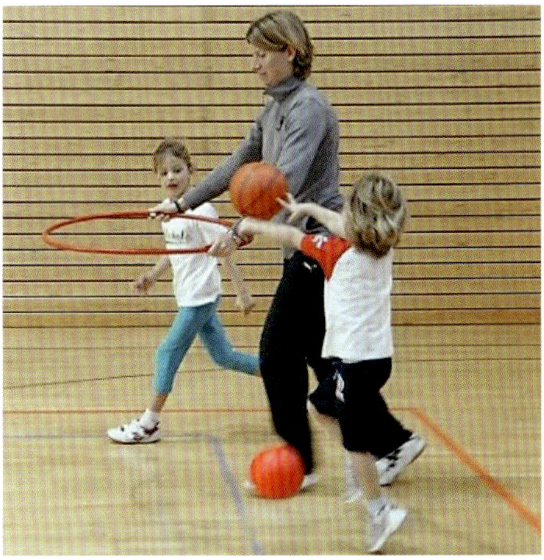

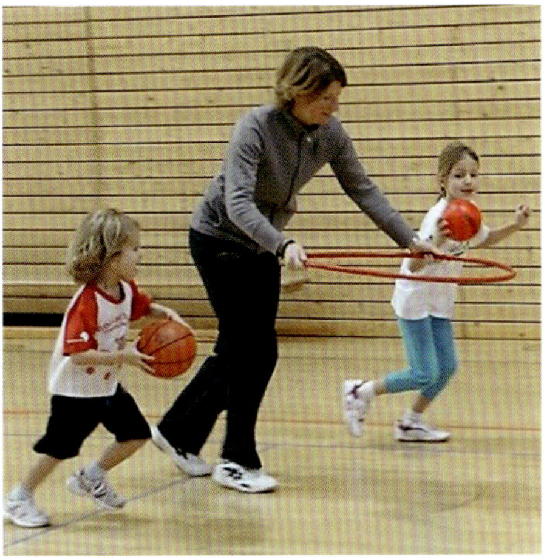

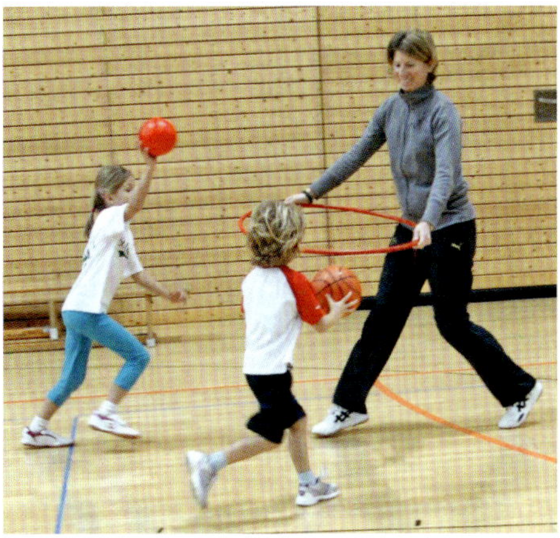

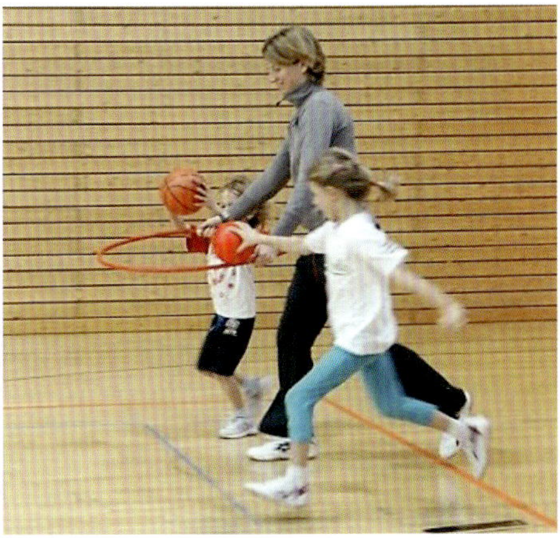

FANG DEN BALL

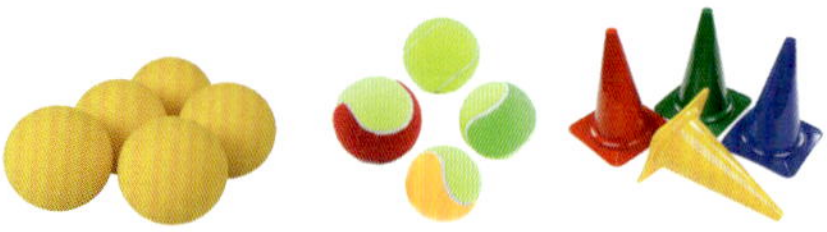

Präzisionsdruck II

FREIES SPIEL – ERFAHRUNGSWERTE

- Kinder spielen alleine mit einem Ball
- Kinder kicken oder werfen sich einen Ball zu
- Kinder kicken/werfen auf die Hütchen
- Kinder laufen um die Hütchen herum
- Kinder probieren Kunststücke mit dem Ball aus

IMPULSGELEITETES SPIEL

- Wer kann die (Soft-)Tennisbälle mit den Hütchen fangen? Probiert das alleine (z. B. hochwerfen, aufprellen) oder zu zweit (zuwerfen, kicken, rollen usw.)

AUFGABENORIENTIERTES SPIEL

Die Kinder gehen paarweise zusammen, nehmen sich einen (Soft-)Tennisball und jeweils ein Hütchen. Sie setzen oder stellen sich gegenüber auf. A rollt den Tennisball zu B. B versucht, den Tennisball mit Hilfe des Hütchens aufzufangen und rollt dann den Ball zurück zu A.

Mögliche Bewegungsgeschichte

Wir sind in Ägypten. Zwei Kinder rollen sich eine goldene Kugel (Tennisball) zu und fangen sie jeweils mit einer Pyramide (Hütchen) auf.

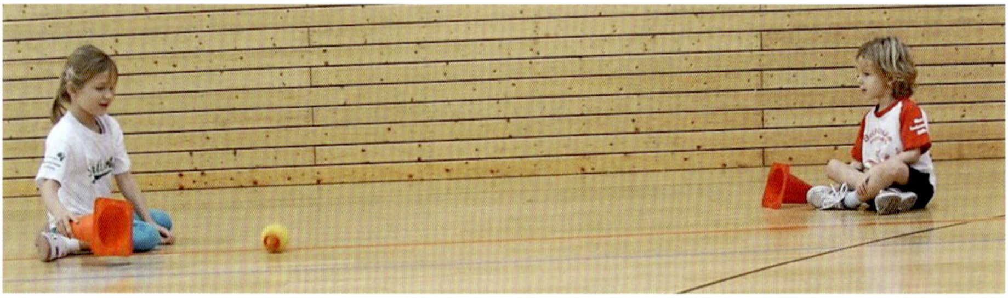

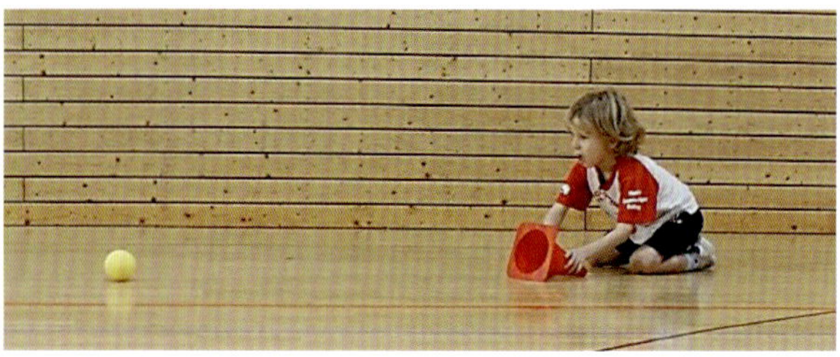

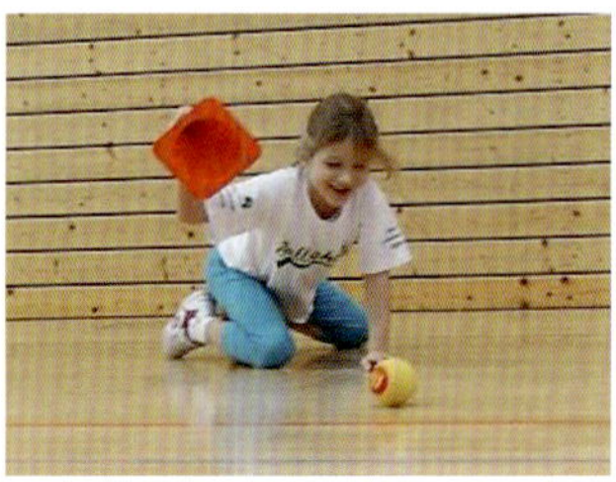

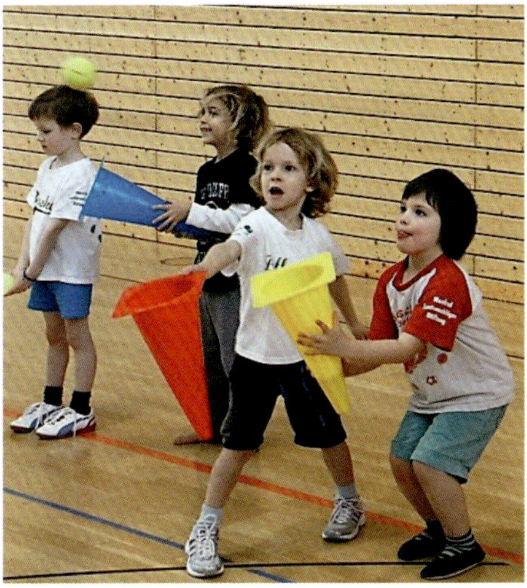

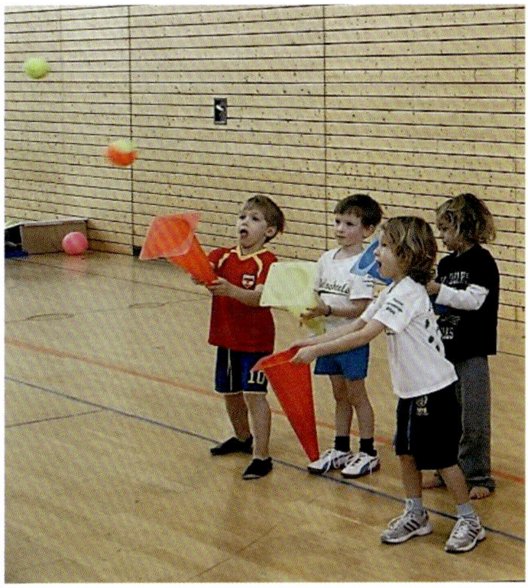

VARIATIONEN

- Hütchen abwechselnd mit einer oder beiden Händen halten **(II)**
- Nach dem Wegrollen und vor dem Auffangen des Balles eine Zusatzaufgabe lösen (Drehung, Hinsetzen/Aufstehen, auf den Bauch legen/Aufstehen usw.) **(III)**
- Ball zukicken **(II/III)**
- Ball indirekt zuwerfen (mit Bodenprellung) **(III)**
- Ball direkt zuwerfen **(III)**
- Hütchen über den Ball stülpen **(II)**
- Kick- und Wurfvariationen **(III)**

REIN DAMIT

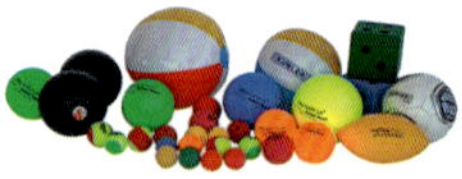

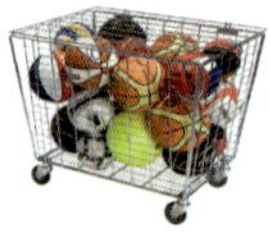

Werfen	Variabilitätsdruck Präzision		II

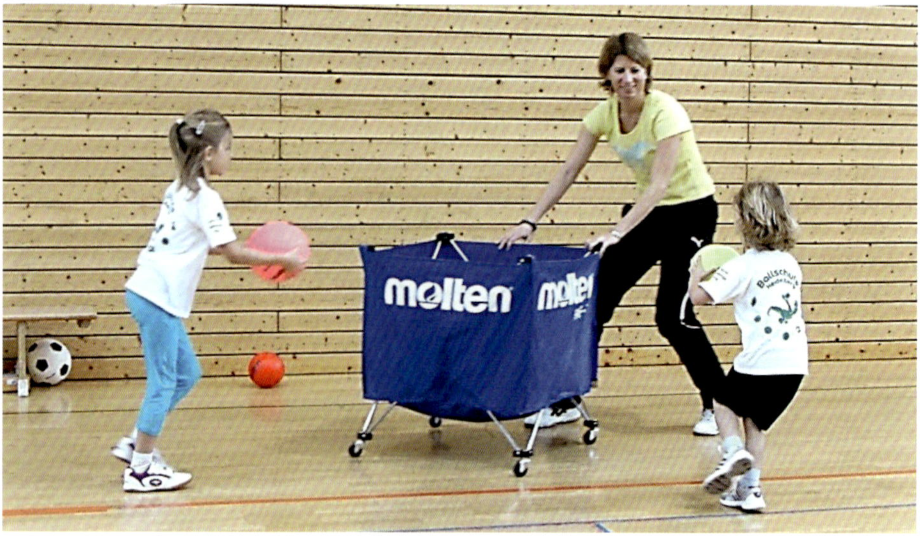

FREIES SPIEL – ERFAHRUNGSWERTE

- Kinder spielen alleine mit einem Ball
- Kinder kicken oder werfen sich einen Ball zu
- Kinder werfen auf den Ballwagen
- Kinder probieren Kunststücke mit dem Ball aus

IMPULSGELEITETES SPIEL

- Könnt ihr Spiele erfinden mit dem Ballwagen und den Bällen (alleine, zu zweit, mit Teams)

AUFGABENORIENTIERTES SPIEL

Der ÜL schiebt einen Ballwagen kreuz und quer durch die Halle. Die Kinder versuchen, den Wagen mit ihren Bällen zu treffen – solange, bis alle Bälle in ihm gelandet sind.

Mögliche Bewegungsgeschichte

Der ÜL oder ein Kind ist der Treckerfahrer und die anderen Kinder sind die Bauern/Erntehelfer, die ihre Ernte (Bälle) auf den Trecker werfen.

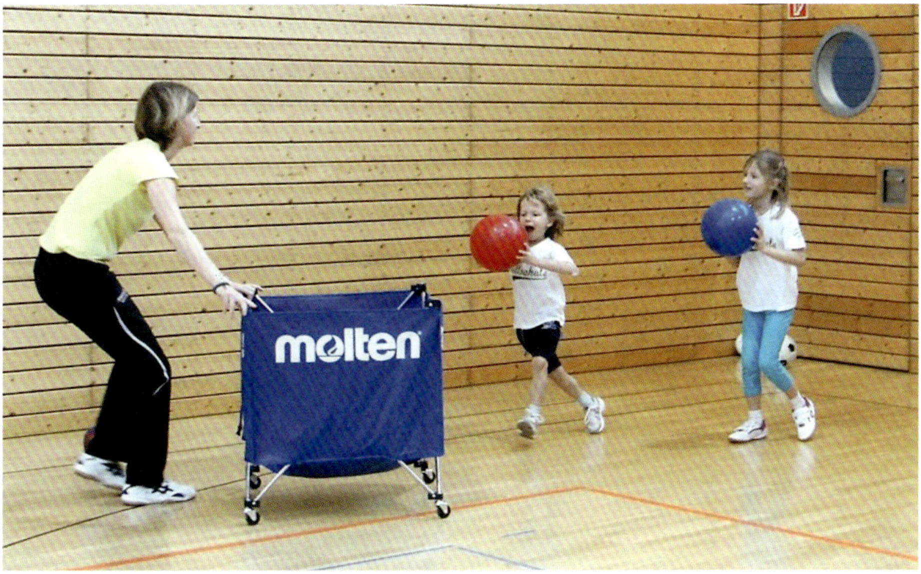

VARIATIONEN

- Wurfvariationen, z. B. Schockwürfe (von unten), beidhändig, überkopf usw. **(II/III)**
- Alle Kinder stellen sich mit vielen Soft- und/oder Tennisbällen hinter eine Turnbank. Der ÜL oder ein Kind ziehen einen Karton oder einen Kleinen Kasten auf einem Rollbrett am Seil in zwei bis drei Metern Abstand in beliebigem Tempo an der Turnbank vorbei. Die Kinder hinter der Bank müssen versuchen, ihre Bälle in den Karton/Kasten zu werfen **(II/III)**

HINWEISE

- Statt eines Ballwagens kann der ÜL auch einen Wäschekorb oder einen Karton mit einem Seil hinter sich her ziehen

PRELLENDE BÄLLE

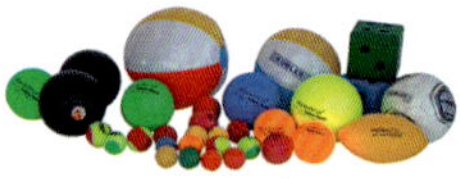

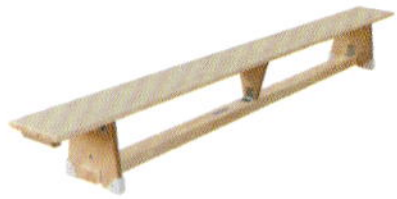

Laufweg zum Ball bestimmen	Fangen	Werfen	II

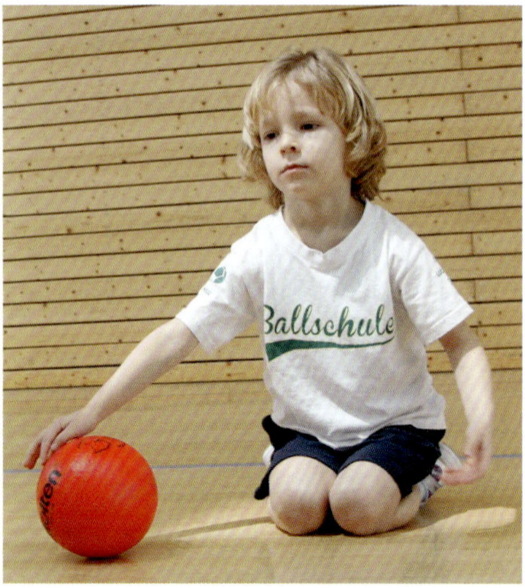

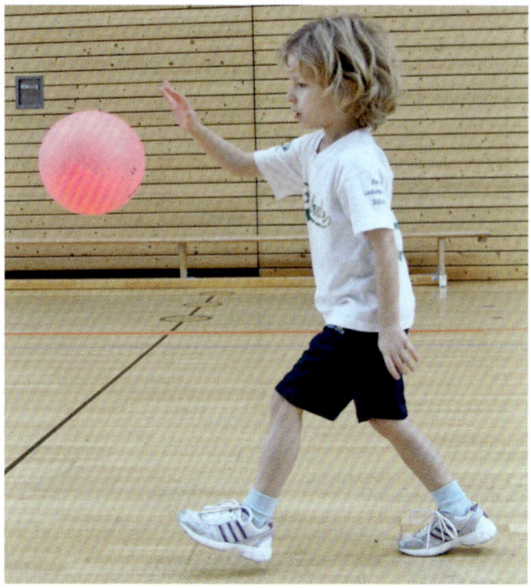

FREIES SPIEL – ERFAHRUNGSWERTE

- Kinder spielen alleine mit einem Ball
- Kinder kicken oder werfen sich einen Ball zu
- Kinder probieren Kunststücke mit dem Ball aus
- Kinder balancieren auf der Turnbank
- Kinder rollen Bälle über die Turnbank
- Kinder stellen oder legen einen Gegenstand auf die Bank und werfen ihn ab

IMPULSGELEITETES SPIEL

- Fallen euch schöne Spiele mit dem Ball und der Turnbank ein?
- Kann man die Turnbank als Tor verwenden?

AUFGABENORIENTIERTES SPIEL

Ein Spielfeld wird in der Mitte durch eine Turnbank in zwei Hälften unterteilt. In jeder Hälfte befindet sich ein Team. Der Ball wird so gespielt (Prellwurf), dass er zunächst im eigenen Spielfeld einmal den Boden berührt, bevor er in die gegnerische Hälfte fliegt.

Mögliche Bewegungsgeschichte

Auf der einen Seite der Bank lebt eine Hühnerfamilie, auf der anderen Seite eine Kuhfamilie (Kinder). Heute sind die Tiere etwas aufgeregt, weil die Kinder des Bauern gestern einen Ball im Hühnerstall vergessen haben. Nun wollen die beiden Tierfamilien mit dem Ball über den Zaun hinweg zusammen spielen. Dabei unterstützen sie sich gegenseitig und zählen wie oft sie es schaffen, den Ball hin und her zu spielen.

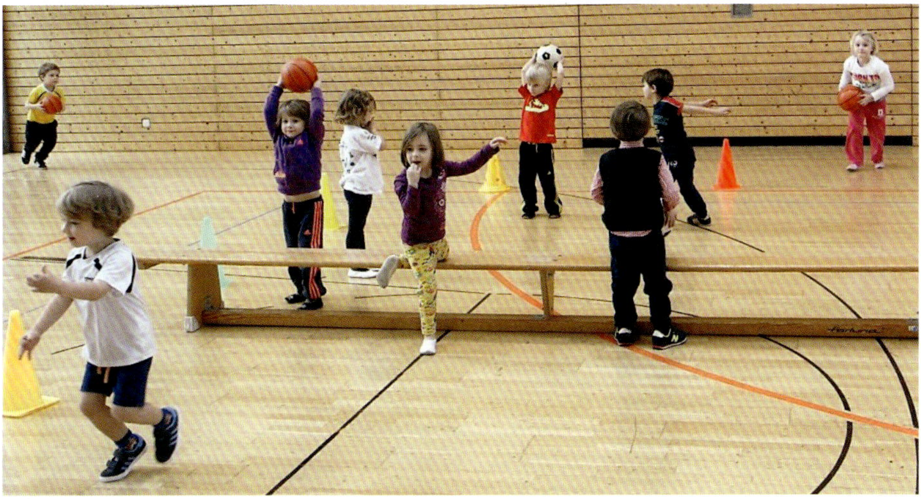

VARIATIONEN

- Der Ball darf nur zweimal **(II)** bzw. einmal **(III)** den Boden im gegnerischen Feld berühren
- Der Ball muss von der Fangstelle aus weitergespielt werden **(III)**
- Der Ball wird in die Hände genommen, fallen gelassen und im Bogen in das andere Feld gekickt **(III)**

HINWEISE

- Wer den Ball fangen konnte, spielt ihn als Prellwurf weiter.
- Größe des Spielfeldes, Anzahl der Spieler sowie Wahl des Balles gemäß dem Leistungsniveau der Kinder festlegen
- Vor dem Spiel zu zweit Prellwürfe zum Partner über die Turnbänke spielen lassen

ABWURF

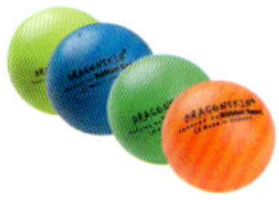
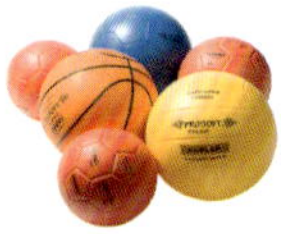
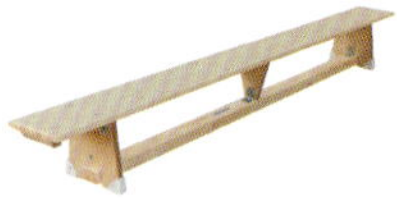

Flugbahn des Balles erkennen	Werfen		II

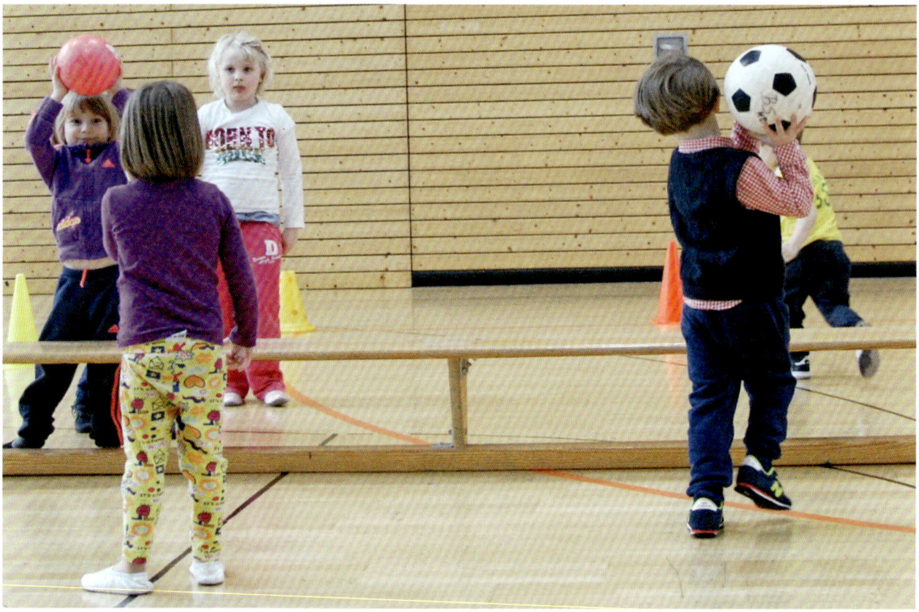

FREIES SPIEL – ERFAHRUNGSWERTE

- Kinder spielen alleine mit einem Ball
- Kinder kicken oder werfen sich einen Ball zu
- Kinder probieren Kunststücke mit dem Ball aus
- Kinder balancieren auf der Turnbank
- Kinder rollen Bälle über die Turnbank

IMPULSGELEITETES SPIEL

- Fallen euch schöne Spiele mit dem Ball und der Turnbank ein?
- Kann man die Turnbank als Tor verwenden?

AUFGABENORIENTIERTES SPIEL

Es werden zwei Teams gebildet und das Spielfeld wird durch eine Bank getrennt. Ein Ball wird hin- und hergeworfen. Dabei versucht Team 1 auf der einen Seite der Bank, die Kinder aus Team 2 auf der anderen Seite abzuwerfen und umgekehrt. Wird ein Kind abgeworfen, muss es zum Gegnerteam wechseln.

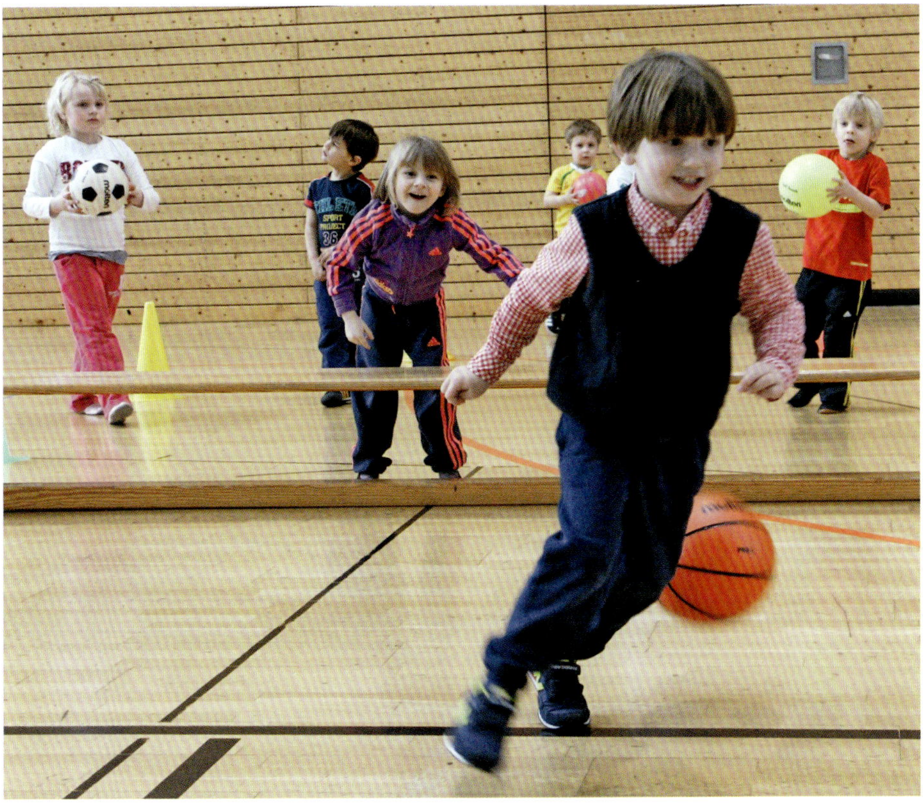

Mögliche Bewegungsgeschichte

Auf der einen Seite der Bank leben die Wespen, auf der anderen Seite die Bienen. Die Insekten veranstalten eine Pollenschlacht, indem sie versuchen, die jeweils gegnerische Mannschaft mit Pollen (Bällen) abzuwerfen. Wurde eine Wespe bzw. Biene von den Pollen getroffen, verwandelt sie sich in das jeweils andere Insekt und wechselt die Seite.

VARIATIONEN

- Die Kinder verbleiben nach einem Abwurf in ihrem Team und zählen, wie oft sie getroffen wurden. Wer am Ende die wenigsten Treffer hatte, hat gewonnen **(II)**
- Es wird mit zwei Bällen gespielt **(III)**

HINWEISE

- Weiche Bälle verwenden

WAND(AB)PRALLER

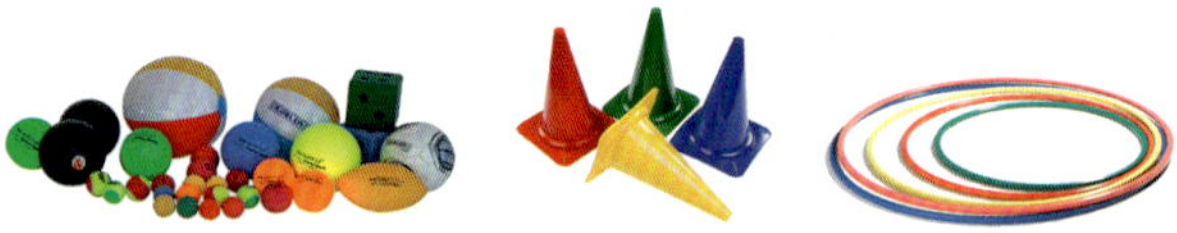

Flugbahn des Balles erkennen	Präzisionsdruck	Fangen	II

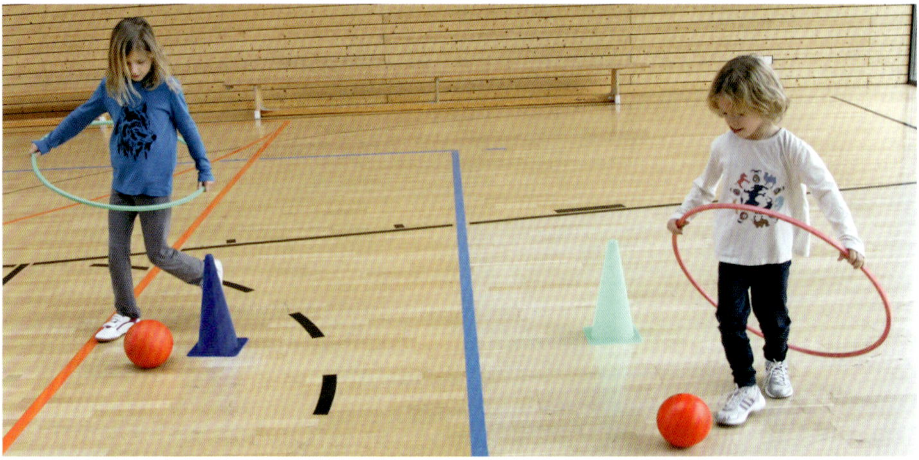

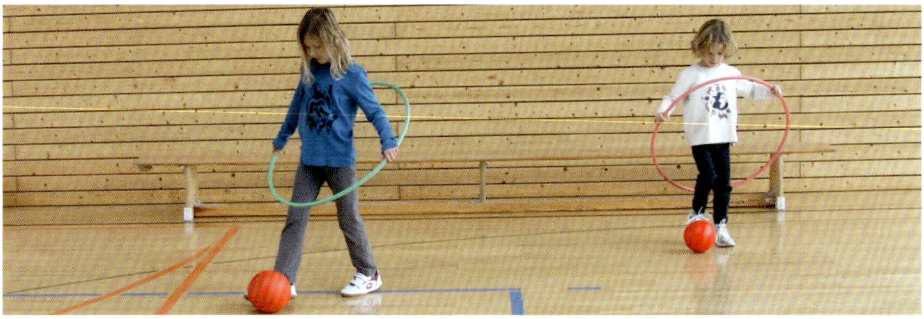

FREIES SPIEL – ERFAHRUNGSWERTE

- Kinder spielen entweder nur mit Reifen oder nur mit Bällen
- Kinder legen den Reifen auf den Boden und hüpfen hinein
- Kinder sammeln Bälle in den liegenden Reifen
- Kinder kicken oder werfen sich einen Ball zu
- Kinder werfen oder kicken in/durch die Reifen

IMPULSGELEITETES SPIEL

- Heute sind wir im Reifen-Land. Dort spielen die Kinder mit den Reifen und dem Ball. Kann man den Reifen als Tor oder Ziel verwenden?

AUFGABENORIENTIERTES SPIEL

Jedes Kind sucht sich einen Platz vor einer Wand. Es hat einen Ball und einen Gymnastikreifen, der vor der Wand liegt. Der Ball soll aus verschiedenen Körperpositionen so gegen die Wand geworfen werden, dass der Ball im Reifen aufspringt und dann gefangen wird.

Mögliche Bewegungsgeschichte

Die Kinder haben alle einen Riesenfloh (Ball) und bringen ihm kleine Kunststücke bei, z. B. von der Wand in den Reifen zu springen.

VARIATIONEN

- An der Wand oder an einer Schnur/Leine, die durch den Raum gespannt wird, werden Zeitungen befestigt, die getroffen werden sollen **(II/III)**
- Den Ball ohne Bodenkontakt im Reifen fangen
- Rückwärts werfen und den Ball nach Bodenkontakt und einer halben Drehung fangen **(III)**
- Als Partnerübung: A wirft den Ball gegen die Wand, von dort springt er auf den Boden in den Reifen, danach versucht ihn B zu fangen **(III)**

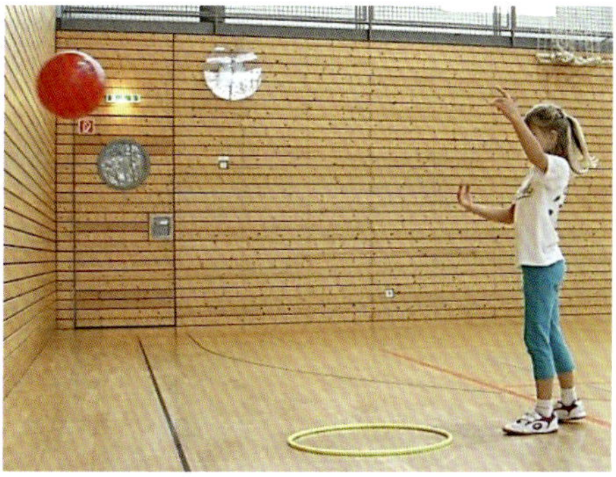

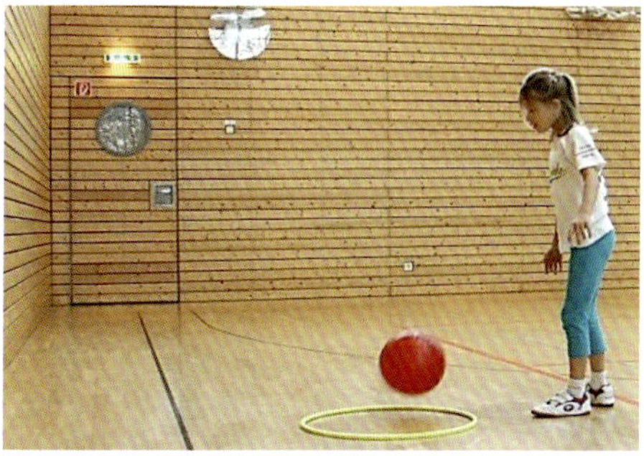

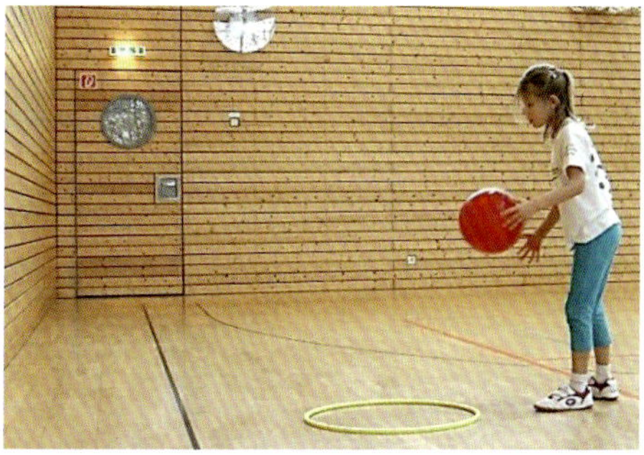

HINWEISE

- Kinder dazu ermuntern, den Ball unterschiedlich hoch gegen die Wand zu werfen und die jeweilige Flugbahn zu beobachten
- Abstand zur Wand variieren
- Gelingt das mit allen Bällen? Mit welchen Bällen gelingt es besser?

PASST – PASST NICHT (vgl. Kosel et al., 2005)

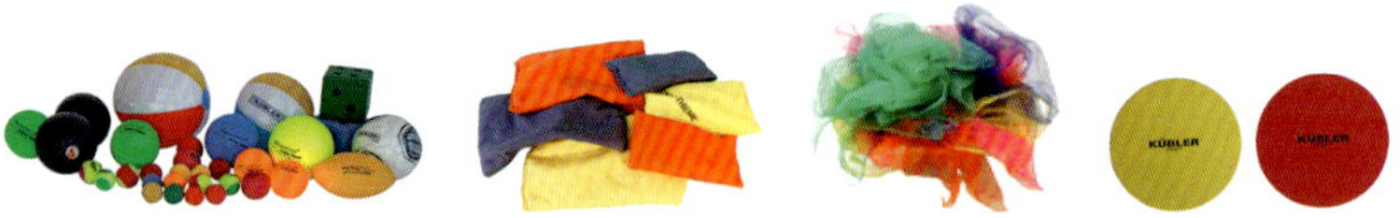

Komplexitätsdruck Präzision	Prellen	Dribbeln	II

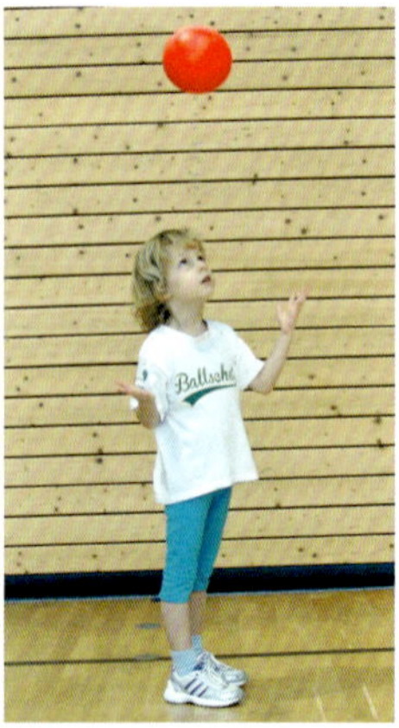

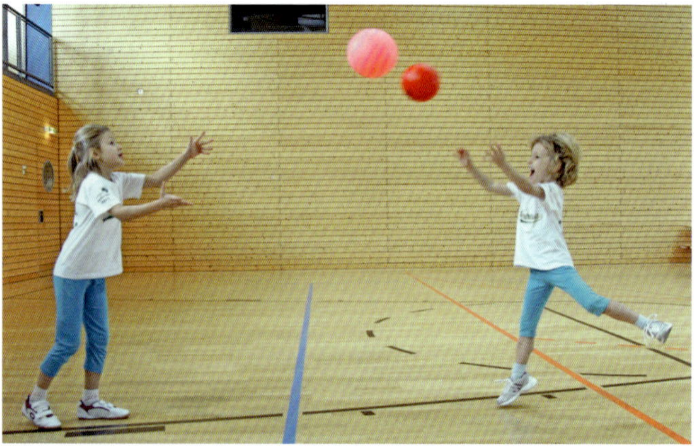

FREIES SPIEL – ERFAHRUNGSWERTE

- Kinder spielen alleine mit einem Ball
- Kinder kicken oder werfen sich einen Ball zu
- Kinder probieren Kunststücke mit dem Ball aus
- Kinder werfen oder kicken an die Wand
- Kinder spielen mit Kleinmaterialien (z. B. Sandsäckchen, Tücher, Bierdeckel, Tischtennisbälle, Kochlöffel)

AUFGABENORIENTIERTES SPIEL

Es wird eine Kiste mit gleich vielen Kleinmaterialien und Bällen vorbereitet. Aus ihr nimmt sich jedes Kind einen Gegenstand heraus. Dabei sollte jeder Gegenstand doppelt vorhanden sein. Die Kinder laufen mit dem Gegenstand auf den Linien in der Halle. Immer wenn sie einem Kind begegnen, zeigen sie ihren Gegenstand. Passen die Gegenstände zusammen, rufen die Kinder „Passt" und tauschen die Materialien. Passen sie nicht, rufen sie „passt nicht" und laufen weiter. Auf ein Signal des ÜL bringen alle Kinder ihre Materialien möglichst schnell zurück zur Kiste und suchen sich etwas Neues aus.

Mögliche Bewegungsgeschichte

In einer Kiste ist Obstsalat, in dem es jede Menge unterschiedlicher Obstsorten gibt, z. B. Äpfel (rote Bälle), Pflaumen (Tücher), Kirschen (Bierdeckel) usw. Der Obstsalat ist zwar ganz durcheinander, aber es gibt von jedem Obst zwei Stücke. Nun nimmt sich jedes Kind ein Stück Obst und läuft damit durch den Raum. Trifft es die gleiche Obstsorte, werden die Obststücke getauscht. Die Kinder können zu Beginn auch selber entscheiden, welche Obstsorte für welches Kleingerät steht.

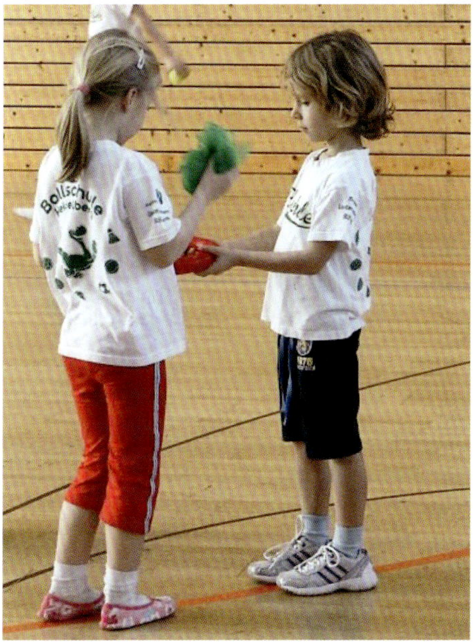

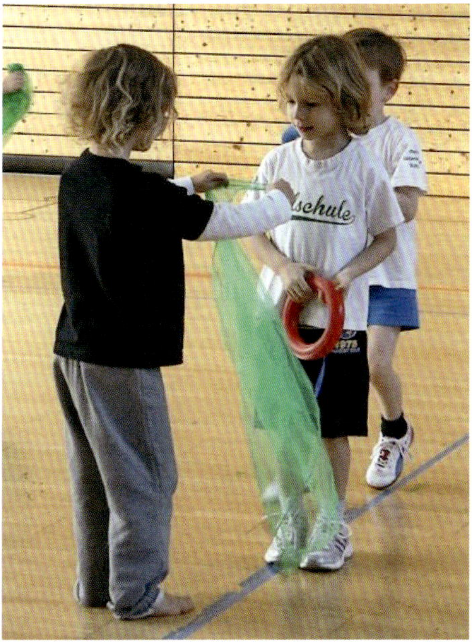

VARIATIONEN

- Die Kinder mit Bällen rollen den Ball auf den Linien **(II)**
- Die Kinder mit Bällen prellen den Ball auf den Linien **(II/III)**
- Die Kinder mit Bällen dribbeln den Ball auf den Linien **(II/III)**
- Die Kinder mit Bällen werfen sich bei der Übergabe den Ball aus einem Meter Entfernung zu **(II/III)**
- Die Kinder mit Bällen kicken sich bei der Übergabe den Ball aus einem Meter Entfernung zu **(II/III)**

HINWEISE

- Jedes Kind soll sich abwechselnd ein Kleinmaterial und einen Ball holen

VERZAUBERN UND ERLÖSEN

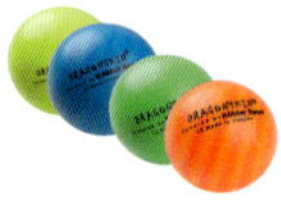

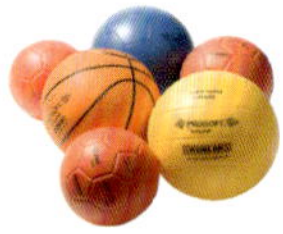

Flugbahn des Balles erkennen	Werfen	Komplexitätsdruck Zeit & Präzision	II

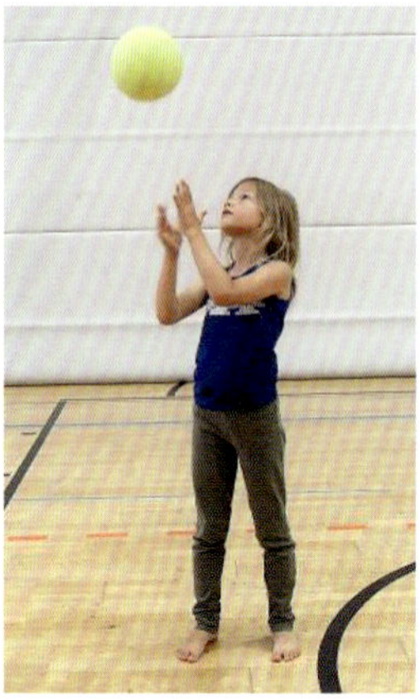

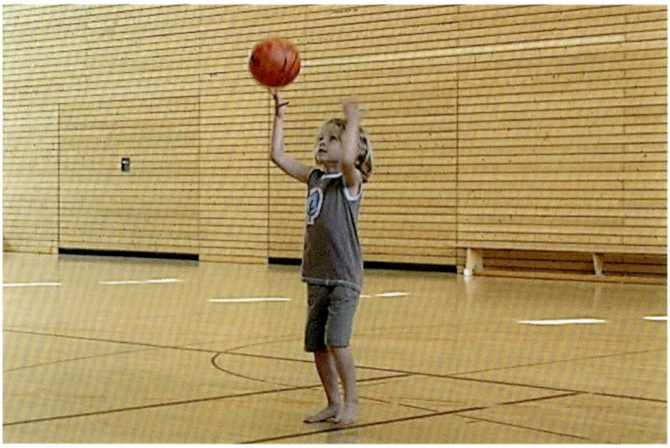

FREIES SPIEL – ERFAHRUNGSWERTE

- Kinder spielen alleine mit einem Ball
- Kinder kicken oder werfen sich einen Ball zu
- Kinder probieren Kunststücke mit dem Ball aus
- Kinder werfen oder kicken an die Wand

IMPULSGELEITETES SPIEL

- Jedes Kind erhält einen Ball. Nach freiem Spielen zeigen die Kinder, was sie ausprobiert haben
- Die Artisten (Kinder) machen verschiedene Kunststücke mit dem Ball vor

AUFGABENORIENTIERTES SPIEL

Eines der Kinder wird zum Fänger ernannt. Es muss versuchen, die anderen Kinder mit einem Ball abzuwerfen. Ist ein Kind getroffen, werden die Rollen getauscht oder das gefangene Kind kann sich befreien lassen, indem ein anderes Kind durch seine Beine krabbelt.

Mögliche Bewegungsgeschichte
Der Fänger ist der Jäger, der die Hasen mit dem Ball treffen muss.

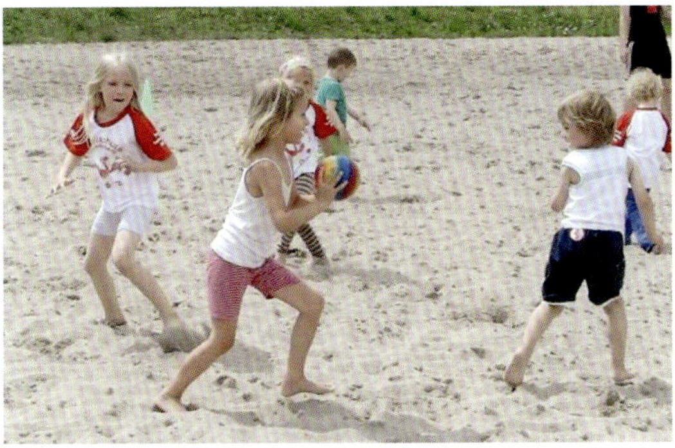

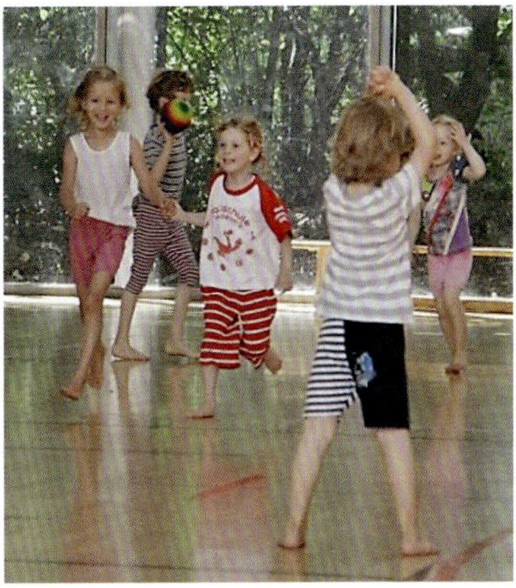

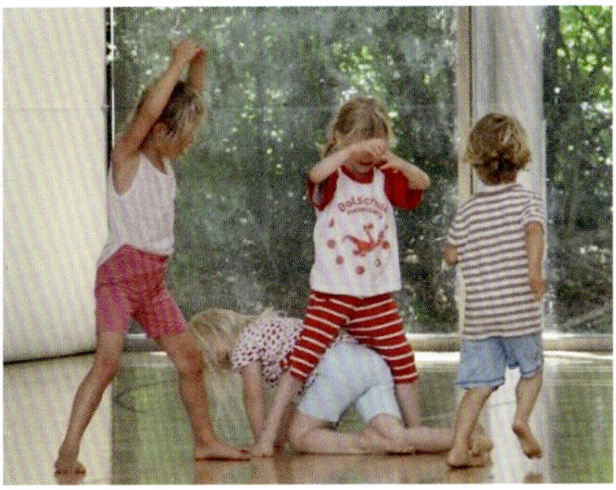

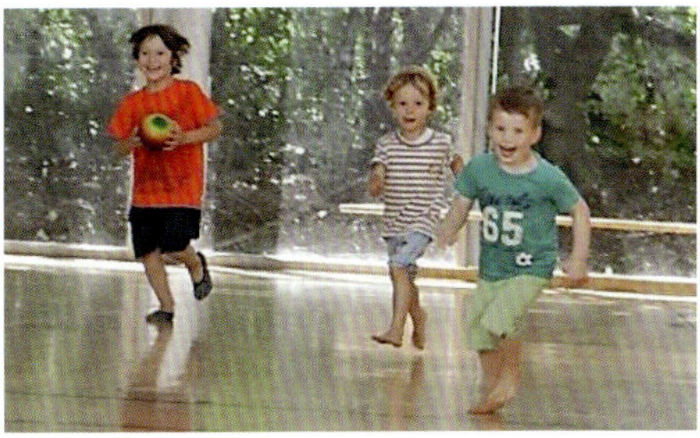

VARIATIONEN

- Vorschläge der Kinder zum Befreien aufnehmen **(I/II/III)**
- Mit Riesenball rollen **(II)**
- Zwei Fänger in einem größeren Feld, in dem auch Schutzbarrieren (Kästen usw.) stehen. Dort darf sich immer nur ein Kind aufhalten und ausruhen, bis es von einem anderen Kind abgelöst wird **(III)**

HINWEISE

- Mit weichem Ball spielen
- Nur Beintreffer sind erlaubt
- Am Anfang kann der ÜL die Fängerrolle übernehmen. Dadurch kann man verhindern, dass schwächere Kinder immer zuerst abgeworfen werden
- Die Fänger können beliebige Rollen annehmen, dementsprechend bekommen die Kinder, die gefangen werden, ebenfalls eine Rolle, z. B. „Hase und Jäger", „Maus und Katz" oder „Zwerg und Zauberer"

TREIBBALL

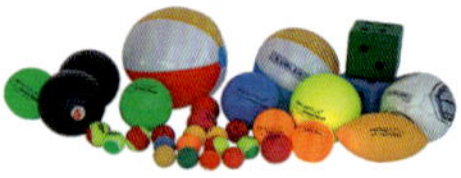

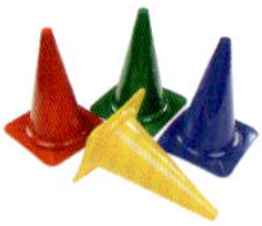

Präzisionsdruck | II

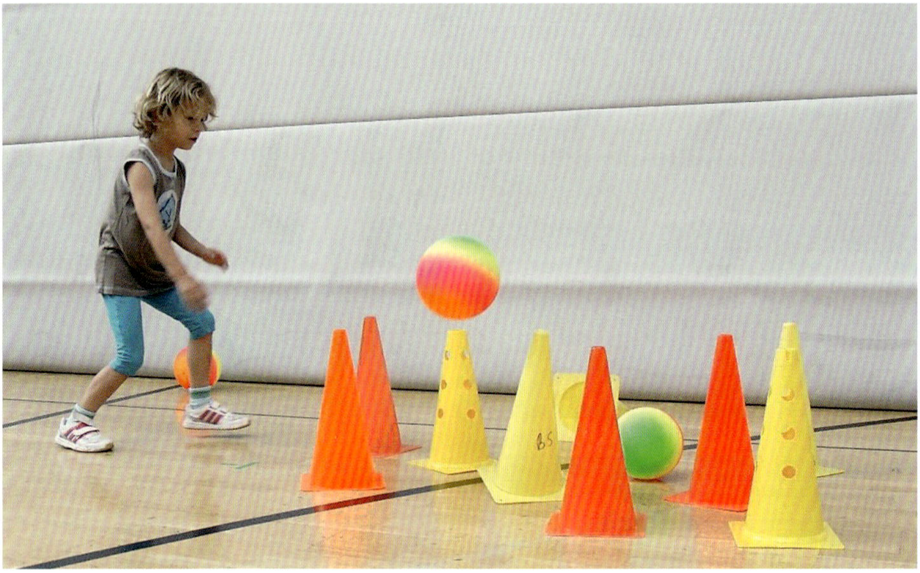

FREIES SPIEL – ERFAHRUNGSWERTE

- Kinder spielen alleine mit einem Ball
- Kinder kicken oder werfen sich einen Ball zu
- Kinder kicken/werfen auf die Hütchen
- Kinder laufen um die Hütchen herum
- Kinder probieren Kunststücke mit dem Ball aus

IMPULSGELEITETES SPIEL

- Wie kann man die Hütchen aufstellen, damit man sie im Slalom umlaufen kann? Probiert verschiedene Formen aus
- Wer schafft es, um die Hütchen zu dribbeln, zu prellen usw.?
- Könnt ihr mit dem Ball ein Hütchen umwerfen, umkicken? Wenn ihr getroffen habt, geht etwas weiter weg

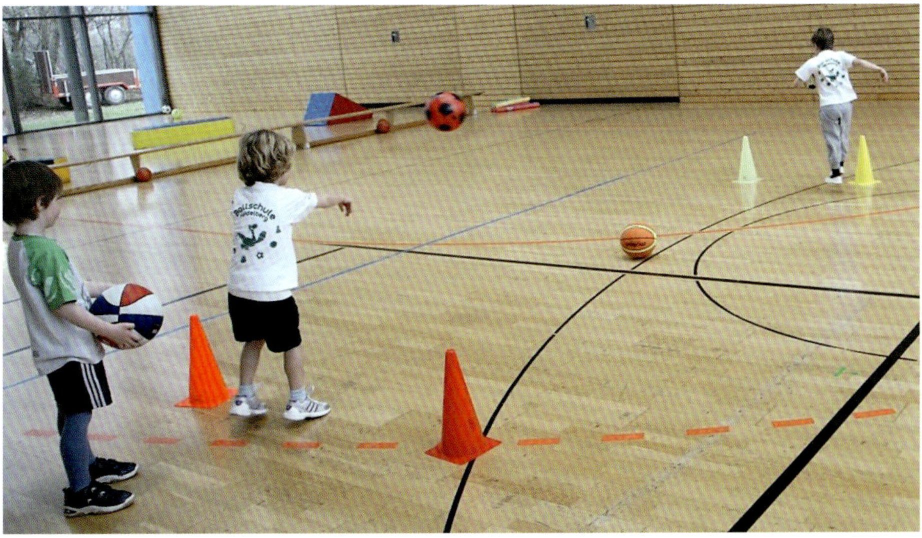

AUFGABENORIENTIERTES SPIEL

Zwei Teams stehen sich gegenüber. Jedes Team hat eine Linie, von der das Rollen der Bälle erfolgen muss. Vor jeder Abrolllinie befindet sich – durch Hütchen markiert – eine zusätzliche „Hütchen-Linie". In der Mitte zwischen den Teams liegt ein Ball. Jedes Kind hat einen Ball und versucht, den Ball in der Mitte so zu treffen, dass er über die gegnerische „Hütchen-Linie" rollt.

Mögliche Bewegungsgeschichte
In der Mitte liegt eine dicke faule Apfelsine, die keine der beiden Teams bei sich im Garten haben will, der hinter dem Zaun (Hütchen-Linie) beginnt.

VARIATIONEN

- Den Ball mit dem Fuß stoßen, werfen oder einen Schläger einbeziehen **(III)**
- Abstand der Abrolllinie variieren **(I/II/III)**
- Größe der Bälle variieren **(II/III)**
- Mehrere Luftballons statt eines Balles in die Mitte legen **(II)**

HINWEISE

- Regeln u. a. für das Aufsammeln der Bälle vereinbaren lassen

BOXEN

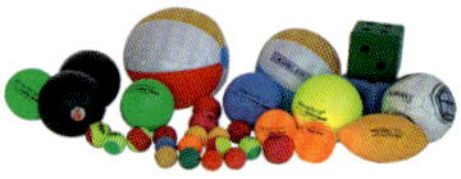

Spielpunkt des Balles bestimmen	Präzisionsdruck	Werfen	II

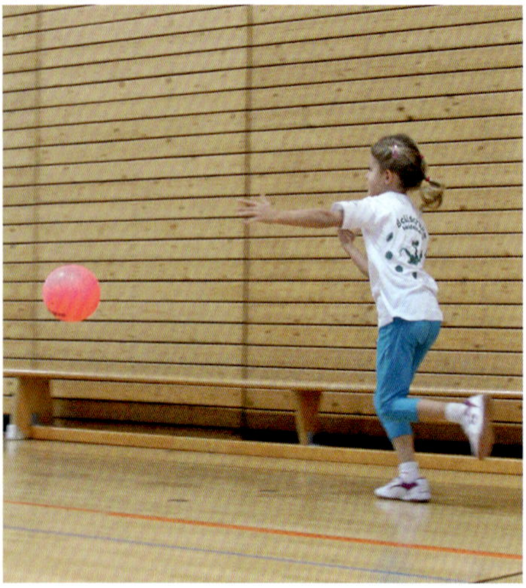

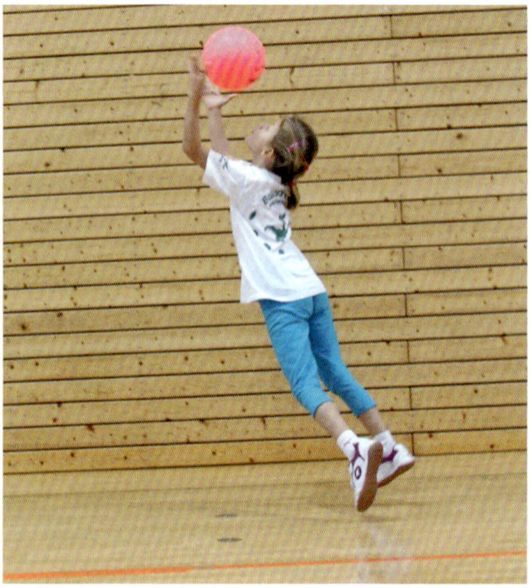

FREIES SPIEL – ERFAHRUNGSWERTE

- Kinder spielen alleine mit einem Ball
- Kinder kicken oder werfen sich einen Ball zu
- Kinder probieren Kunststücke mit dem Ball aus
- Kinder werfen oder kicken an die Wand

IMPULSGELEITETES SPIEL

- Jedes Kind erhält einen Ball. Nach freiem Spielen zeigen die Kinder, was sie ausprobiert haben
- Die Artisten (Kinder) machen verschiedene Kunststücke mit dem Ball vor

AUFGABENORIENTIERTES SPIEL

A und B stehen sich gegenüber. Jedes Kind hat einen Ball. A wirft zielgenau seinen Ball in Kopfhöhe zu B. B hält seinen Ball fest in den Händen und „boxt" den anfliegenden Ball wieder zu A zurück. A fängt den Ball.

Mögliche Bewegungsgeschichte
Die geworfenen Bälle sind Gespenster, die sich freuen, wenn sie fliegen dürfen.

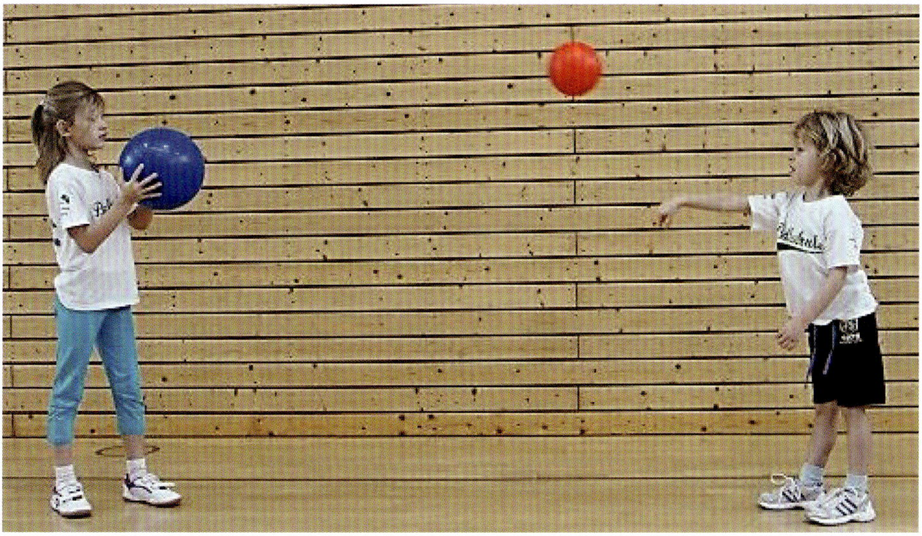

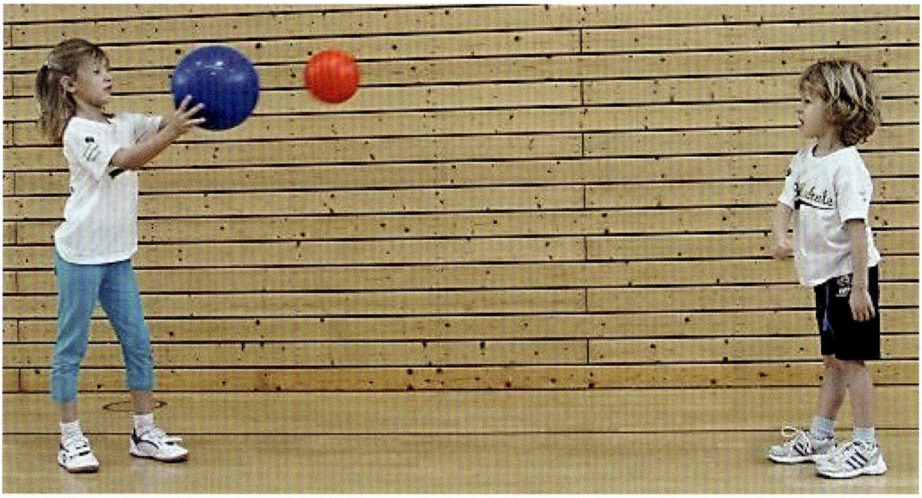

VARIATIONEN

- Abstand langsam vergrößern **(II)**
- A variiert Zuspielhöhe **(III)**
- A variiert Wurfarten, z. B. Schockwurf (von unten), beidhändig, überkopf, Prellwürfe usw. **(II/III)**

HINWEISE

- Für B ist es einfacher, wenn der Ball möglichst groß und weich ist

TREFFBALL

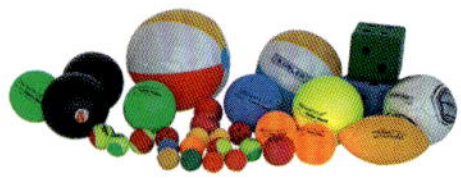
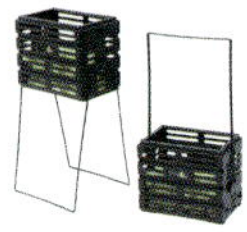
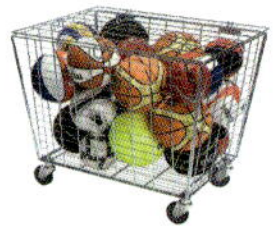
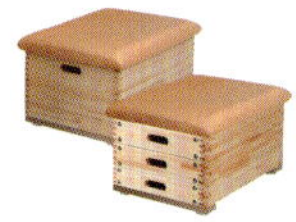

Präzisionsdruck	Werfen		II

FREIES SPIEL – ERFAHRUNGSWERTE

- Kinder spielen alleine mit einem Ball
- Kinder kicken oder werfen sich einen Ball zu
- Kinder probieren Kunststücke mit dem Ball aus
- Kinder rollen, werfen, kicken gegen die Behälter
- Kinder umdribbeln oder umprellen die Behälter

IMPULSGELEITETES SPIEL

- Wer trifft einen Behälter?
- Trefft ihr auch, wenn ihr weiter weg steht?

AUFGABENORIENTIERTES SPIEL

Die Kinder sollen vom größten Behälter ausgehend in die verschiedenen Behälter treffen. Wenn sie es geschafft haben, dürfen sie jeweils zum nächst kleineren weitergehen.

Mögliche Bewegungsgeschichte

Die Frösche (Bälle) würden gerne zu ihren Teichen (Behältern), um dort den Laich abzulegen. Allerdings müssen sie dazu eine große Straße überqueren (Abstand zu den Behältern). Sie versuchen, über die Straße zu springen und direkt am Teich zu landen, damit sie nicht überfahren werden. In jeden Teich möchten unterschiedliche Frösche, deshalb die Frösche am jeweiligen Teich lassen und nicht zum nächsten Teich mitnehmen. Am größten Teich leben z. B. die Basketballfrösche (Basketbälle), am kleinsten die Laubfrösche (grüne Bälle).

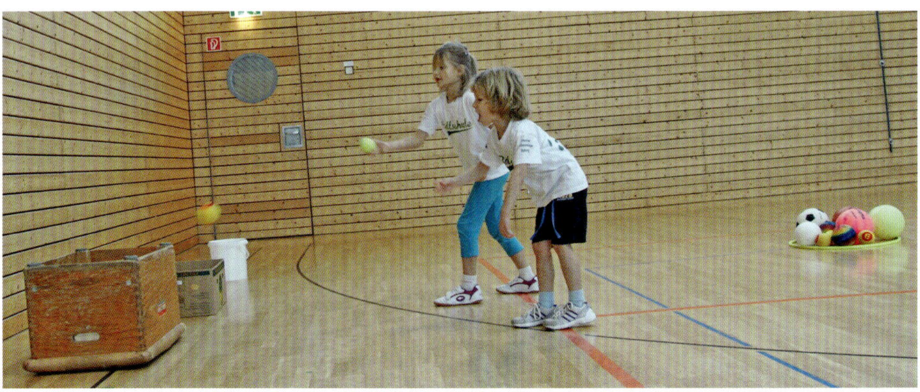

Oder: Die Behälter stellen unterschiedlich große Wasserflächen dar (Pfütze, Weiher, See, Meer) und die Bälle sind Steine, die in das Wasser geworfen werden.

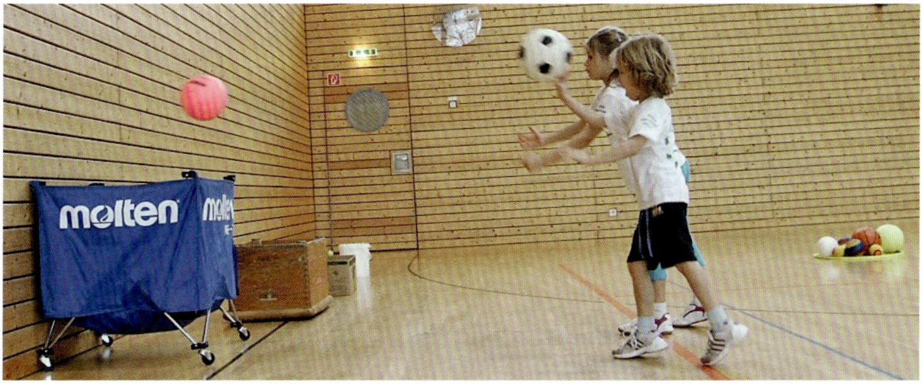

VARIATIONEN

- Abstände variieren
- Wurfarten variieren, z. B. Schockwurf (von unten), beidhändig, überkopf , Prellwürfe usw. **(II/III)**
- Die Behälter haben „Fahrer". In die sich bewegenden Behälter treffen **(III)**
- Die Behälter stehen an der Wand. So an die Wand werfen, dass der Ball in die Behälter fällt **(III)**

10

MINI-BALLSCHULE

MINI-SPIELREIHEN

5- BIS 6-JÄHRIGE KINDER

Register 141

Praktische Beispielsammlung 142

REGISTER

Name des Spiels	Komplexität	Seite
Reifenprellen	III	142
Passball	III	144
Hütchenball	III	146
Königsball	III	148
Aufstehen	III	150
Ball erobern	III	152
Einsammeln	III	154
High-T-Ball	III	156
Low-T-Ball	III	158
Schlappenhockey	III	160
Synchronspiel	III	162
Kastenball	III	164
Luftballontennis	III	166
Schwieriger Balltransport	III	168
Kunststücke mit dem Riesenball	III	170

REIFENPRELLEN

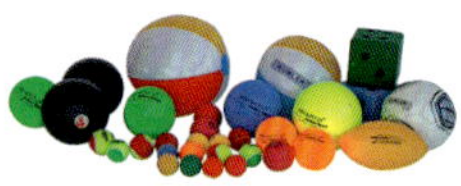
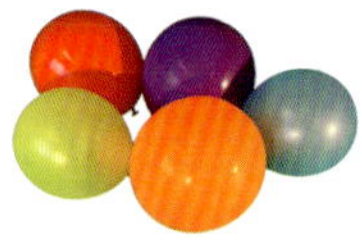
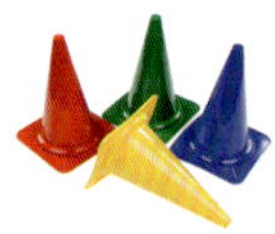
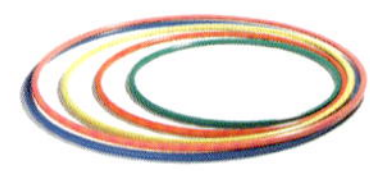

Spielpunkt des Balles bestimmen	Komplexitätsdruck Präzision	Prellen	III

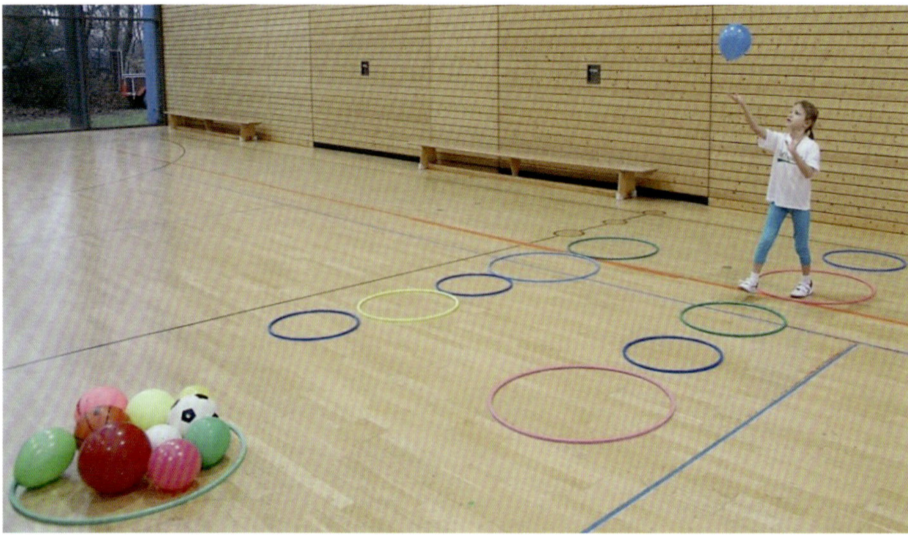

FREIES SPIEL – ERFAHRUNGSWERTE

- Kinder spielen entweder nur mit Reifen oder nur mit Luftballons
- Kinder schlagen, kicken oder werfen sich einen Luftballon (Ball) zu
- Kinder legen den Reifen auf den Boden und hüpfen hinein
- Kinder sammeln Luftballons (Bälle) in den liegenden Reifen
- Kinder werfen oder kicken in/durch die Reifen

IMPULSGELEITETES SPIEL

- Wie könnt ihr euch durch die Reifenbahnen fortbewegen?
- Geht das auch mit Ball?

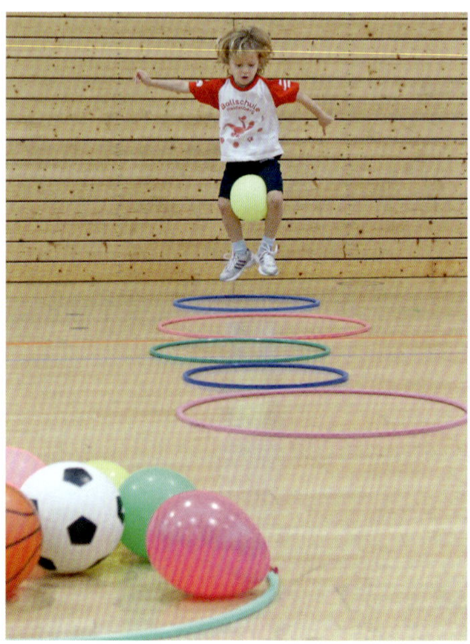

AUFGABENORIENTIERTES SPIEL

In Kleingruppen (drei bis vier Kinder pro Gruppe) legen die Kinder jeweils eine Bahn, die aus fünf bis sechs aneinander gereihten Gymnastikreifen besteht. Jedes Kind hat einen Luftballon und die Aufgabe, den Luftballon so nach vorne zu schlagen, dass es in den vor sich liegenden Reifen springen und von dort den nächsten Schlag ausführen kann usw.

Mögliche Bewegungsgeschichte

Der Luftballon möchte gerne über das Wasser (mit Hütchen markieren, wo das Wasser anfängt und aufhört). Allerdings gibt es noch keine Brücke (Reifen). Die Kinder haben die Aufgabe, im Team eine Brücke zu bauen und den Luftballon sicher auf die andere Seite zu bringen.

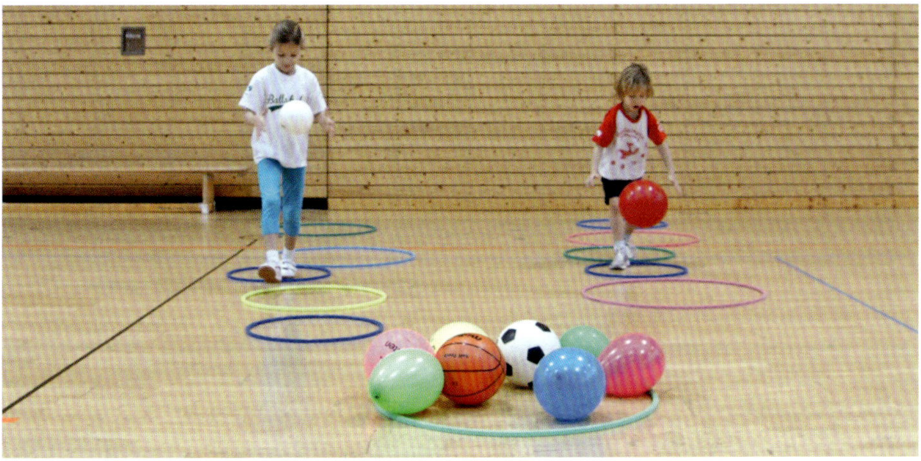

VARIATIONEN

- Die Kinder laufen durch die Reifen und prellen (beidhändig) den Ball einmal in jeden Reifen. Nach jedem Prellen den Ball wieder fangen und in den nächsten Reifen laufen **(II/III)**
- Das Kind läuft neben der Reifenbahn (rechts oder links) und prellt den Ball in den Reifen (einhändig) **(II/II)**
- Der Abstand zwischen den Reifen wird vergrößert und die Kinder prellen um die Reifen herum **(II/III)**
- Reifen umprellen mit einem zusätzlichen, zwischen den Füßen eingeklemmten Luftballon **(III)**

HINWEISE

- Methodische Hilfe: Zunächst die Reifenbahn ohne eine Schlagbewegung durchlaufen, dann hüpfend durchqueren, dann zusätzlich mit einem getragenen Ball und schließlich mit dem Luftballon
- Das nächste Kind darf erst starten, wenn das vorherige sich beim zweiten oder dritten Reifen befindet

PASSBALL

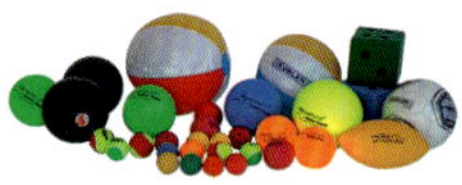 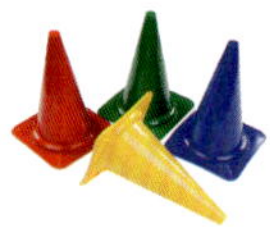 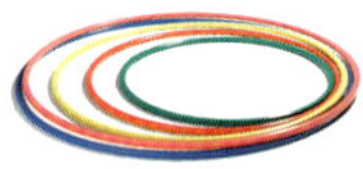 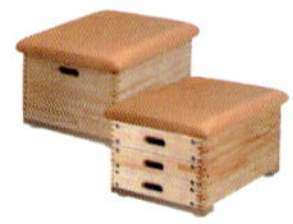

Zeitdruck	Werfen	Fangen	III

FREIES SPIEL – ERFAHRUNGSWERTE

- Kinder spielen alleine mit einem Ball
- Kinder kicken oder werfen sich einen Ball zu
- Kinder kicken/werfen auf die Hütchen
- Kinder laufen um die Hütchen herum
- Kinder probieren Kunststücke mit dem Ball aus
- Kinder werfen in die Kästen oder in/durch die Reifen

IMPULSGELEITETES SPIEL

- Auf welche verschiedenen Arten können die Bälle in die Kästen/Reifen transportiert werden?
- Könnt ihr die Bälle um die Kästen/Reifen rollen, prellen usw.?
- Stellt euch in einen Reifen. Könnt ihr von dort euren Ball in einen kleinen Kasten werfen?

AUFGABENORIENTIERTES SPIEL

Die Kinder werden in zwei Mannschaften aufgeteilt und verteilen sich über die Hallenlänge mit einem Abstand von ca. ein bis zwei Metern. Bei jedem Kind steht ein Hütchen. Am Anfang und am Ende der Reihe steht für beide Mannschaften ein kleiner Kasten oder ein Reifen, der mit der gleichen Anzahl an Bällen gefüllt ist (sechs bis zehn Bälle). Die Kinder sollen sich nun mit Pässen die Bälle nacheinander zuspielen und schnell in den gegenüberliegenden Kasten (Reifen) transportieren.

Mögliche Bewegungsgeschichte

Die Narren sind los! Es ist Karneval. Die Kinder fragen: „Was macht man an Karneval?" „Wart ihr schon einmal verkleidet?" Heute gibt es einen großen Umzug. Der Umzugswagen (gegenüberliegenden Kästen) muss schnell wieder mit Süßigkeiten (Bällen) beladen werden.

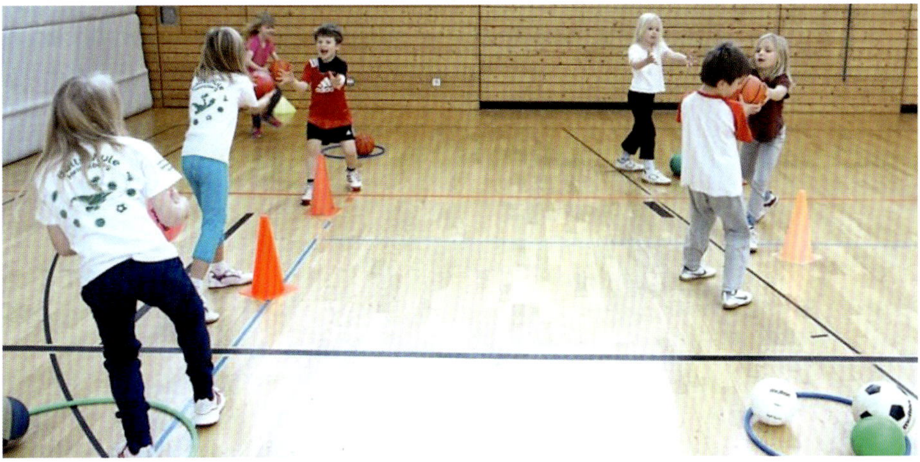

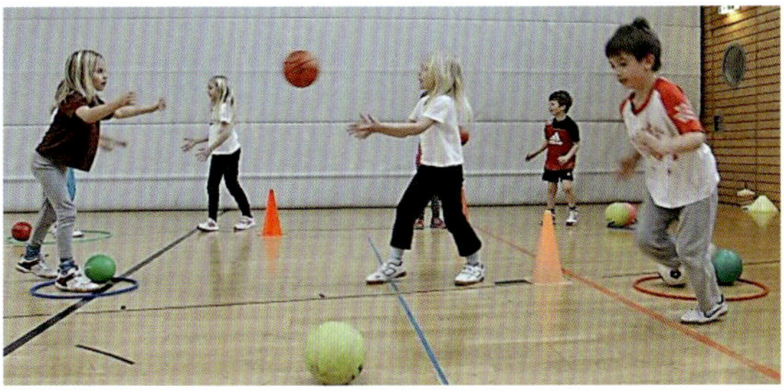

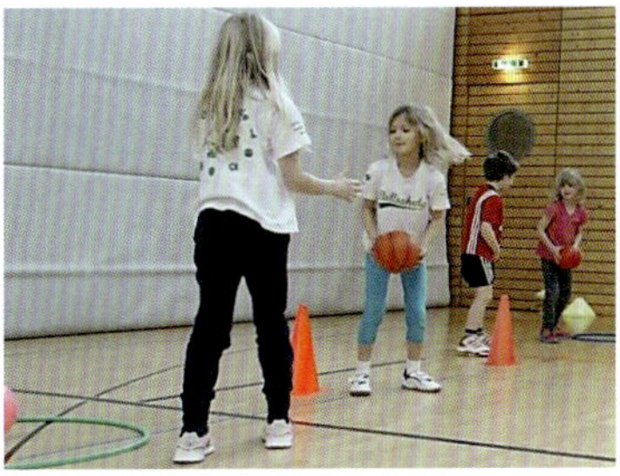

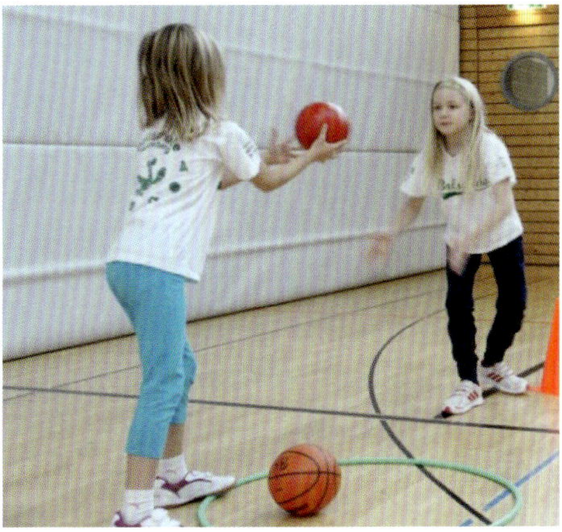

VARIATIONEN

- Mit Luftballons **(II)**
- Zuspielarten variieren (mit Bodenpass, rollen, kicken, schlagen) **(II/III)**
- Zwischen den Zuspielen drei Schritte prellen oder dribbeln **(III)**

HÜTCHENBALL

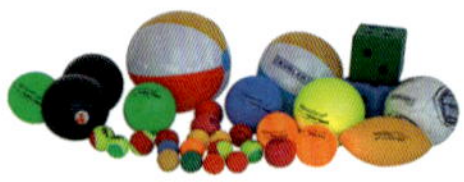 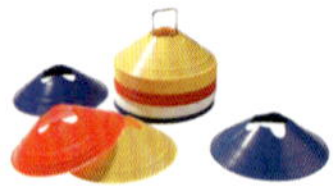

Dribbeln	Komplexitätsdruck Zeit & Präzision		III

FREIES SPIEL – ERFAHRUNGSWERTE

- Kinder spielen alleine mit einem Ball
- Kinder kicken oder werfen sich einen Ball zu
- Kinder kicken/werfen auf die Hütchen
- Kinder laufen um die Hütchen herum
- Kinder probieren Kunststücke mit dem Ball aus

IMPULSGELEITETES SPIEL

- Denkt euch ein Kunststück aus! Dann dürft ihr es vormachen
- Wie kann man die Hütchen aufstellen, damit man sie im Slalom umlaufen kann? Probiert verschiedene Formen aus
- Wer schafft es, um die Hütchen zu dribbeln, zu prellen usw.?
- Könnt ihr mit dem Ball ein Hütchen umwerfen, umkicken? Wenn ihr getroffen habt, geht etwas weiter weg

AUFGABENORIENTIERTES SPIEL

An einer Hallenseite steht pro Kind ein Hütchen (kleine Hütchen, mit einem Loch oben). Alle Kinder dribbeln in der anderen Hallenhälfte mit dem Ball. Auf ein Signal des ÜL nehmen die Kinder den Ball in die Hand, laufen zu den Hütchen und legen den Ball auf ein Hütchen.

Mögliche Bewegungsgeschichte
Die Hütchen sind kleine Nilpferde, die im Zoo leben und mehrmals am Tag gefüttert werden müssen. Am liebsten fressen sie Kohlköpfe (Bälle). Die Tierpfleger spielen mit den Kohlköpfen ein bisschen Fußball, bis die Nilpferdmutter/-vater (ÜL) lauft ruft, dass die Nilpferde jetzt gefüttert werden müssen. Die Nilpferdmutter/-vater sagt auch Bescheid, wenn die kleinen Nilpferde satt sind, dann können die Kohlköpfe wieder mitgenommen werden.

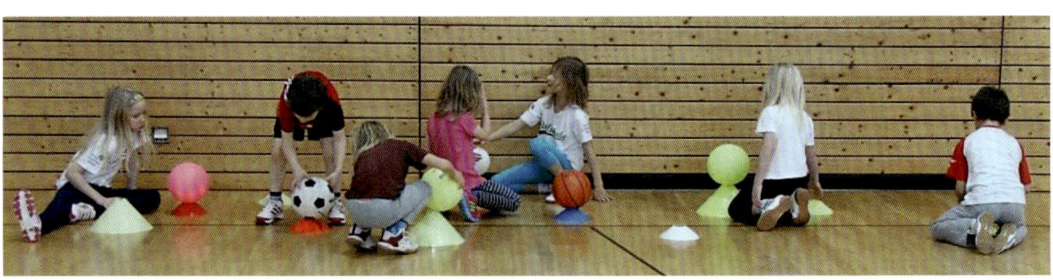

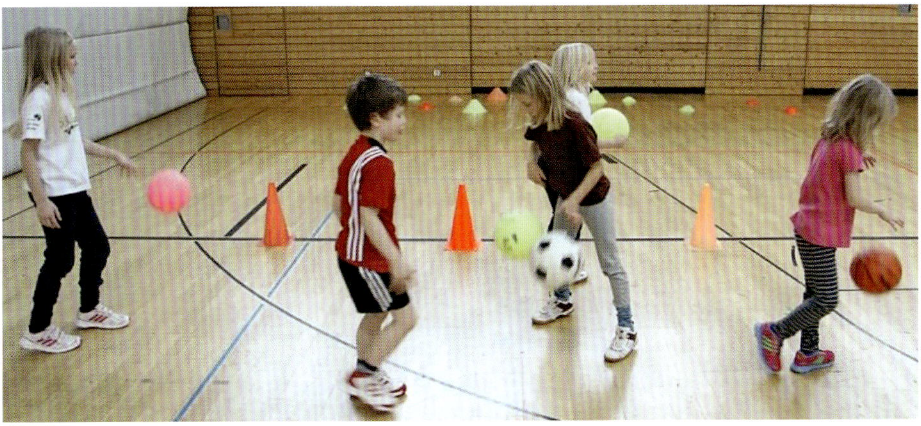

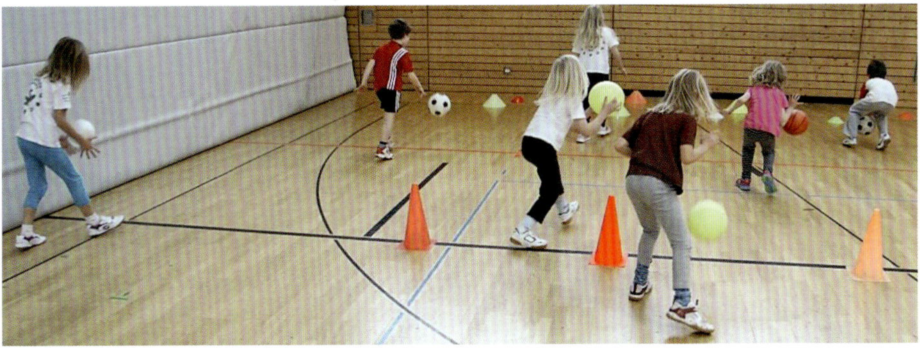

VARIATIONEN

- Nachdem sie den Ball auf das Hütchen gelegt haben, laufen die Kinder in das Feld zurück und holen auf ein neues Kommando den Ball wieder **(II)**
- Mit dem Ball zum Hütchen dribbeln **(II/III)**
- Mit dem Ball zum Hütchen prellen **(II/III)**

KÖNIGSBALL

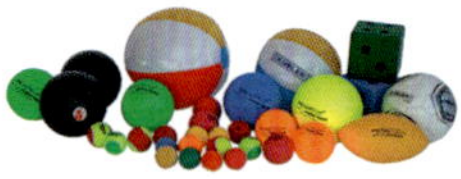

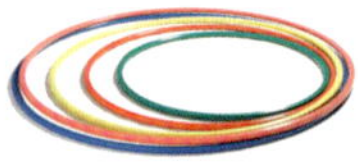

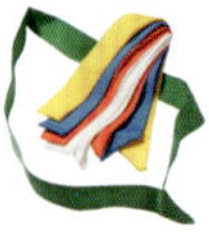

Ballbesitz kooperativ sichern	Anbieten & Orientieren		III

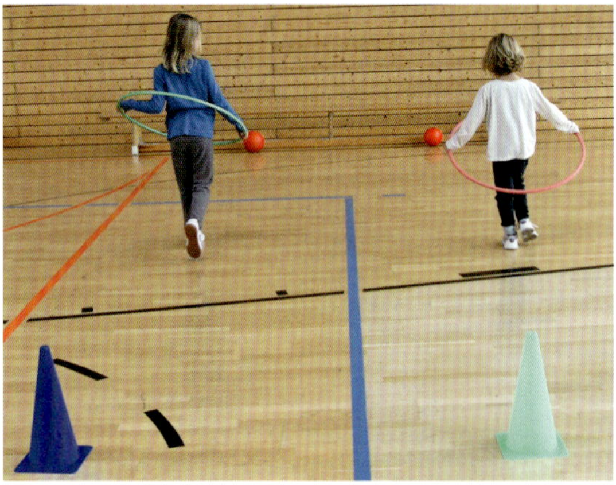

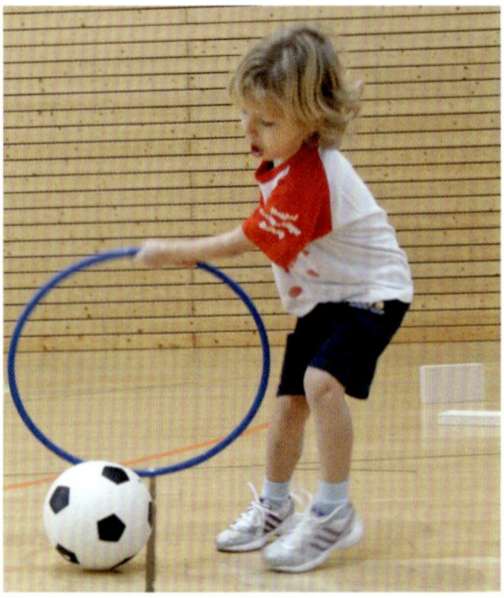

FREIES SPIEL – ERFAHRUNGSWERTE

- Kinder spielen entweder nur mit Reifen oder nur mit Bällen
- Kinder legen den Reifen auf den Boden und hüpfen hinein
- Kinder sammeln Bälle in den liegenden Reifen
- Kinder kicken oder werfen sich einen Ball zu
- Kinder werfen oder kicken in/durch die Reifen

IMPULSGELEITETES SPIEL

- Heute sind wir im Reifen-Land. Dort spielen die Kinder mit den Reifen und dem Ball. Kann man den Reifen als Tor oder Ziel verwenden?

AUFGABENORIENTIERTES SPIEL

Die Kinder werden in zwei gleich große Mannschaften eingeteilt, die mit Unterscheidungsbändern gekennzeichnet werden. Jede Mannschaft bestimmt ein Kind, das in einem Reifen steht. Die Mitspieler einer Mannschaft versuchen, sich einen Ball so zuzupassen, dass ihn das Kind im Reifen fangen kann. Gelingt das, ist ein Punkt erzielt. Die andere Mannschaft versucht, dies zu verhindern und in Ballbesitz zu gelangen. Wird ein Punkt erzielt, erhält die gegnerische Mannschaft den Ball.

Mögliche Bewegungsgeschichte

Es spielen zwei Königsfamilien gegeneinander, die beide gerne den goldenen Schatz (Ball) besitzen würden. Da keiner mehr genau weiß, wem der Schatz gehört, wird um den Schatz gespielt. Es darf ihn die Familie behalten, deren König (Kind im Reifen) den Ball häufiger fängt.

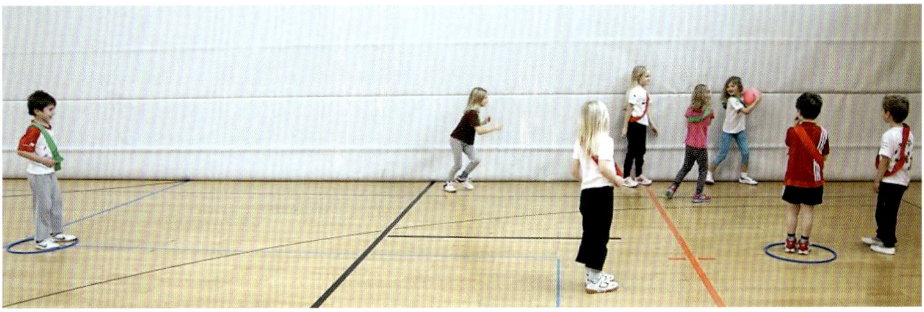

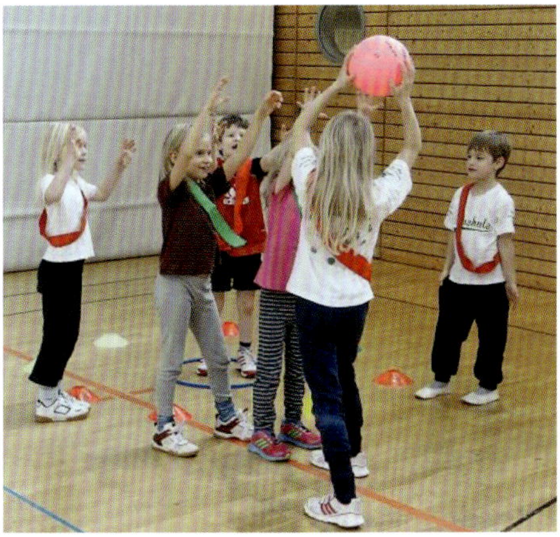

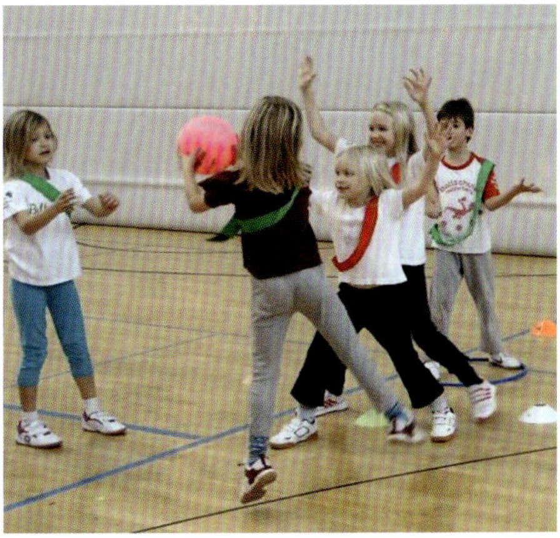

VARIATIONEN

- Wurfvariationen **(III)**
- Nur Werfen und Fangen, ohne Prellen **(III)**
- Statt mit der Hand wird mit dem Fuß gespielt (kicken, dribbeln, stoppen) **(III)**

HINWEISE

- Die Kinder im Reifen dürfen diesen nicht verlassen
- Der Ball darf geprellt werden, aber es darf nicht mit dem Ball in der Hand gelaufen werden
- Bei unerlaubtem Körpereinsatz erhält der Gegner den Ball
- Hohe Anforderungen an die räumliche Orientierung

AUFSTEHEN

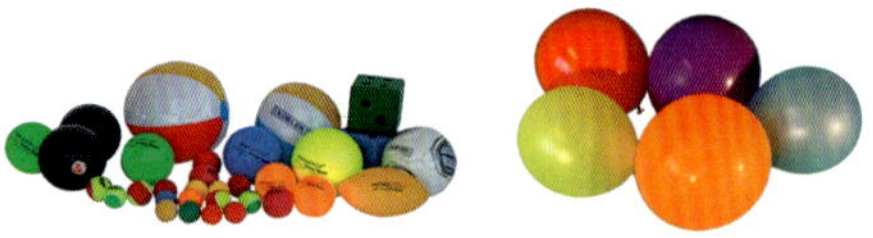

Komplexitätsdruck Zeit & Präzision	Werfen	Fangen	III

FREIES SPIEL – ERFAHRUNGSWERTE

- Kinder spielen alleine mit einem Ball
- Kinder kicken oder werfen sich einen Ball zu
- Kinder werfen oder kicken an die Wand

IMPULSGELEITETES SPIEL

- Denkt euch doch mal ein Kunststückchen mit dem Luftballon aus, übt es und dann machen wir alle eine Vorführung
- Mit wie vielen Körperteilen könnt ihr den Luftballon berühren, bevor er auf den Boden fällt?
- Könnt ihr den Ball zweimal hintereinander nach oben köpfen? Wer schafft noch mehr?
- Jedes Kind erhält einen Ball. Nach freiem Spielen zeigen die Kinder, was sie ausprobiert haben

VARIATIONEN

- Im Sitzen einen Ball hochwerfen und im Sitzen fangen **(II)**
- Nach dem Abwurf eine Körperlängsdrehung machen **(III)**
- Mehrere Bodenprellkontakte des Balles zulassen **(II)**
- Mit einem Luftballon **(I)**

AUFGABENORIENTIERTES SPIEL

Jedes Kind befindet sich in einer bestimmten Körperposition (Hockstand, Strecksitz, Hocksitz, Schneidersitz, Reitersitz, Fersensitz) und hat einen Luftballon (Ball). Den Luftballon (Ball) hochwerfen, rasch aufstehen und direkt oder nach einem Bodenkontakt fangen.

Mögliche Bewegungsgeschichte

Die Riesenflöhe sind wieder da (vgl. Wand(ab)praller) und freuen sich auf neue Kunststücke. Die Kinder versuchen, die Riesenflöhe aus verschiedenen Körperpositionen zu fangen.

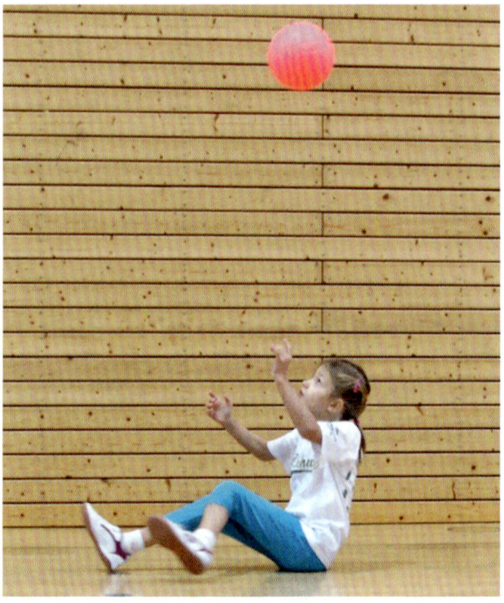

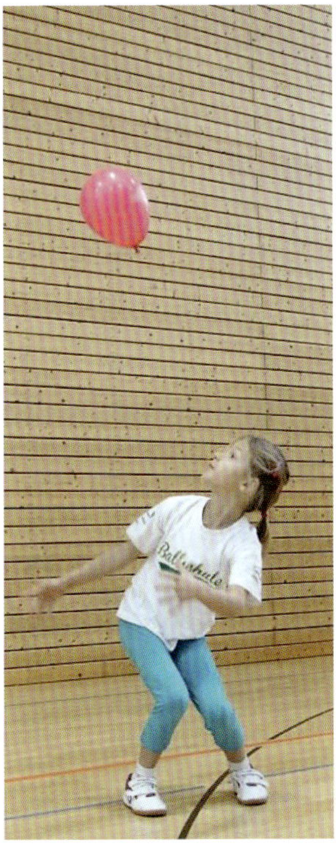

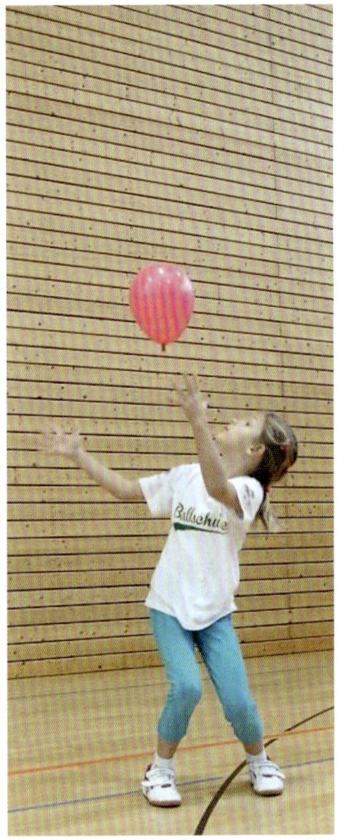
Ballschule

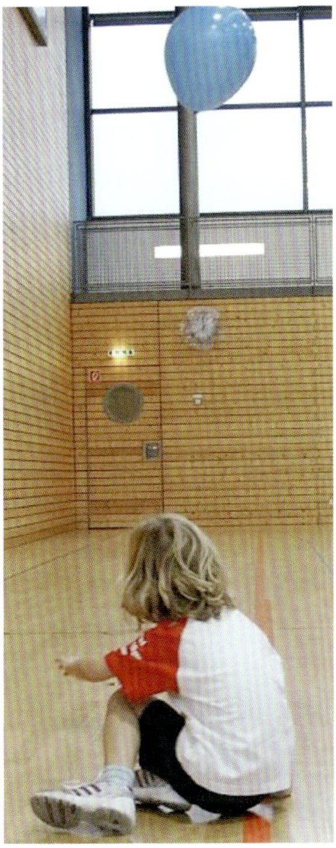

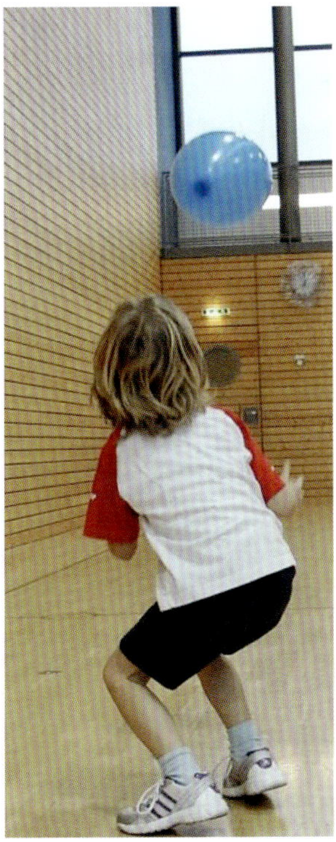

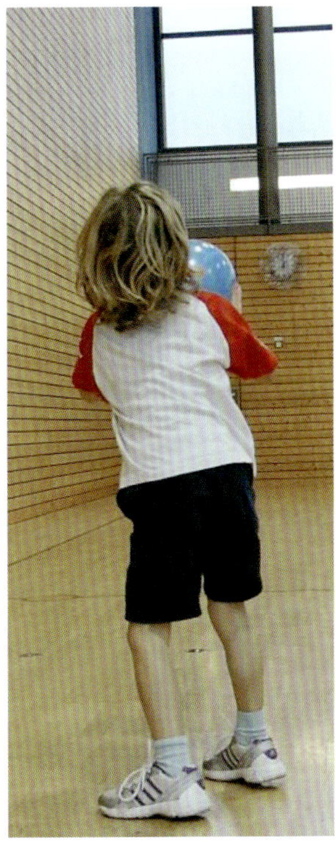

BALL EROBERN

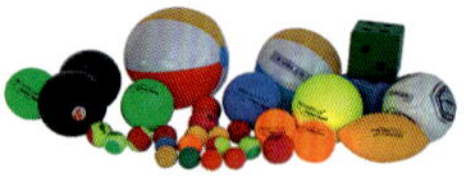
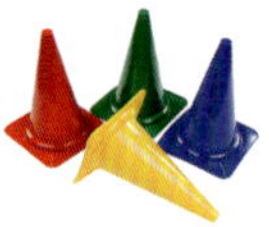

Dribbeln	Stoppen	Komplexitätsdruck Zeit	III

FREIES SPIEL – ERFAHRUNGSWERTE

- Kinder kicken oder werfen sich einen Ball zu
- Kinder kicken/werfen auf die Hütchen
- Kinder laufen um die Hütchen herum
- Kinder probieren Kunststücke mit dem Ball aus

IMPULSGELEITETES SPIEL

- Denkt euch ein Kunststück aus! Dann dürft ihr es vormachen
- Wie kann man die Hütchen aufstellen, damit man sie im Slalom umlaufen kann? Probiert verschiedene Formen aus
- Wer schafft es, um die Hütchen zu dribbeln, zu prellen usw.?
- Könnt ihr mit dem Ball ein Hütchen umwerfen, umkicken? Wenn ihr getroffen habt, geht etwas weiter weg

AUFGABENORIENTIERTES SPIEL

Jedes Kind hat einen Ball und dribbelt in einer festgelegten Spielfläche. Um das Spielfeld herum sind im Abstand von zwei bis drei Metern Hütchen platziert. Auf ein Signalwort des ÜL gilt es für alle, den Ball in einer bestimmten Weise zu stoppen, das Spielfeld so schnell wie möglich zu verlassen und um ein Hütchen zu laufen. Danach sollen die Kinder sofort in das Spielfeld zurückkehren, um einen x-beliebigen Ball zu „erobern", indem sie die Fußsohle auf den Ball stellen. Wer keinen Ball „erobert" hat, erhält eine Zusatzaufgabe bis zum nächsten Pfiff des ÜL.

Mögliche Bewegungsgeschichte

Die Sonne scheint und alle Kinder spielen mit ihrem Ball auf der Wiese (Spielfeld). Doch es ziehen dunkle Wolken auf und es fängt an zu stürmen. Wenn der ÜL „Sturm" ruft, rennen alle Kinder schnell um die Hütchen. Als sie wieder auf der Wiese ankommen, hat der Sturm einen Ball weggeweht.

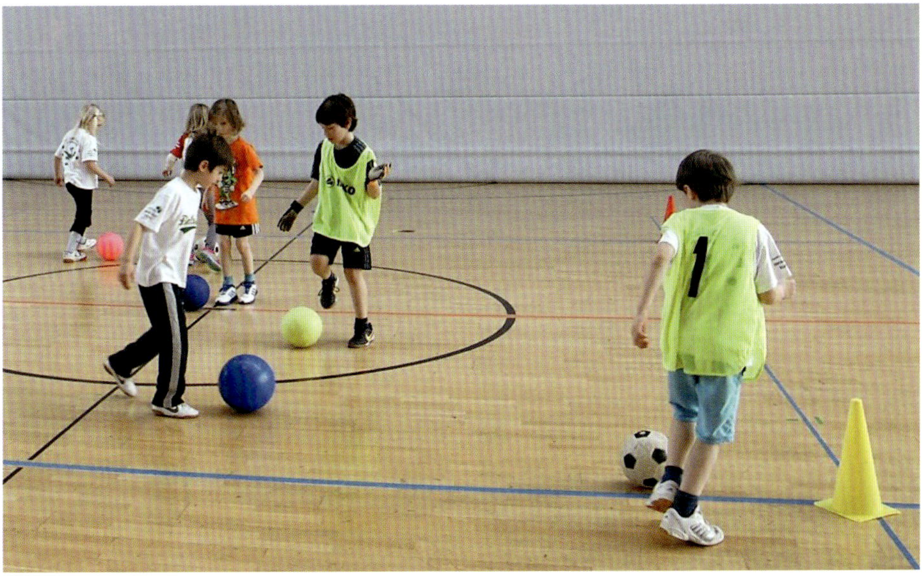

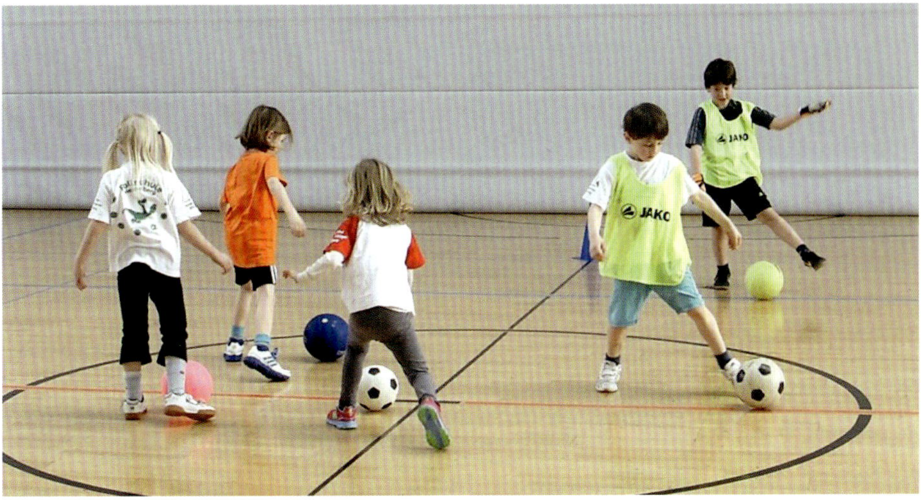

VARIATIONEN

- Mit Schläger spielen **(III)**
- Der ÜL entfernt nach Ruf des Signalwortes zwei bis drei Bälle **(III)**
- Weitere Zusatzaufgaben außerhalb des Spielfeldes ausführen **(III)**

HINWEISE

- Signalwort lautet Knie, Ellenbogen, Stirn, Po usw. und zeigt an, in welcher Weise der Ball gestoppt werden muss

EINSAMMELN

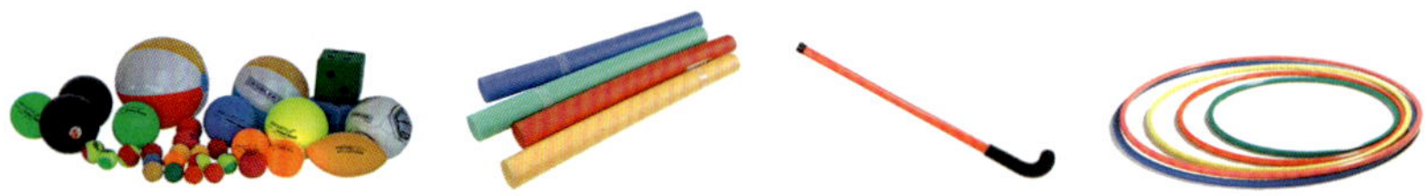

Zeitdruck	Dribbeln		III

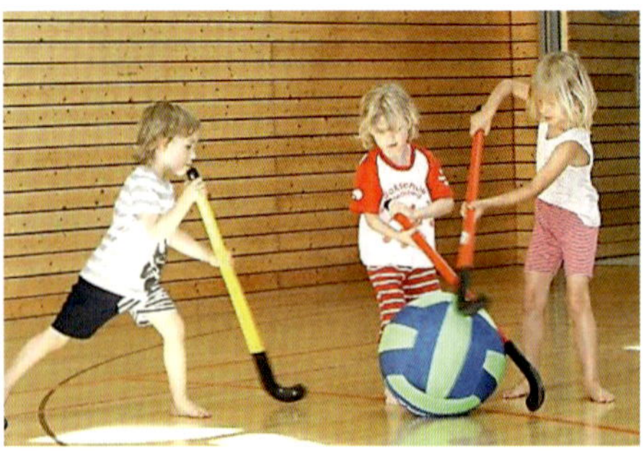

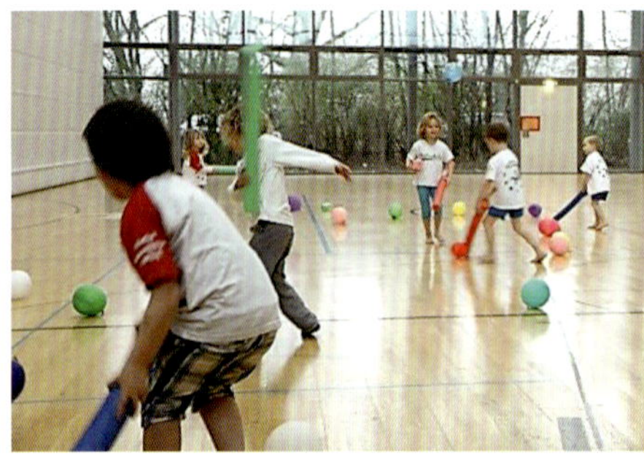

FREIES SPIEL – ERFAHRUNGSWERTE

- Bälle und Aquasticks/Hockeyschläger: Dribbeln und Schlagen
- Kinder spielen Zielschlagen in Reifen
- Kinder umdribbeln Reifen

IMPULSGELEITETES SPIEL

- Wie könnte man die Bälle sortieren?

AUFGABENORIENTIERTES SPIEL

Es werden viele verschiedene Bälle in einer Hälfte der Halle verteilt. Die Kinder stellen sich an das andere Ende der Halle und sammeln auf Kommando die Bälle mit einem Aquastick oder Hockeyschläger ein. Sie transportieren die Bälle in Reifen, ohne sie mit der Hand oder dem Fuß zu berühren. Dabei sortieren die Kinder die Bälle nach verschiedenen Kriterien: Farbe, Größe oder Ballart. Es darf immer nur ein Ball transportiert werden.

Mögliche Bewegungsgeschichte
Ein Laster hat in der Kurve seine ganze Fracht verloren. Alles ist durcheinander gekommen (z. B. Gemüse oder Spielsachen). Die Kinder versuchen, alles wieder richtig zu sortieren.

Oder: Die Kinder sind Fischer und die Bälle Fische, die in Netzen (Reifen) gefangen werden. Dabei werden sie nach Fischarten sortiert (Größe, Farbe der Bälle). Am Ende werden die Fische in den Reifen gezählt.

VARIATIONEN

- Die Kinder müssen die Bälle zum Reifen dribbeln, prellen oder rollen **(II)**
- Das Spiel als Staffel organisieren **(II)**

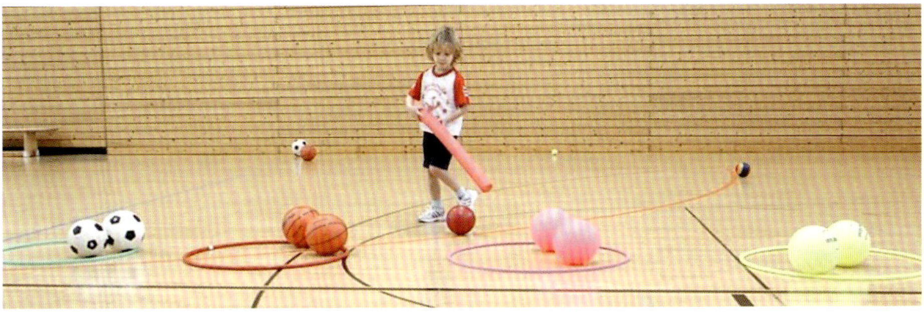

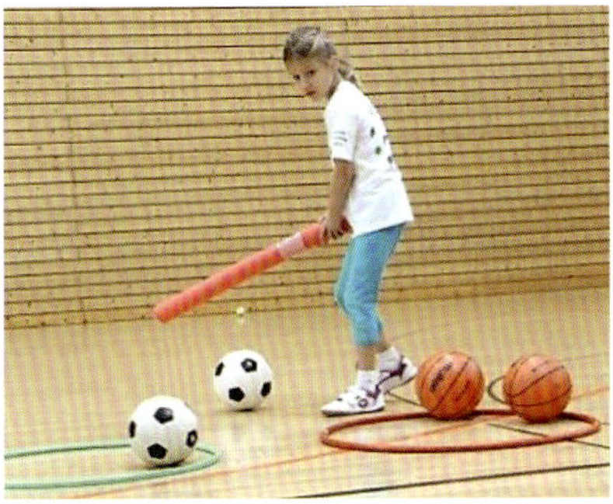

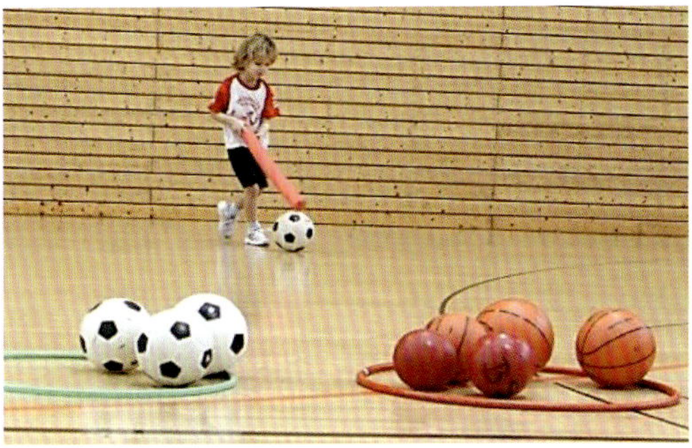

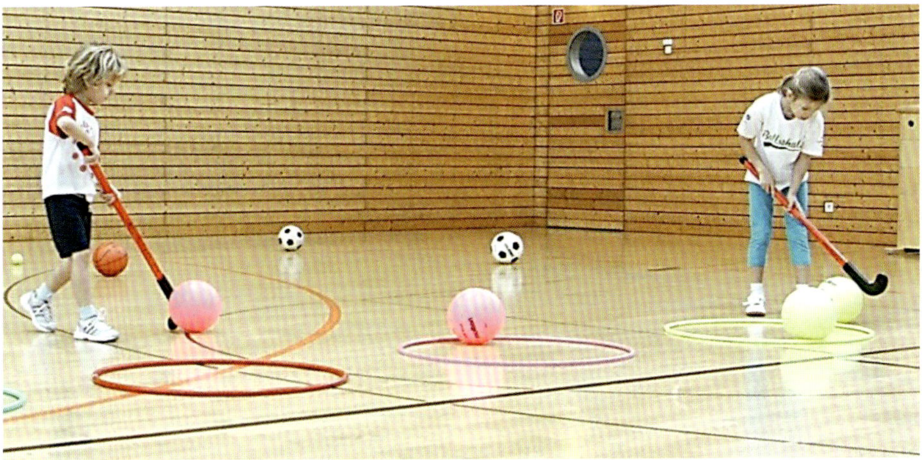

HIGH-T-BALL

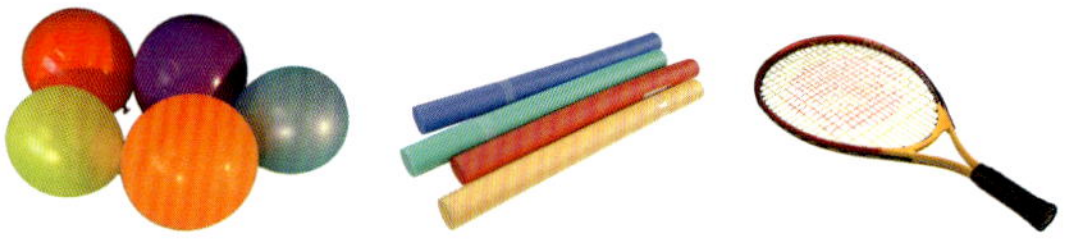

Schlagen	Laufweg zum Ball bestimmen	Spielpunkt des Balles bestimmen	III

FREIES SPIEL – ERFAHRUNGSWERTE

- Luftballons, Aquasticks und Kinder-Tennisschläger: Dribbeln und Schlagen
- Kinder schlagen sich die Luftballons gegenseitig zu

IMPULSGELEITETES SPIEL

- Denkt euch doch mal ein Kunststückchen mit den Sticks/Schlägern und dem Luftballon aus, übt es und dann machen wir eine Vorführung

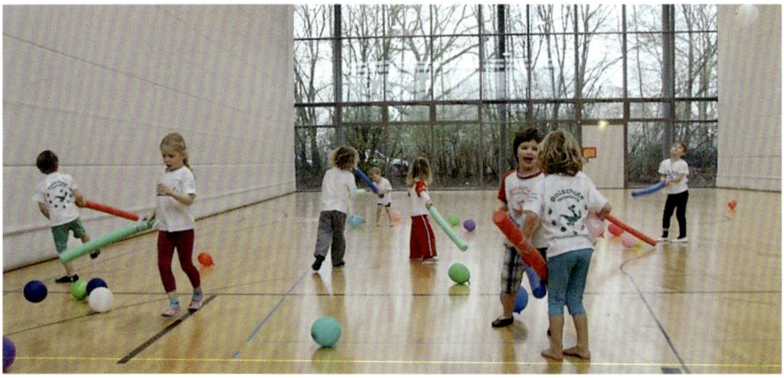

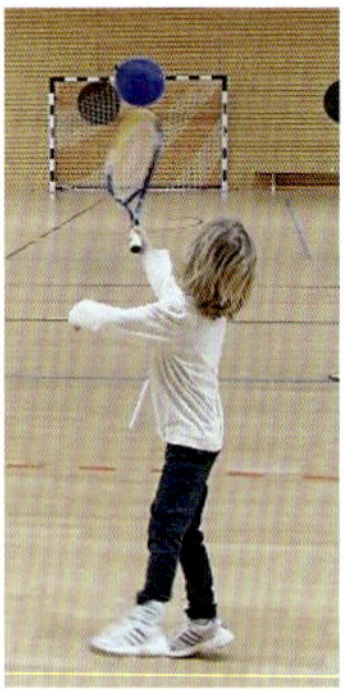

AUFGABENORIENTIERTES SPIEL

Die Kinder werden auf zwei Spielfelder aufgeteilt, die durch eine Turnbank oder eine Markierung auf dem Boden getrennt sind. Sie versuchen, sich einen Luftballon mit Tennisschlägern oder Aquasticks über die Markierung zu zuspielen. Dabei sollte der Luftballon möglichst nicht den Boden berühren. Kontakte zählen!

Mögliche Bewegungsgeschichte

Die Kinder sind Delfine, die in zwei verschiedenen Becken (Spielfeldern) schwimmen und miteinander spielen. Sie haben einen Luftballon, den sie mit unterschiedlichen Körperteilen wie der Rückenflosse (Tennisschläger), der Brustflosse (Tennisschläger) oder der Nase (Aquastick) zu ihren Freunden ins andere Becken spielen.

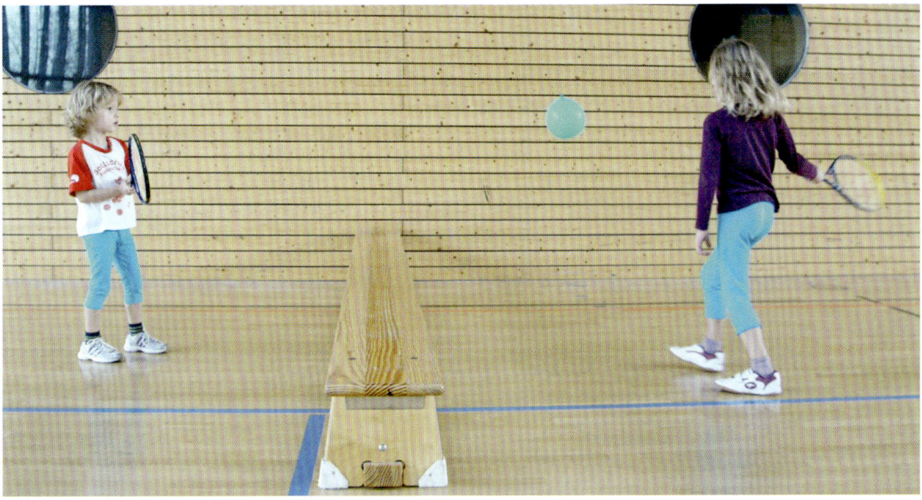

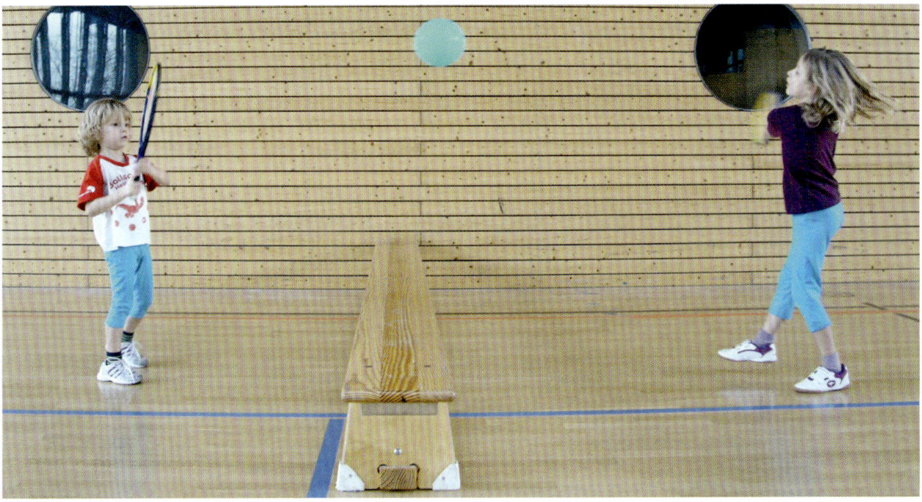

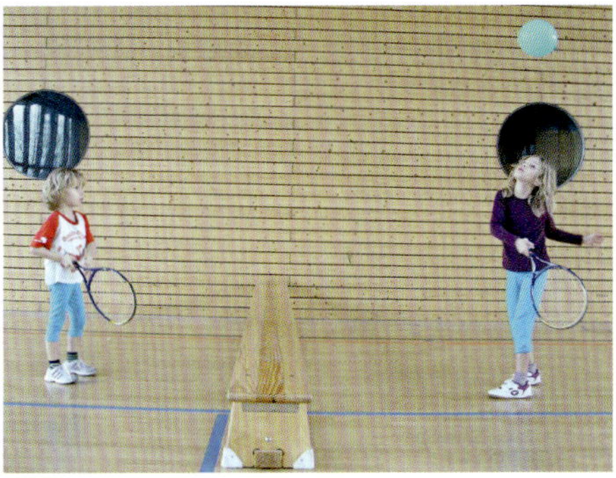

VARIATIONEN

- Über ein Seil, eine Schnur oder ein Netz spielen **(III)**
- Könnt ihr euch den Ball auch zu dritt/zu viert zuspielen? **(III)**
- Schlagen mit dem „verkehrten" Arm **(III)**

LOW-T-BALL

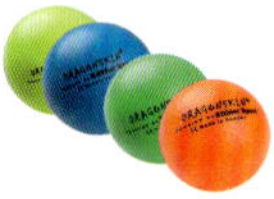
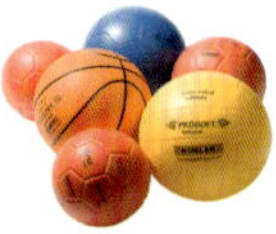
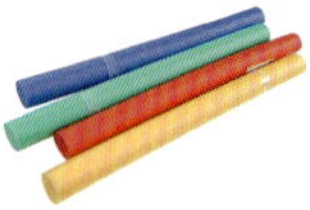
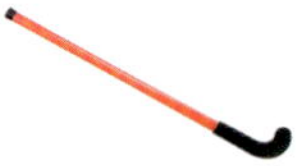
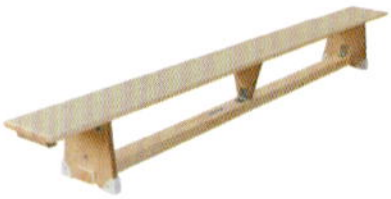

Schlagen | Stoppen | III

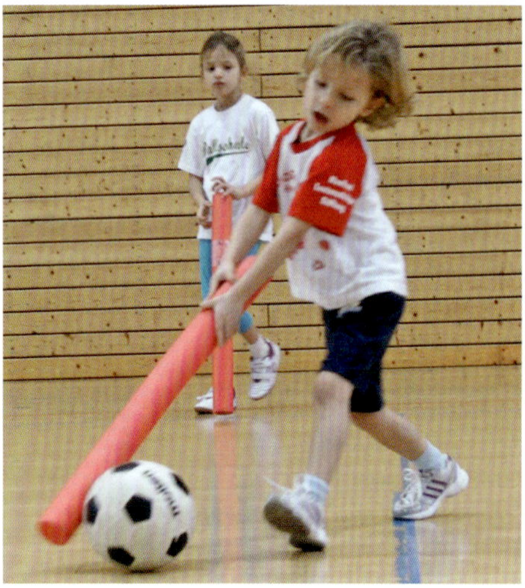
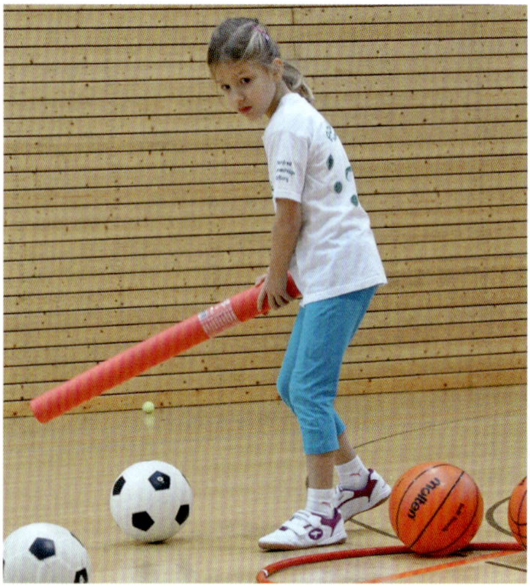

FREIES SPIEL – ERFAHRUNGSWERTE

- Kinder dribbeln und schlagen mit den Aquasticks/den Hockeyschläger
- Kinder schlagen über/unter die Turnbank
- Kinder umdribbeln die Turnbank
- Kinder spielen sich Ball in der Gruppe zu

IMPULSGELEITETES SPIEL

- Wer kann mit dem Ball am Schläger Slalom laufen?
- Versucht den Ball mit dem Schläger genau die Bodenlinien entlang zu schieben
- Schießt den Ball so weg, dass er ganz geradeaus rollt

AUFGABENORIENTIERTES SPIEL

Es werden zwei gleich große Spielfelder markiert. In der Mitte wird eine Turnbank platziert. Auf jeder Seite steht ein Kind oder es werden zwei gleich große Mannschaften gebildet. Die Mannschaften versuchen, einen Ball mit Hockeyschlägern in das gegnerische Feld zu spielen. Ziel ist es, den Ball aus dem Feld hinaus zu spielen. Es darf aber nur unter der Turnbank durchgespielt werden.

Mögliche Bewegungsgeschichte
Die Kinder sind Hexen. Sie spielen mit ihren Besen (Hockeyschlägern) das Hexenspiel. Dazu wischen sie den Hexenbesen über den Boden, bevor sie die Zauberkugel (den Ball) auf die andere Seite „wischen".

Oder: Die Kinder spielen Billard gegeneinander. Die Schläger sind die Queue, mit denen die Kinder versuchen, die Billardkugel (Ball) über die gegnerische Auslinie zu schlagen. Immer wenn die Kugel außerhalb dieser Linie landet, gibt es einen Punkt.

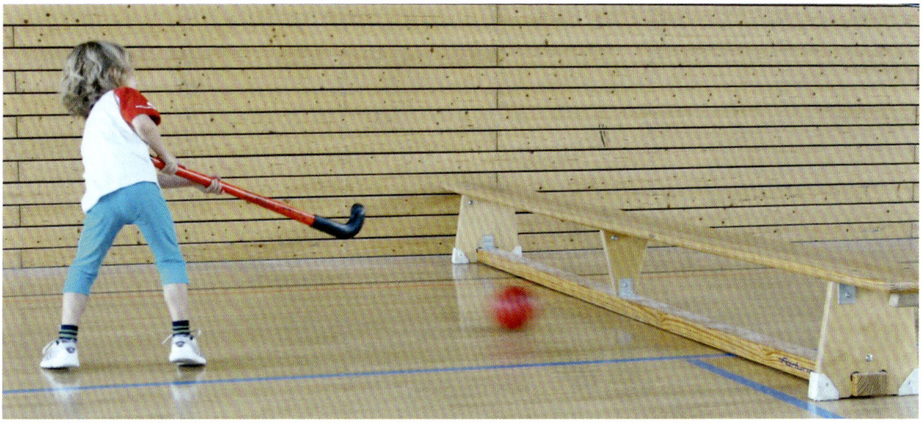

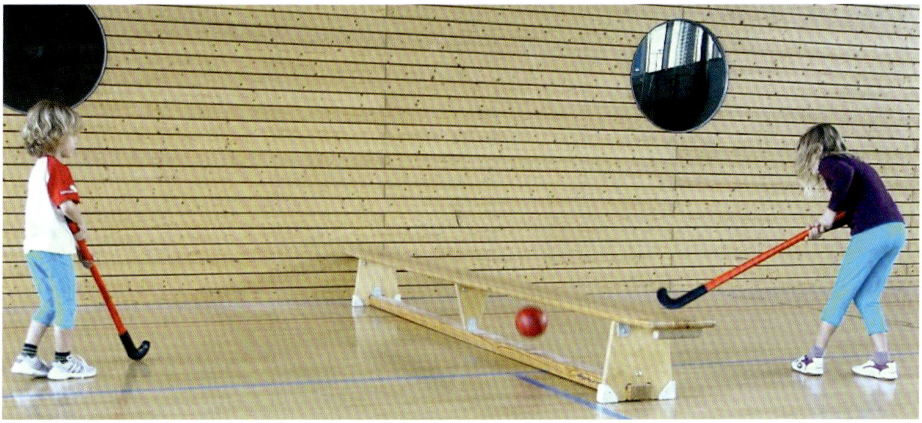

VARIATIONEN

- Übung mit Hand oder Fuß durchführen **(II)**
- Zwei Bänke aufbauen; Bälle im Kreisverkehr **(III)**

HINWEISE

- Weiche Bälle verwenden

SCHLAPPENHOCKEY

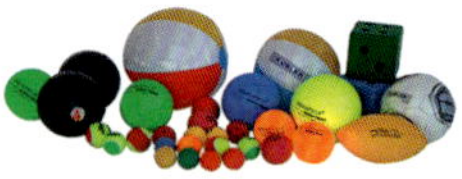

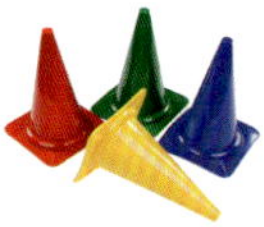

Anbieten & Orientieren	Lücke erkennen	Spielpunkt des Balles bestimment	III

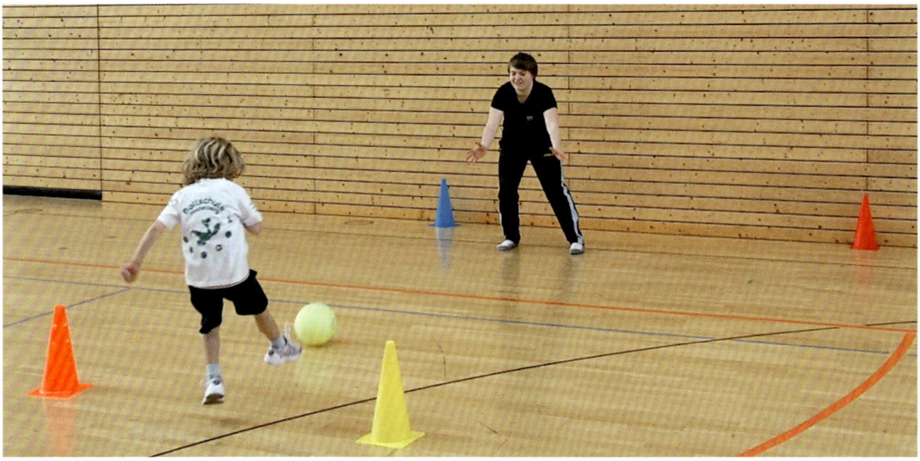

FREIES SPIEL – ERFAHRUNGSWERTE

- Kinder prellen und werfen auf die Tore
- Kinder dribbeln und kicken auf die Tore
- Kinder spielen Torhüter und/oder Verteidiger

AUFGABENORIENTIERTES SPIEL

Je nach Größe der Halle und Anzahl der Kinder wird ein Feld mit zwei Toren abgesteckt. Jedes Kind zieht einen Schuh/ein Schläppchen aus und zieht ihn/es über seine Spielhand. Der Ball darf nur mit der Schuhhand gespielt werden. Der Ball hat keinen Kontakt mit dem Fuß. Nach der Hälfte der Zeit erfolgt ein Seitenwechsel.

Mögliche Bewegungsgeschichte

Wir laufen durch ein Kaufhaus. In der Schuhabteilung wollen wir neue Schuhe anprobieren. Dazu ziehen wir alle einen Schuh aus. Da kommt ein Ball aus der Spielwarenabteilung gerollt und wir beschließen Schlappenhockey zu spielen.

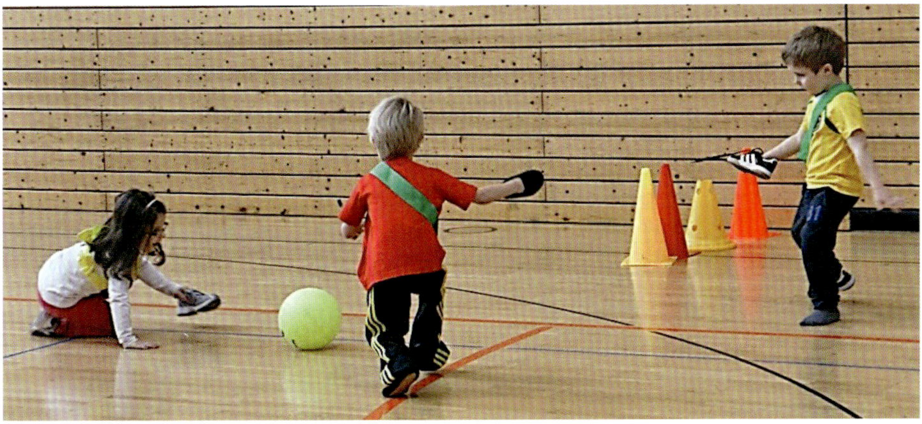

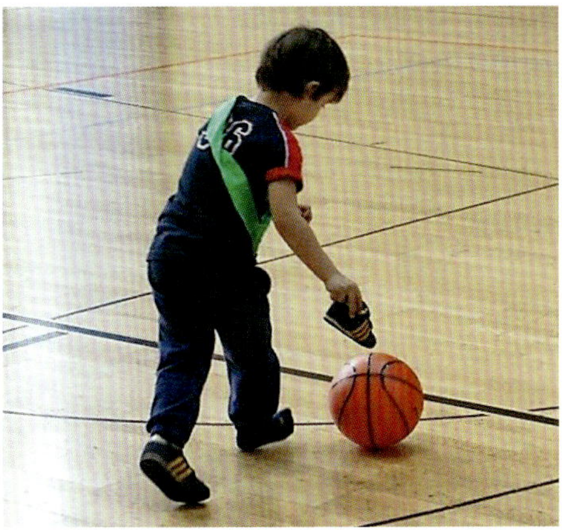

VARIATIONEN

- Fortbewegungsarten variieren, z. B. Krabbeln, auf den Knien, auf dem Bauch **(III)**
- Mit zwei unterschiedlichen Bällen spielen **(III)**

HINWEISE

- Die Schuhhand soll immer Richtung Boden schauen

SYNCHRONSPIEL

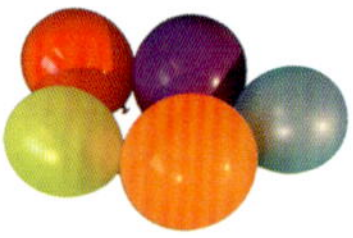

Komplexitätsdruck Zeit	Organisationsdruck Zeit		III

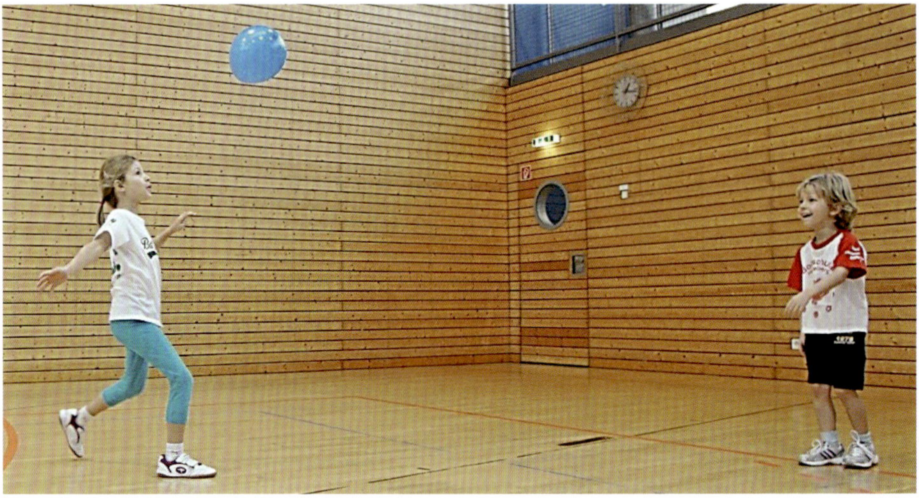

FREIES SPIEL – ERFAHRUNGSWERTE

- Kinder spielen alleine mit einem Luftballon
- Kinder schlagen, kicken oder werfen sich einen Luftballon zu

AUFGABENORIENTIERTES SPIEL

Zwei Kinder werfen einen Luftballon gleichzeitig in die Höhe, klatschen in die Hände des Partners und fangen ihn wieder.

IMPULSGELEITETES SPIEL

- Denkt euch doch mal ein Kunststückchen mit dem Luftballon aus, übt es und dann machen wir alle eine Vorführung
- Mit wie vielen Körperteilen könnt ihr den Luftballon berühren, bevor er auf den Boden fällt?
- Könnt ihr den Ball zweimal hintereinander nach oben köpfen? Wer schafft noch mehr?

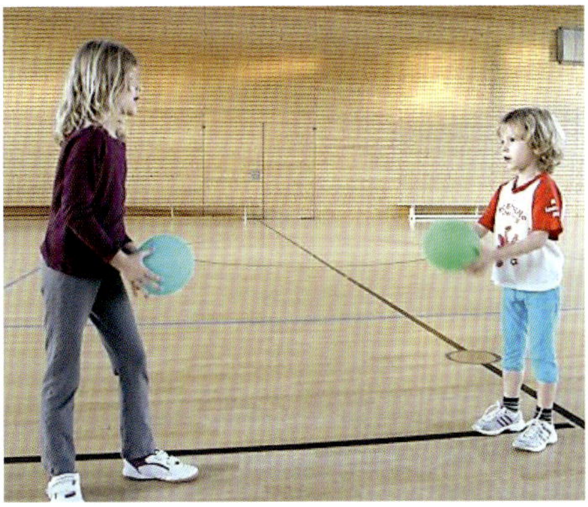

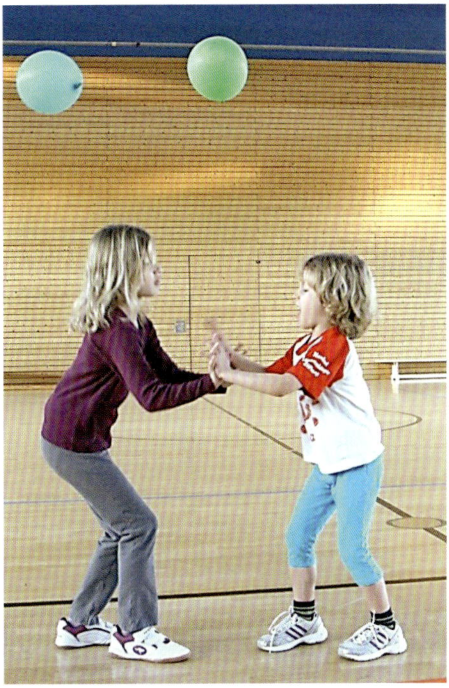

Mögliche Bewegungsgeschichte

Die Luftballons sind zwei Flughörnchen, die von den Kindern in die Luft geworfen werden und langsam wieder heruntersegeln. Während dessen machen die Kinder ein paar Kunststücke, wie in die Hände klatschen, damit die Flughörnchen von oben etwas zum Staunen haben.

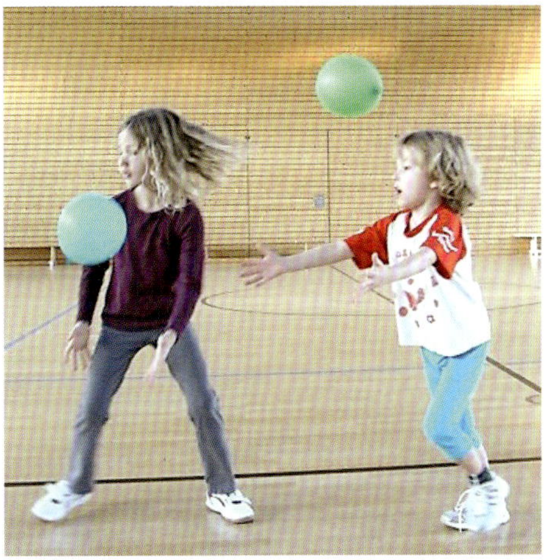

VARIATIONEN

- Übung im Sitzen oder Kniestand ausführen lassen **(III)**
- Zusätzliche Aufgaben vor dem Fangen des Balles: in die Hocke gehen, sich drehen usw. **(III)**
- Eines der Kinder versucht die Übung (die Variationen) mit beiden Luftballons. Dann Wechsel **(III)**

KASTENBALL

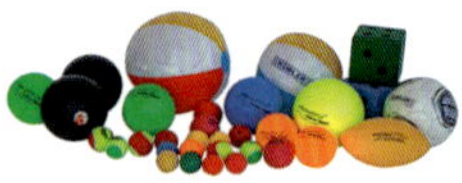
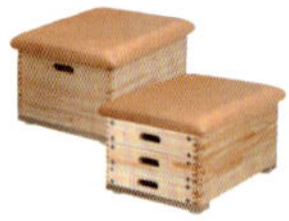

Anbieten & Orientieren	Lücke erkennen	Ballbesitz kooperativ sichern	III

FREIES SPIEL – ERFAHRUNGSWERTE

- Kinder spielen alleine mit einem Ball
- Kinder kicken oder werfen sich einen Ball zu
- Kinder kicken/werfen auf den umgedrehten kleinen Kasten
- Kinder laufen um die Kästen herum
- Kinder probieren Kunststücke mit dem Ball aus

IMPULSGELEITETES SPIEL

- Ein Kind rollt oder schießt seinen Ball weg. Wer kann den Ball treffen (Werfen, Schießen)?
- Wer möchte den Kasten bewachen? Die anderen Kinder versuchen, ihren Ball in den Kasten hinein zu bringen

AUFGABENORIENTIERTES SPIEL

Es werden zwei gleich große Teams gebildet und jedes Team erhält ein Tor, das es zu verteidigen gilt (z. B. einen Kleinen Kasten). Die Mitspieler eines Teams versuchen, den Ball über Zuspiele ins gegnerische Tor zu werfen.

Mögliche Bewegungsgeschichte

Die beiden Teams sind zwei Räuberbanden. Sie versuchen, sich gegenseitig den Schatz (Ball) zu klauen. Haben sie den Schatz erobert, müssen sie diesen in Sicherheit bringen, d. h. in die Höhle (Kasten) werfen. Die andere Bande versucht, das zu verhindern und den Schatz zurück zu erobern.

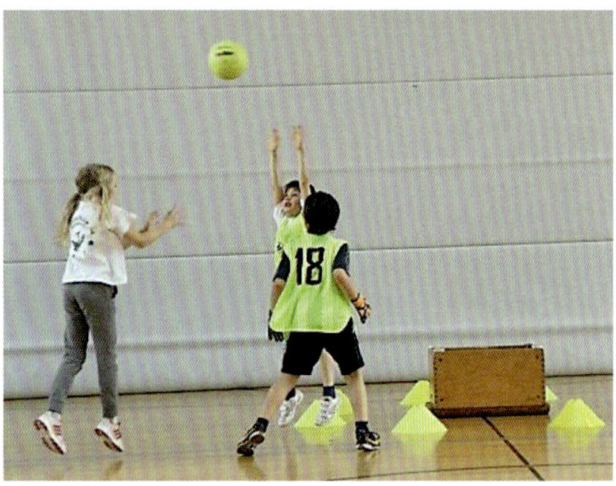

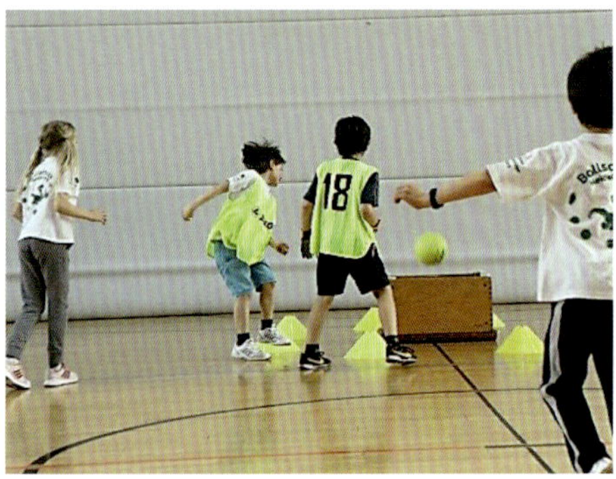

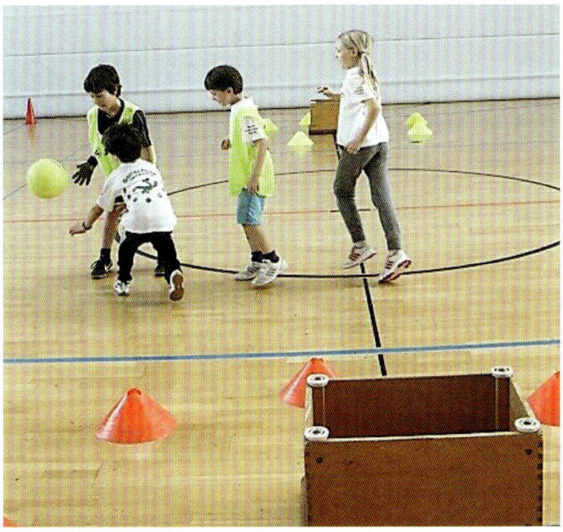

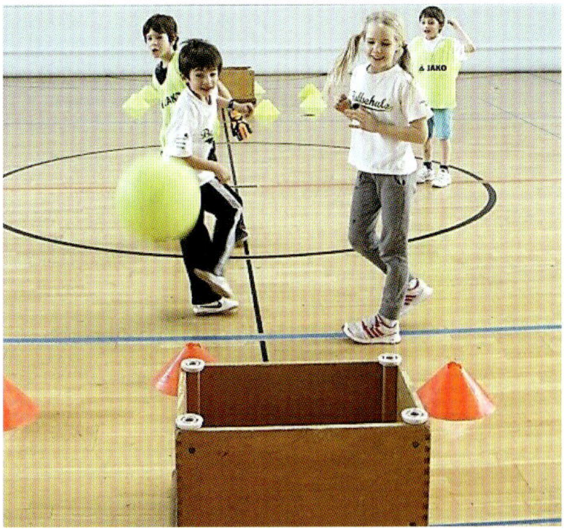

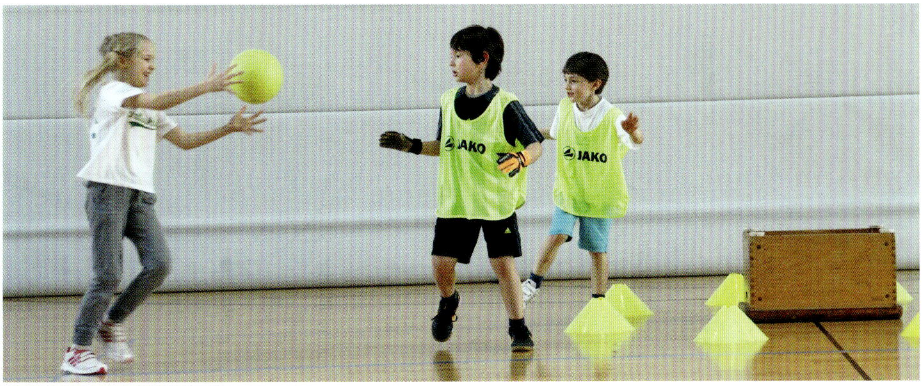

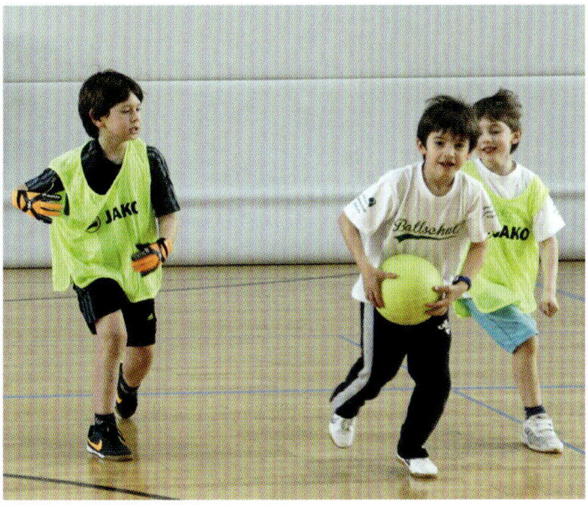

VARIATIONEN

- Wurfvariationen: z. B. Bälle rückwärts durch die Beine zuspielen **(III)**
- Prellen ist erlaubt **(III)**
- Spielen mit kicken und dribbeln **(III)**
- Spielen mit Torhüter **(III)**
- Spielen mit Torzone, die vom angreifenden Team nicht betreten werden darf **(III)**

HINWEISE

- Abwurfregel vereinbaren
- Anzahl der Treffer feststellen
- Nach einem Tor erhält die gegnerische Mannschaft den Ball
- Schrittregeln vereinbaren

LUFTBALLONTENNIS

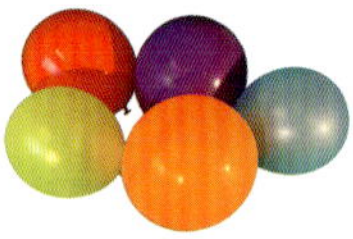

Spielpunkt des Balles bestimmen	Flugbahn des Balles erkennen	Schlagen	III

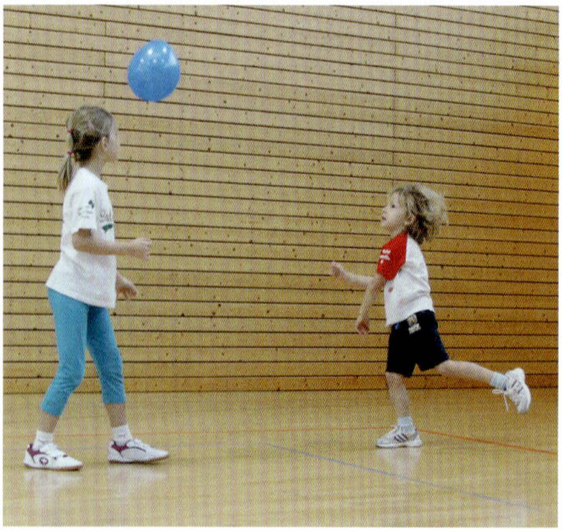

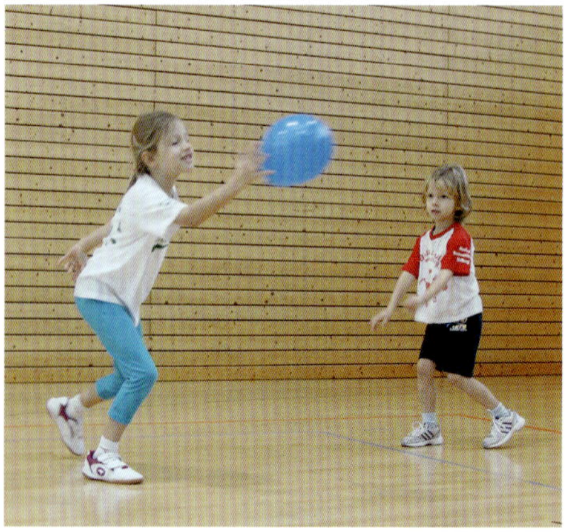

FREIES SPIEL – ERFAHRUNGSWERTE

- Kinder spielen alleine mit einem Luftballon
- Kinder schlagen, kicken, köpfen oder werfen sich einen Luftballon zu

IMPULSGELEITETES SPIEL

- Denkt euch doch mal ein Kunststückchen mit dem Luftballon aus, übt es und dann machen wir alle eine Vorführung
- Mit wie vielen Körperteilen könnt ihr den Luftballon berühren, bevor er auf den Boden fällt?
- Könnt ihr den Luftballon zweimal hintereinander nach oben köpfen? Wer schafft noch mehr?

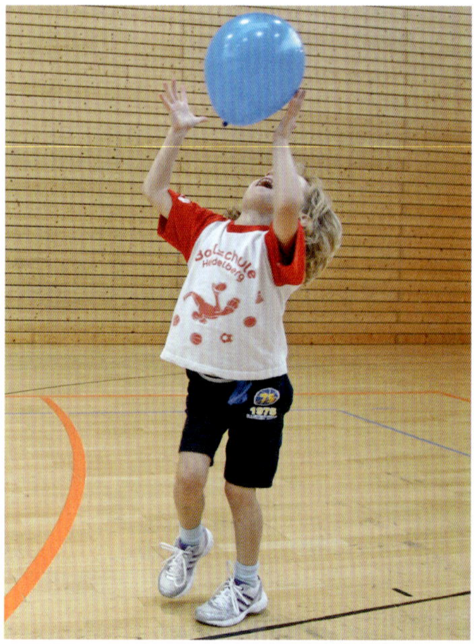

AUFGABENORIENTIERTES SPIEL

A und B stehen sich frontal gegenüber. In engem Abstand zueinander schlagen sie sich einen Luftballon zu. Jeder hat zwei Schlagkontakte: der erste Schlag ist ein eigenes Zuspiel und der zweite ein Abspiel. Während des Zuspiels kann der Partner seine Position verändern. Das Abspiel soll zielgenau auf die veränderte Position (seitlich, sitzend usw.) erfolgen.

Mögliche Bewegungsgeschichte

Der Zwergenkönig (ÜL) schlägt Zwergenluftballon vor. Die Zwerge sollen versuchen, in möglichst vielen verschiedenen Positionen den Luftballon in die Luft bzw. zum Partnerzwerg zu spielen. Welcher Zwerg hat die lustigste Idee?

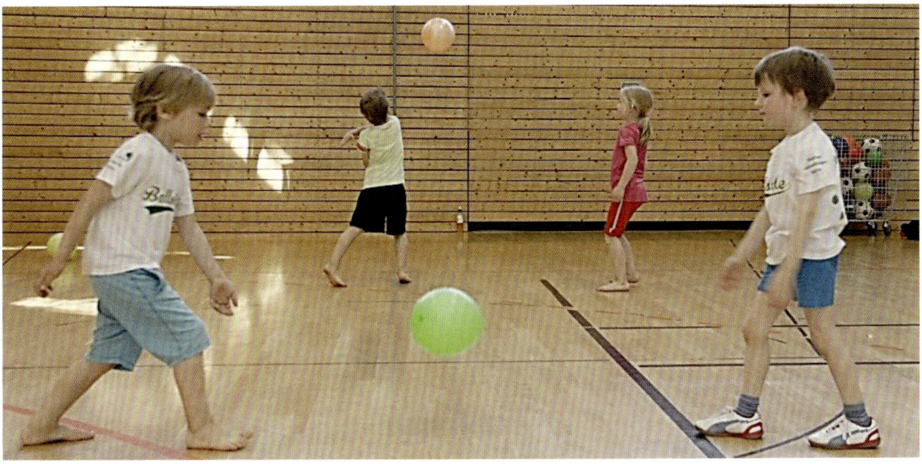

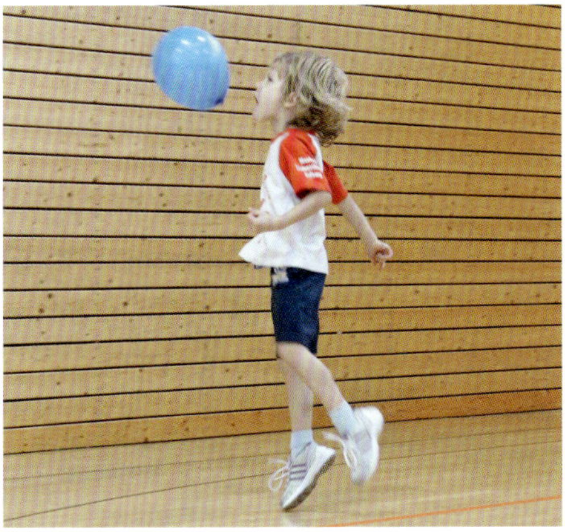

VARIATIONEN

- Verschiedene Körperteile beim ersten Schlag einbeziehen **(III)**
- Der Luftballons wird erst gefangen, dann geschlagen **(III)**
- Der Luftballons wird je nach Höhe des Zuspiels erst geköpft oder gekickt, dann gefangen und dann geschlagen **(III)**
- A und B stehen sich auf zwei Turnbänken gegenüber bzw. A oder B stehen auf einer Bank **(III)**

SCHWIERIGER BALLTRANSPORT (von Amelie Roth, 7 Jahre)

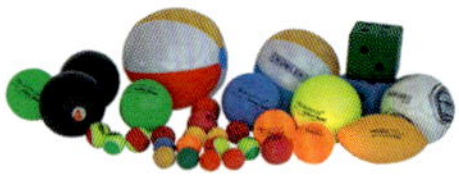

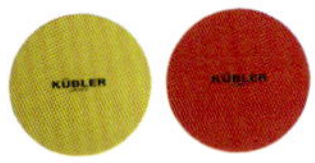

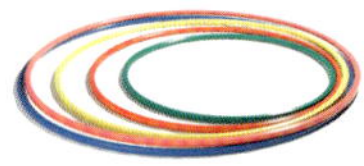

Präzisionsdruck | Komplexitätsdruck | III

FREIES SPIEL – ERFAHRUNGSWERTE

- Kinder spielen alleine mit einem Ball
- Kinder spielen alleine mit einem Bierdeckel
- Kinder versuchen, mit dem Ball einen Bierdeckel zu treffen

IMPULSGELEITETES SPIEL

- Könnt ihr eine Bierdeckel-Straße auslegen?
- Könnt ihr euch mit Hilfe der Bierdeckel fortbewegen, ohne mit den Füßen direkt auf dem Boden zu laufen (nur auf den Bierdeckeln)?

AUFGABENORIENTIERTES SPIEL

A und B bekommen zu zweit sechs Bierdeckel. Sie stehen hinter einer Linie. Hinter einer weiteren Linie liegt ein Reifen mit Bällen. Die Kinder dürfen nur auf Bierdeckeln stehen, nicht auf dem Boden. Das hintere Kind gibt die zwei freien Bierdeckel nach vorne. Das vordere Kind legt die beiden freien Bierdeckel vor sich und stellt sich drauf. Das hintere Kind geht auf die freigewordenen Bierdeckel des vorderen Kindes und gibt die hinteren Bierdeckel wieder nach vorn. Mit dieser Fortbewegungsart müssen die Kinder bis zum Reifen kommen, dort einen Ball nehmen und diesen auf die gleiche Weise hinter die Linie transportieren. Dann holen sie den nächsten Ball, bis alle Bälle zum Startpunkt gebracht wurden. Zuerst nur als Transportaufgabe spielen lassen, später oder je nach Wunsch der Kinder auch als Staffel.

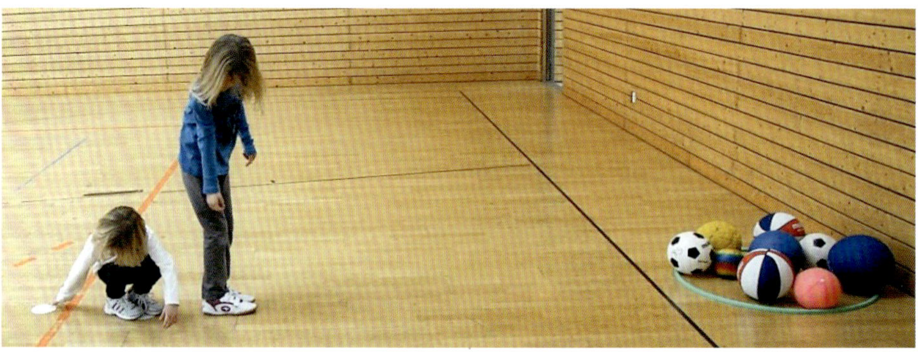

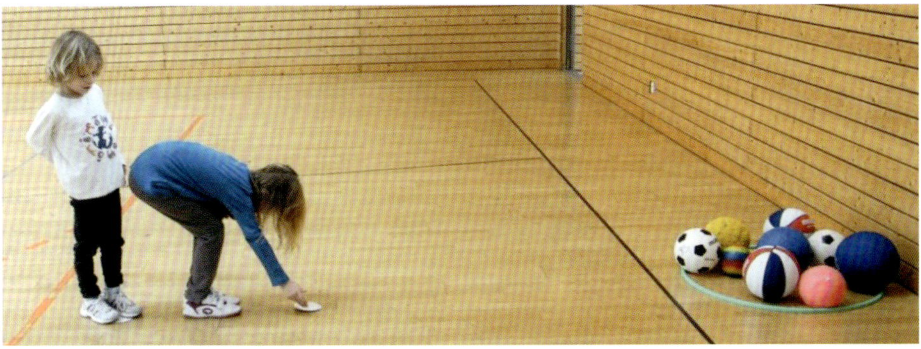

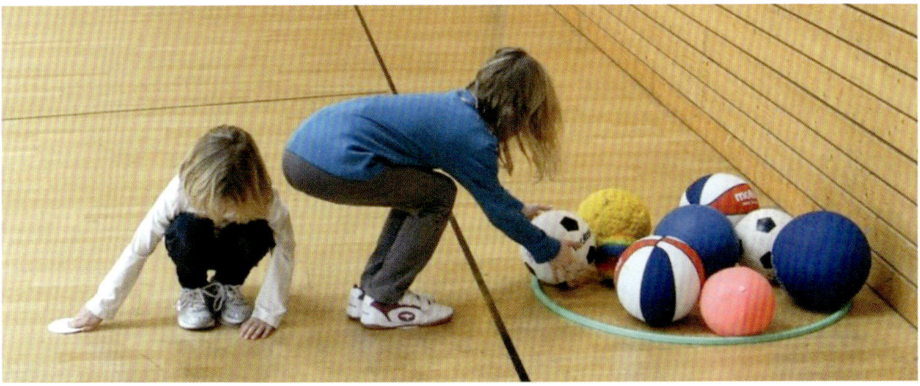

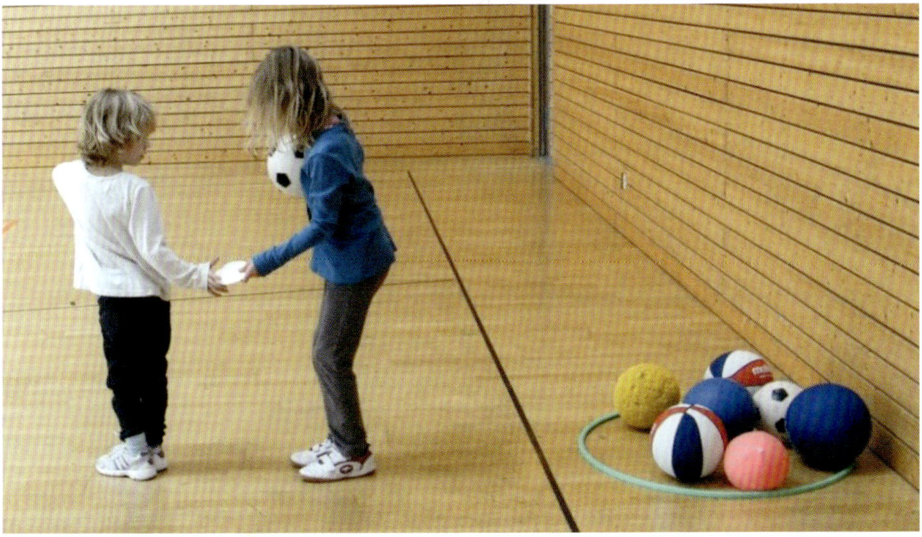

KUNSTSTÜCKE MIT DEM RIESENBALL (von Laurin Roth, 5 Jahre)

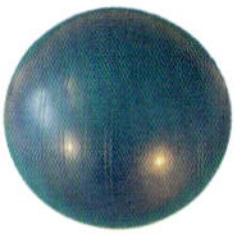

Laufweg zum Ball bestimmen	Organisationsdruck		III

FREIES SPIEL – ERFAHRUNGSWERTE

- Kinder rollen den Pezziball
- Kinder legen sich auf den Pezziball
- Kinder versuchen, den Ball zu heben und zu werfen

IMPULSGELEITETES SPIEL

- Wer schafft es, den Pezziball genau mit der Geschwindigkeit zu rollen, die er auch nebenher laufen kann?

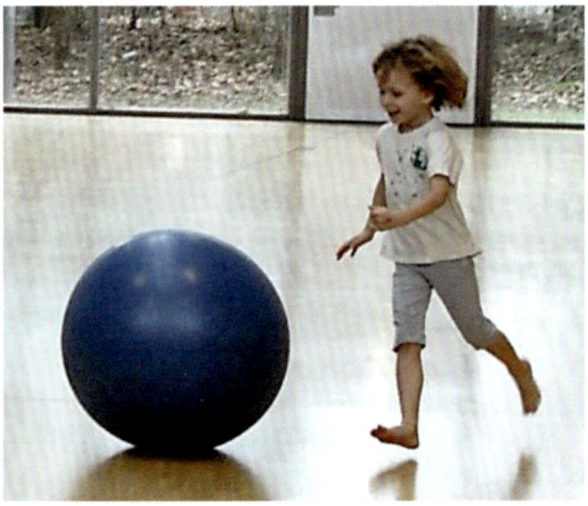

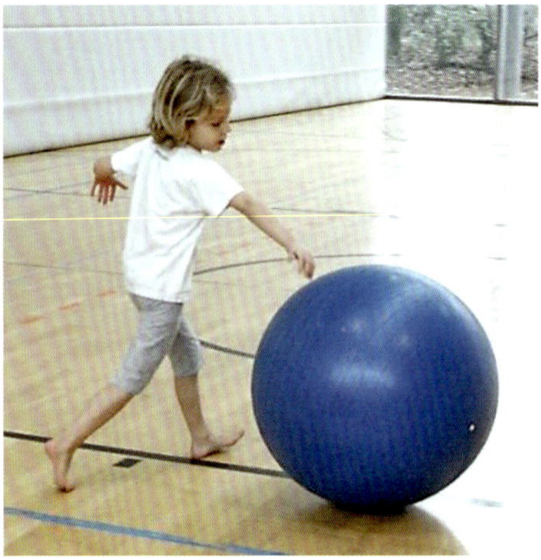

AUFGABENORIENTIERTES SPIEL

Die Kinder sollen folgende Kunststücke ausprobieren:

- Pezziball von einer Linie aus losrollen, ihn überholen und an einer zweiten Linie wieder anhalten
- Pezziball an der Wand hochrollen. An der höchsten Stelle auf die Fußspitzen gehen und sich ganz strecken
- Pezziball hochwerfen, aufspringen lassen und stoppen
- Bockspringen über den Pezziball

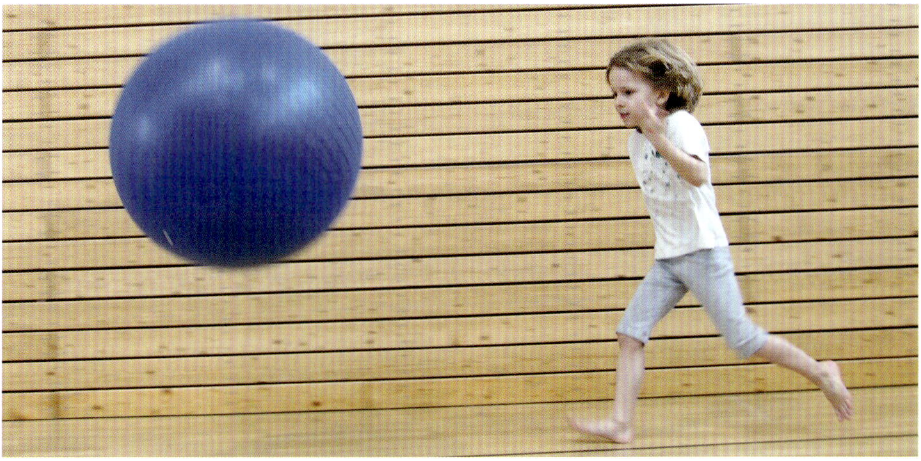

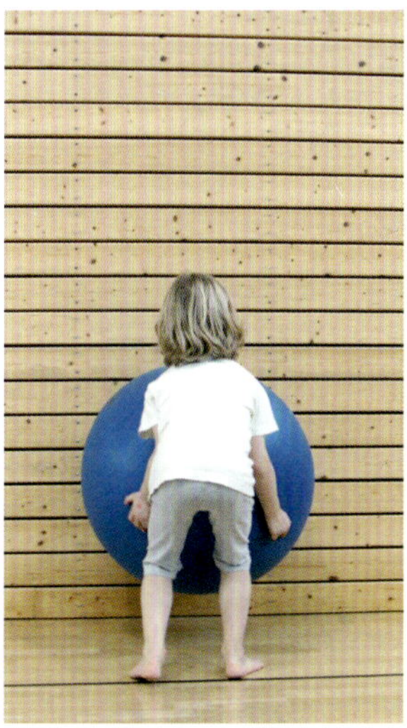

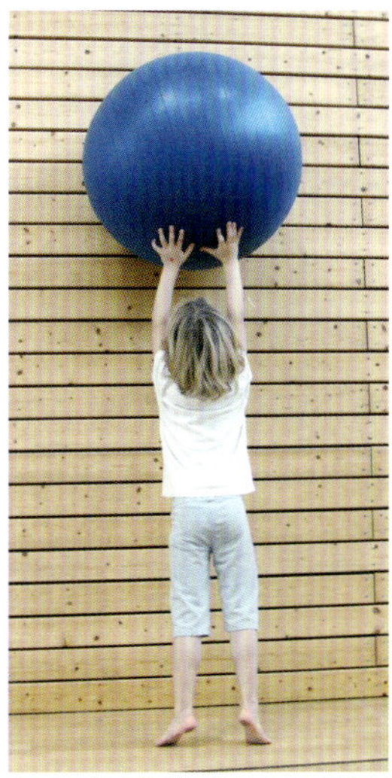

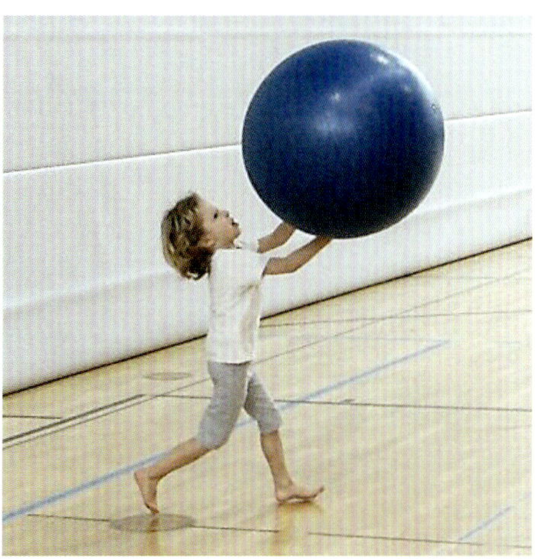

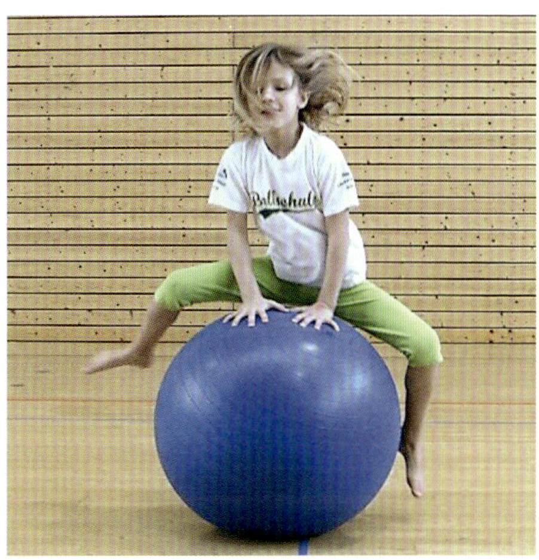

LITERATUR

Baker, J., Cobley, S. & Fraser-Thomas, J. (2009). „What do we know about early sport specialization? Not much!". **High Ability Studies, 20,** 77–89.

Balyi, I., Way, R. & Higgs, C. (2013). **Long-Term Athlete Development Follows Seven Stages.** Champaign: Human Kinetics.

Beck, F. (2013). **Dopaminsport – Hirnforschung zur Optimierung des sportlichen Trainings und Förderung kognitiver Leistung für Schule und Verein.** Unveröffentlichtes Manuskript.

Beck, F. & Beckmann, J. (2010). Die Bedeutung striataler Plastizitätsvorgänge und unerwarteten Bewegungserfolgs für sportmotorisches Lernen. **Sportwissenschaft, 10,** 19–25.

Berwid, O. G. & Halperin, J. M. (2012). Emerging support for a role of exercise in attention-deficit/hyperactivity disorder intervention planning. **Current Psychiatry Report, 14,** 543–551.

Blair, C. & Razza, R. P. (2007). Relating effortful control, executive function, and false belief understanding to emerging math and literacy ability in kindergarten. Human **Development and Family Studies: Child Development, 78,** 647–663.

Bös, K. (2003a). Motorische Leistungsfähigkeit von Kindern. Was wissen wir wirklich – was sollten wir tun? In Club of Cologne (Hrsg.), **Bewegungsmangel bei Kindern: Fakt oder Fiktion?** (S. 10–24). Hamm: Achenbach.

Bös, K. (2003b). Motorische Leistungsfähigkeit von Kindern und Jugendlichen. In W. Schmidt (Hrsg.), **Erster Deutscher Kinder- und Jugendsportbericht** (S. 85–107). Schorndorf: Hofmann.

Brühmann, A. (2018). **Verbindung von Ernährungsbildung und Bewegungsförderung in der Praxis.** Heidelberg: ISSW.

Bünemann, A. (2008). Zum komplexen Ursachengeflecht von Übergewicht und Adipositas im Kindes- und Jugendalter. In W. Schmidt (Hrsg.), **Zweiter Deutscher Kinder- und Jugendsportbericht. Schwerpunkt: Kindheit** (S. 115–124). Schorndorf: Hofmann.

Büngers, B. (2017). **100 tolle Sport- und Bewegungsspiele** (Bewegungslandschaften). Augsburg: Auer.

Club of Cologne (2003). Consensus-Erklärung der 3. Konferenz des Club of Cologne. In Club of Cologne (Hrsg.), **Bewegungsmangel bei Kindern: Fakt oder Fiktion?** (S. 6–9). Hamm: Achenbach.

Diamond, A. & Lee, K. (2016). Interventionen, die sich bei der Entwicklung exekutiver Funktionen bei 4- bis 12-jährigen Kindern als hilfreich erwiesen haben. In S. Kubesch (Hrsg.), **Exekutive Funktionen und Selbstregulation** (S. 161–177). Bern: Hogrefe.

Duckworth, A. L. & Seligman M. E. P. (2005). Self-discipline outdoes IQ in predicting academic performance of adolescents. **Psychological Science, 16** (12), 939–944.

Eckert, K. Kubesch, S., Posawatz, T. & Roth, K. (2021). **MoBil – Wissenschaftliche Grundlagen und praktische Umsetzung.** Heidelberg: ISSW.

Ganten, D., Spahl, T. & Deichmann, T. (2011). **Die Steinzeit steckt uns in den Knochen.** München: Piuper.

Groth, K. & Kuhlmann, D. (1989). Integrative Sportspielvermittlung in Theorie und Praxis. **sportunterricht, 38** (10), 386–393.

Gulden, E. & Scheer, B. (2011). **Ballspiele im Kindergarten.** München: Don Bosco.

Hirtz, P. & Forschungszirkel N. A. Bernstein (2007). **Phänomene der motorischen Entwicklung des Menschen.** Schorndorf: Hofmann.

Hoffmann, J. (1993). **Vorhersage und Erkenntnis.** Göttingen: Hogrefe.

Horch, K. (2003). Gesundheitszustand von Kindern und Jugendlichen: Ausgewählte Ergebnisse des Nationalen Kinder- und Jugendgesundheitssurveys (KiGGS). In W. Schmidt (Hrsg.), **Erster Deutscher Kinder- und Jugendsportbericht** (S. 125–136). Schorndorf: Hofmann.

Hübner, H., Pfitzner, M. & Wulf, O. (2004). Zur Nutzung informeller städtischer Bewegungsräume – Erkenntnisse aus aktuellen Sportverhaltensstudien. In E. Balz & D. Kuhlmann (Hrsg.), **Sportengagements von Kindern und Jugendlichen: Grundlagen und Möglichkeiten informellen Sporttreibens** (S. 125–138). Aachen: Meyer & Meyer.

Kantomaa, M. T., Stamatakis, E., Kankaanpää, A., Kaakinen, M., Rodriguez, A., Taanila, A., Ahonen, T., Järvelin, M. R. & Tammelin, T. (2013). Physical activity and obesity mediate the association between childhood motor function and adolescents' academic achievement. **PNAS,** 1-6.

Keller, H. & Meyer, H. J. (1982). **Psychologie in der frühen Kindheit.** Stuttgart: Kohlhammer.

Kosel, A., Wnuck, A. & Breithecker, D. (2005). **Kindergarten in Bewegung – Grundlagen für Gesundheit und Bewegungssicherheit.** Wiesbaden: Bundesarbeitsgemeinschaft für Haltungs- und Bewegungsförderung.

Kretschmer, J. (2003). Mangelt es Kindern an Bewegung? In Club of Cologne (Hrsg.), **Bewegungsmangel bei Kindern – Fakt oder Fiktion?** (S. 33–48). Hamm: Achenbach.

Krug, T. & Asmus, S. (2012). **Phantasiereich der Bälle. Bewegungsgeschichten rund um den Ball.** Celle: Pohl.

Kurz, D. (2003). Vorwort. In Club of Cologne (Hrsg.), **Bewegungsmangel bei Kindern: Fakt oder Fiktion?** (S. 3–5). Hamm: Achenbach.

Loibl, J. (2001). **Basketball – Genetisches Lehren und Lernen.** Schorndorf: Hofmann.

Mack, A. & Rock. I. (1998). **Inattentional Blindness.** Cambridge: MIT.

Merkel, J. (2007). **Bildungsbereiche und Kompetenzen.** https://www.kindergartenpaedagogik.de/fachartikel/bildung-erziehung-betreuung/1629.

Memmert, D. (2007). **Kreativität im Sportspiel. Unveröffentlichte Synopse im Rahmen einer publikationsgestützten Habilitation.** Heidelberg: ISSW.

Ministerium für Bildung, Frauen und Jugend Rheinland-Pfalz (Hrsg.). (2004). **Bildungs- und Erziehungsempfehlungen für Kindertagesstätten. Kinderfreundliches Rheinland-Pfalz.** Mainz: Eigendruck.

Ministerium für Schule, Jugend und Kinder Nordrhein-Westfalen (2003). **Bildungsvereinbarung NRW: Fundament stärken und erfolgreich starten.** Frechen: Ritterbach.

Neumaier, A. & Mechling, H. (1995). Taugt das Konzept koordinativer Fähigkeiten als Grundlage für sportartspezifisches Koordinationstraining? In P. Blaser, K. Witte & C. Stucke (Hrsg.), **Steuer- und Regelvorgänge der menschlichen Motorik** (S. 207–212). St. Augustin: Academia.

Niedersächsisches Kultusministerium (Hrsg.). (2005). **Orientierungsplan für Bildung und Erziehung im Elementarbereich Niedersächsischer Tageseinrichtungen für Kinder.** Hannover: Eigendruck.

O'Sullivan, J. (2019). **Is It Wise to Specialize?: What Every Parent Needs to Know About Early Sports Specialization and its Effect Upon Your Child's Athletic Performance.** Middletown: DE.

Roth, K. (1982). **Strukturanalyse koordinativer Fähigkeiten.** Bad Homburg: Limpert.

Roth, K. (2014a). Motorik ABC. In I. Hunger & R. Zimmer (Hrsg.), **Inklusion bewegt: Herausforderungen für die frühkindliche Bildung** (S. 147–163). Schorndorf: Hofmann.

Roth, K. (2014b). Begriffliche und theoretische Grundlagen der Koordinationsschulung. In C. Kröger, & K. Roth, **Koordinationsschulung im Kindes- und Jugendalter** (S. 6–34). Schorndorf: Hofmann.

Roth, K. (2015). Konzept der Ballschule: Ein ABC für Spielanfänger. In K. Roth & C. Kröger, **Ballschule – Ein ABC für Spielanfänger** (5. Aufl., S. 7–44). Schorndorf: Hofmann.

Roth, K. & Roth, C. (2009a). Entwicklung koordinativer Fähigkeiten. In J. Baur, K. Bös, A. Conzelmann & R. Singer, (Hrsg.), **Handbuch motorische Entwicklung** (S. 197–225). Schorndorf: Hofmann.

Roth, K. & Roth, C. (2009b). Entwicklung motorischer Fertigkeiten. In J. Baur, K. Bös, A. Conzelmann & R. Singer, (Hrsg.), **Handbuch motorische Entwicklung** (S. 227–247). Schorndorf: Hofmann.

Roth, K. & Zimmer, R. (2017). **Das Motorik ABC – Bewegungs- und Sprachförderung in der Kita.** Berlin: Cornelsen.

Schienkiewitz, A., Damerow, S., Schaffrath-Rosario, A. & Kurth, B. M. (2019). Body-Mass-Index von Kindern und Jugendlichen: Prävalenzen und Verteilung unter Berücksichtigung von Untergewicht und extremer Adipositas. **Bundesgesundheitsblatt, 62,** 1225–1234. https://doi.org/10.1007/s00103-019-03015-8

Schmidt, W. (Hrsg.). (2003), **Erster Deutscher Kinder- und Jugendsportbericht.** Schorndorf: Hofmann.

Schmidt, W. (2004). **Fußball – spielen, erleben, verstehen.** Schorndorf: Hofmann.

Schmidt, W. (Hrsg.). (2008). **Zweiter Deutscher Kinder- und Jugendsportbericht.** Schorndorf: Hofmann.

Schmidt, W. (Hrsg.). (2015). **Dritter Deutscher Kinder- und Jugendsportbericht.** Schorndorf: Hofmann.

Schmidt, W. (2015). Informeller Sport. In W. Schmidt (Hrsg), **Dritter Deutscher Kinder- und Jugendsportbericht** (S. 201–216). Schorndorf: Hofmann

Simons, D. J. & Chabris, C. F. (2011). **Der unsichtbare Gorilla: Wie unser Gehirn sich täuschen lässt.** München: Piper.

Völker, K. (2008). Wie Bewegung und Sport zur Gesundheit beitragen – Tracking-Pfade von Bewegung und Sport zur Gesundheit. In W. Schmidt (Hrsg.), **Zweiter Deutscher Jugendsportbericht. Schwerpunkt: Kindheit** (S. 89–106). Schorndorf: Hofmann.

Wagenschein, M. (1991). **Verstehen lernen.** Weinheim, Basel: Beltz.

Winter, R. & Hartmann, C. (2007). Die motorische Entwicklung (Ontogenese) des Menschen (Überblick). In K. Meinel & G. Schnabel (Red.), **Bewegungslehre – Sportmotorik** (S. 243–374). Aachen: Meyer & Meyer.

Wittgenstein, L. (1960). **Philosophische Untersuchungen** (Schriften, Band 1). Frankfurt: Akademie.

Woll, A., Jekauc, B., Mees, F. & Bös, K. (2008). Sportengagements und sportmotorische Aktivität von Kindern. In W. Schmidt (Hrsg.), **Zweiter Deutscher Kinder- und Jugendsportbericht. Schwerpunkt: Kindheit** (S. 177–191). Schorndorf: Hofmann.

Woll, A., Worth, A. & Bös, K. (2019). **MoMo: Neue Daten für Taten – Ergebnisse aus der Motorik-Modul-Längsschnittstudie.** Karlsruhe: KIT.

Zimmer, R. (2004). **Handbuch der Bewegungserziehung** (20. Gesamtauflage). Freiburg: Herder.

Zimmer, R. (2013). **Sport & Spiel im Kindergarten** (5. überarb. Aufl.). Aachen: Meyer & Meyer.

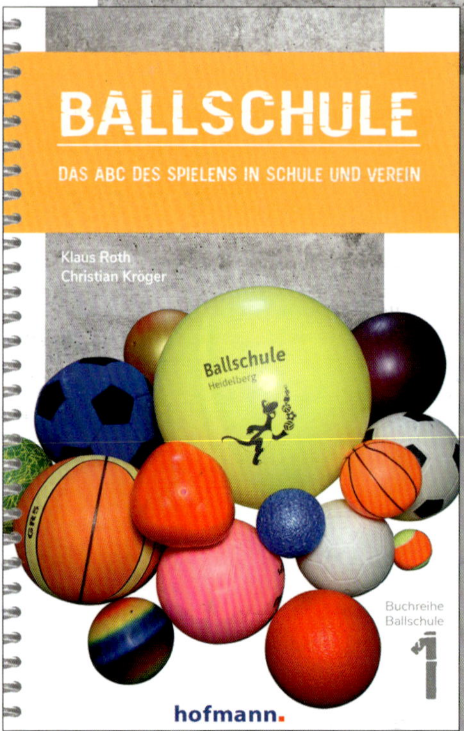

BALLSCHULE
DAS ABC DES SPIELENS IN SCHULE UND VEREIN
Klaus Roth
Christian Kröger
Ballschule
Heidelberg
Buchreihe
Ballschule
1
hofmann.